国際比較から見た日本の人材育成

グローバル化に対応した高等教育・職業訓練とは

樋口美雄
Higuchi Yoshio

財務省財務総合政策研究所【編著】

日本経済評論社

はじめに

　グローバル化が進展し、技術の進歩、需要の多様化により産業構造が変化するなかで、私たちが持つ知識・能力・技術は高度化、専門化、多様化が求められている。社会・経済の環境変化に対応するこのような人材を獲得する重要性は高まり、その育成と活用に関する議論の深化はこれまでになく増大している。本書は、このような問題意識の下、人材の育成と活用に関連する教育や労働に係る仕組みのあり方を見直すことを目的に、日本における課題を諸外国の取り組みから検討したものである。

　構成は、総論に当たる序章と各論に当たる9つの各章から成る。序章では、諸外国の人材の育成・活用に関連する現況や試み、これらを手掛かりとした日本の人材育成・活用のあり方についての示唆が各章の内容を中心に網羅的にまとめられ、第1章以降を読み進める前の総括として本書の大要を鳥瞰できるよう配意されている。第1章から第3章は、主に、比較的中位から高位の水準の能力・技術を有する人材の育成にかかわりの深い高等教育のあり方、第4章から第7章は、主に、比較的中・低位の水準の能力・技術の人材の育成に重要な職業教育・訓練を中心とする枠組みのあり方、第8章および第9章は、こうした多様な人材が各々の分野で活躍するための育成や活用に係る課題に焦点を当てている。

　本書は、グローバル化に対応する人材の育成や活用のあり方を国際比較から検討した、財務省財務総合政策研究所主催の「グローバル化に対応した人材の育成・活用に関する研究会―諸外国の事例及び我が国への示唆―」での議論に基づいて執筆された。同研究会では、日本および諸外国における人材育成・活用に関連する分野を研究対象とする本書執筆者である有識者や、人材を育成し活用する場である企業の関係者が招かれ、人に活躍機会を与える育成のあり方と活躍機会の拡充のための仕組みのあり方について、教育・労働に関連する課題やそれに対する試みが議論された。本書は、この議論を踏まえ、執筆者が

各々の見地から分析・考察した知見に富む研究内容を自らの責任において執筆した諸論文を編纂した研究書である。各章はいずれも、諸外国の政策対応から、日本の将来にわたる安定と発展に資する人材を主力をもって育成し活用する際にわれわれに示唆を与える有用な内容となっている。

　同研究会で議論を重ね、また、原稿を執筆してくださった有識者諸氏、会合に参加し意見を交わしてくださった参加者の方々、財務省および財務総合政策研究所の関係諸氏、すべての方に深い感謝の意を表したい。
　最後に、本書の刊行に多大な御尽力をいただいた日本経済評論社の鴇田祐一氏他関係諸氏にも、この場を借りて厚く御礼申し上げたい。

2012年9月

樋口美雄
加藤千鶴

目　次

はじめに……………………………………………………樋口美雄・加藤千鶴　iii

序　章　グローバル化に対応した人材の育成・活用に係る
　　　　諸外国の事例およびわが国への示唆………樋口美雄・加藤千鶴　3

　1．高等教育のあり方　9
　2．職業教育・訓練のあり方　16
　3．人材の育成と活用に関する課題　23
　結び―国際比較から見た人材の育成・活用に関するわが国への示唆　28
　　（1）人材の育成に係る方策　30
　　（2）人材の採用に係る方策　32
　　（3）人材の活用に係る方策　33

第Ⅰ部　高等教育のあり方

第1章　EU人的資本計画の動向
　　　　―基準共有と高度人材育成・獲得のメカニズム―………松塚ゆかり　47

　1．はじめに　47
　2．EU人的資本計画：政策の枠組み　48
　3．質保証、流動性拡大、雇用機会の拡大　50
　　（1）教育の質保証　51
　　（2）流動性の拡大　52
　　（3）雇用促進　56
　　（4）質保証、流動性拡大、雇用促進の連動性　57
　4．定量的検証　58
　　（1）流動化しているか　58
　　（2）流動化と基準共有、質の向上とは関連しているか　61
　5．質保証、流動性拡大、雇用促進における進捗状況が示唆すること　63

6．何が示唆されているのか──結びにかえて　65

第2章　フランスにおける高等教育の質の保証を通じた人材育成・活用
　…………加藤千鶴・梅﨑知恵・塚本朋久・蜂須賀圭史・吉川浩史　69

1．はじめに　69
2．大学改革の背景　71
　（1）高等教育の現状と改革の必要性　71
　（2）高等教育関連枠組みの変遷　73
　（3）欧州における高等教育強化に向けた動き　76
3．大学改革の概要　78
　（1）大学運営に対する大学の裁量範囲の拡大　79
　（2）大学に対する評価と評価を通じた高等教育の質の保証　81
　（3）教員に対する評価を通じた高等教育の質の保証　84
　（4）欧州単位互換制度に基づくフランスにおける単位、学位の設定　85
　（5）大学の地理的配置　86
4．大学改革に対する評価　87
　（1）大学改革が大学の運営に与えた影響　87
　（2）「研究・高等教育評価機構」の評価が大学の運営に与えた影響　89
　（3）大学改革全般に対する評価　90
　（4）大学改革が雇用へ与えた影響　91
5．結び　93

第3章　韓国における「グローバル化に対応した人材」の育成政策とその枠組み：教育政策の考察を中心に
　………………………………………………有田　伸　107

1．はじめに　107
2．人材育成政策の基調としての「5.31教育改革方案」　108
3．英才教育の推進　112
　（1）通貨危機による混乱と人的資源開発計画　112

(2) 英才教育の推進　114
　4．外国語教育の拡充と英語教育熱　117
　5．生涯職業教育実施の試み　120
　6．おわりに　123

第Ⅱ部　職業教育・訓練のあり方

第4章　職業教育・専門教育の国際比較の視点からみた
日本の人材育成の現状と課題………………………寺田盛紀　131

　1．はじめに　131
　2．職業教育の高等教育化と専門教育化　131
　　(1) 職業教育・専門教育の評価の指標　131
　　(2) 中等職業教育と高等職業教育の拡大へ　132
　　(3) 主要国の高等職業教育の制度化・法制化　134
　　(4) 日本の「職業教育力」　136
　3．日本の職業教育のカリキュラム・方法による職業能力の形成　137
　　(1) 職業教育・専門教育比較（評価）の4次元　137
　　(2) 学校と企業との分担関係からみた日本の人材育成方式
　　　　―「移行の架け橋」の欠落―　138
　　(3) 「スムーズな移行」のために橋架けする諸外国と
　　　　日本的システムの揺らぎ　139
　4．職業・専門教育と労働市場の接続：教育の目標とアウトプット　140
　　(1) 「移行の架け橋」の欠落を補う学卒就職システム　140
　　(2) 就職活動と初期キャリアの比較　141
　5．生徒・学生の職業観形成　143
　　(1) 職業観教育の難しさ　143
　　(2) いくつかの職業観調査から　143
　6．提言　146
　　(1) 高等学校全体における職業教育　146
　　(2) 中等教育段階から高等教育段階に至る職業教育システムの構築　148

（3）キャリア教育と就職問題　148

第5章　グローバル化の下でのわが国の人材育成の課題
　　　　　─非グローバル人材に着目して─……………………… 小杉礼子　153

　1．はじめに　153
　2．新規学卒採用・就職システムの特徴と課題　156
　　（1）新卒採用後の企業内訓練　156
　　（2）職業教育の後退・未発達　159
　3．非グローバル人材育成の課題　164
　　（1）大卒就職システムの変化と課題　164
　　（2）新規学卒採用以外の職業への移行経路─訓練生雇用の仕組みの導入　172
　　（3）新規学卒採用に乗れない層への移行支援─社会的企業の可能性　176

第6章　グローバル人材の育成
　　　　　─製造業を中心とした基盤整備について─……………… 八幡成美　179

　1．はじめに　179
　2．製造業の海外進出と技術移転体制　180
　　（1）戦前の海外進出　180
　　（2）高度経済成長期に再開された海外進出　180
　　（3）円高とASEANへの進出　181
　　（4）先進国への本格進出　182
　　（5）中国への進出　183
　　（6）グローバル化の3段階　185
　　（7）現地への貢献度の高い日本企業の進出　185
　3．日本の製造業の強みはどこにあるのか　187
　4．経営階層別に見た求められる能力と育成策　191
　　（1）経営層の育成　192
　　（2）技術者の育成　194
　　（3）現場監督者（技能系指導職）　196
　　（4）高度熟練技能者（万能工、熟練職人）　197

5. 米国のグローバル化対応　198
6. テクニカルカレッジ（コミュニティカレッジ）での人材の質向上　200
7. まとめ　204

第7章　グローバリゼーションの進展下における、広範な中間層に重点をおいた人材の育成・活用 …………… 岩田克彦　211

1. はじめに　211
2. EU型と日本型のフレクシキュリティ　212
3. 新たな日本型フレクシキュリティ・モデル
   ——セーフティネットを伴ったキャリアラダー　215
4. 欧州諸国における取り組み　218
5. 中間層人材の育成に重点をおいた政策課題　220
   (1) 生涯学習訓練戦略・生涯就業戦略の構築と実行　220
   (2) 教育・訓練分野の本格連携の推進　222
   (3) デュアル教育訓練の本格実施　223
   (4) 職業教育・訓練分野での横断したナショナル・センターの設立　224
   (5) 職業訓練に対する労使の関与　225
   (6) 諸制度見直しの起爆剤としてのJQF（日本版資格枠組み）の策定　226
6. おわりに　230

第Ⅲ部　人材の育成と活用に関する課題

第8章　イギリスから見た日本の人材育成の課題 ………… 苅谷剛彦　241

1. はじめに　241
2. イギリスにおける人材育成の問題　242
   (1) 大人になる移行過程の長期化と多様化　242
   (2) 若年失業の問題　244
   (3) 大学教育の拡張　246
   (4) 大学院教育の拡張とグローバル化　248
3. 日本における人材育成の問題点と課題　251

（1）中等教育修了者の問題　252
　　（2）大学教育の拡大とその課題　253
　　（3）大学院教育の不振　255
　4．ささやかな政策提言　257

第9章　グローバル化に対応した人材活用
　　　　—参加型社会オランダ— ·················· 権丈英子　261

　1．はじめに　261
　2．国際比較からみるオランダの労働力活用　264
　3．パートタイム労働と労働時間選択の自由　267
　　（1）パートタイム労働の普及状況　267
　　（2）パートタイム労働の待遇改善と労働時間選択の自由　268
　　（3）パートタイム労働とフルタイム労働の賃金格差　269
　　（4）労働時間の希望と現実　270
　4．仕事と育児の両立支援策　273
　　（1）保育サービス　273
　　（2）育児休業制度　274
　　（3）オランダとスウェーデンの比較　275
　5．テレワーク　276
　　（1）テレワークの普及状況　276
　　（2）テレワークに関する政策　278
　6．おわりに　279

索　引　287

グローバル化に対応した人材の育成・活用に関する研究会
　—諸外国の事例及び我が国への示唆—　研究会メンバー等　289

グローバル化に対応した人材の育成・活用に関する研究会
　—諸外国の事例及び我が国への示唆—　開催実績　290

執筆者一覧　292

国際比較から見た日本の人材育成

序章　グローバル化に対応した人材の育成・活用に係る諸外国の事例およびわが国への示唆

樋口美雄
加藤千鶴

　日本経済の持続的な成長と生産性向上の実現の担い手は人材であり、鍵を握るのはその実効性ある育成と活用である。戦後の「ものづくり」に代表される成長を遂げてきた日本経済は、現下、ヒト、モノ・サービス、カネの流動性の拡大により、需要は多様化し技術は高度化してきている。こうしたグローバル化に伴う環境変化の必然的帰結として複雑化した社会には、専門性・高度性を有する多種の能力・技術が必要であり、一層の変容が見込まれる社会を形成する個々の人材には、個に応じた専門性・高度性・柔軟性を内包する深遠で幅広い能力・技術が要請される。一方、人材を活用する場である企業等の組織は、こうした人材が効果的に活用されることでその付加価値を表出することができる。新興国の台頭による市場規模の変化、為替変動等、企業が外国進出を睨む根拠はさまざまであろうが、企業の競争力が技術革新を先導する人材の集積に依存する以上、大企業、中小企業の企業規模にかかわらず、そして、外国進出企業のみならず国内企業においても、需要の多様化や技術の高度化に対応する多種の技能の確保と、人材の効果的活用のための環境整備が余儀なくされている。2011年8月の閣議決定「日本再生のための戦略に向けて」において、「国際的な産業競争力の向上や国と国の絆の強化の基盤として」、「グローバル化に資する諸施策を初等中等教育、高等教育、経済社会の各段階において推進する」とされている。需要の多様化、技術の高度化というようなグローバル化に伴う社会の環境変化に対応する多種の人材を獲得することの重要性は、産業の活力を基盤とする社会のあらゆる分野において増大してきているといえよう。

　では、育成されるべき人材とはどのようなものか。社会の発展に資する人材の獲得を希求する時、われわれはそもそも「人材とは何か」という難題に直面

する。人の素養には、学力や知力（知）と礼儀や人徳（徳）という2つの側面が含意されていると思われる。現代の変容する産業社会においては、人は基礎的な学力や知見、これらを礎石とする生産活動に資する能力、技術的素養等が欠かせない。そこで、人の実効性ある育成と活用が付加価値の創造を可能とすることも加味し、わが国社会の形成を担う育成されるべき「人材」について、相応の水準にある経済・社会の相応の民度の継承には、「徳」を導く人智の文化的側面も必需であることを十分に認識した上で、とりわけ「知」を強調し、これを素地として、産業社会が所望する人材に要請される生産活動に資する能力・技術に焦点を当てたいと思う。2011年6月の内閣官房国家戦略室「グローバル人材育成推進会議　中間まとめ」[1]においても、「これからのグローバル化[2]した世界の経済・社会の中にあって育成・活用していくべき『グローバル人材』」として、「語学力・コミュニケーション能力」、「主体性・積極性、チャレンジ精神、協調性・柔軟性、責任感・使命感」、「異文化に対する理解と日本人としてのアイデンティティー」の要素を概ね含む人材と、「『グローバル人材』に限らずこれからの社会の中核を支える人材に共通して求められる資質」として、「幅広い教養と深い専門性、課題発見・解決能力、チームワークと（異質な者の集団をまとめる）リーダーシップ、公共性・倫理観、メディア・リテラシー[3]等」が挙げられている[4]。

　しかしながら、産業社会が所望するこうした人材が組織において充足されているとは云い難く[5]、事業の急展開と人材獲得の必要性の進度の差異に危機感を募らせ、育成や評価に係る制度設計に難渋する企業は少なくない。日経BPビジョナリー経営研究所の調査によれば、グローバル化を「積極的に進めている」および「これから積極的に進めようとしている」企業は、調査対象企業の60.2％に上る中（図表序−1）、「グローバル人材育成プログラム」が「既にある」と回答した企業は12.7％であるという（図表序−2）[6]。今後、生産年齢人口の相当程度の減少が見込まれる[7]上、個々人の素養の醸成、雇用の確保等、教育・労働に係る課題解決のための模索が長期化の様相を呈する中、環境変化に対応し得る多種の人材の獲得はわが国にとり危急の課題であるといえよう。

　では、こうした人材を社会全体でいかに充足させればよいか。グローバル化に伴う需要の多様化や技術の高度化に対応する専門性・高度性・柔軟性を有す

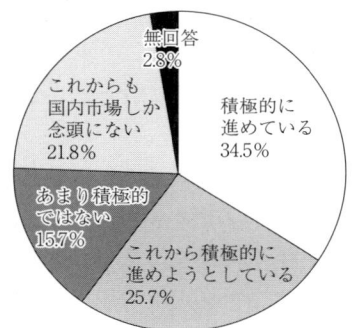

図表序-1 企業のグローバル化推進の動向

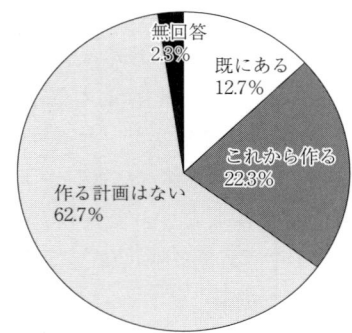

図表序-2 企業の「グローバル人材育成プログラム」の所有動向

(資料) 図表序-1および序-2ともに、数値は上場企業345社の回答割合。日経BPビジョナリー経営研究所が実施した上場企業の経営者を対象とする「企業のグローバル化と人材育成」に関する調査。2011年9月実施。
(出所) 『日経ビジネス』2011年12月19日号、p 54「日本企業に欠けるもの グローバル人材欠乏症」およびp.55「人材育成が追いつかず」より作成。

る多種な人材の獲得のために、特長的な取り組みを進める企業はいくつか存在する。例えば、国際的に事業を展開する日本企業は、若手社員の外国派遣を通じ、国際的素養の醸成を目指す動きを活発化させている。トヨタ自動車は、2012年4月の入社内定者のうちの希望者を、入社前に半年間、外国へ留学させるという[8]。エヌ・ティ・ティ・コミュニケーションズも、2005年度以降、入社5年目以降の社員を毎年20名程度、4カ国・地域へ派遣する枠組みを設定し(「海外トレイニー制度」)、生活基盤の構築を含む、外国での生活体験の機会を提供しているという。2010年度には派遣先を10カ国・地域へ拡大するとともに、2011年度には対象者を入社1〜2年目の社員に拡大する枠組みを設定した(「ジュニア海外トレイニー制度」)。同社は、国際通信事業の売上高を2015年度までに2010年度比2倍にする計画を掲げ、自社の求める語学力の水準や人材像を明示し、外国の事業所の経営を担う人材の育成を国内研修と連携して推し進めている[9]。諸外国においても、例えば韓国のサムスン電子は、入社3年目以降の社員を対象に、1年間、業務とは関係なく希望する国・地域において実生活を経験させる制度を設けている(「地域専門家制度」)。目的は「海外の文化

や習慣を習熟させて、その国のプロとなる人材を育てる」ことであるとし、「社員自ら言語・文化を学ぶために活動計画を立て、生活基盤を構築」し、この「過程を通じ現地に溶け込むことで、文化・商習慣を学び、当該国・地域の専門家となる」ことであるという。同社は、1990年以降、欧米、中東、アジア、ロシアの60カ国700以上の都市に延べ4000名以上を派遣しているとしている。「現地事情を熟知した『地域専門家』の経験があれば、相互理解が深まり、ビジネス・コミュニケーションがスムーズに運ぶ」とし、当該制度を経ることで、語学力のみならず、多様性、精神的強靭性、実行力が体得され、さらに「地域専門家」が将来駐在員となることで、人脈、文化の理解に基づく現地の需要の的確な把握と、これに適応する製品開発が可能となるとする[10]。また、アメリカのゼネラル・エレクトリック社（GE）は、各国の事業所における業務上の課題に対し即時の改善が可能なよう、業務改善手法を各国で共通化し、これを短期に習得する研修を実施している上、短期の人事異動を通じ、経験則の通用しない事象への対処能力の養成にも注力している。同社のこうした人材育成手法は、外部人材の短期の即戦力化や超国家の人材の移動を成立させるための策であるといえよう。欧州においても、「知」の流動性の拡大により競争力を一層強化することを目指し、高等教育の質・学修単位・学位の各国共有化をEUが主導している。経済力の強い国には学生が流入する傾向があるとの分析結果[11]も観察されるところであり、超国家での編入、学士・修士・博士課程への互換的な進学を可能とする人材の流動化を進めている。欧州における共通の枠組みに準拠し、ドイツは、職業に関する実践的かつ高度な専門教育を高等教育段階で提供し[12]、フランスも、大学改革に並行して、教育の質の向上や研究の効率化を目指す学生・研究者の流動性の促進、学生の雇用可能性の向上を掲げている[13]。

　国際市場における競争力の強弱の分かれ目は、多様性理解と守旧的枠組みに拠らない発想とに尽きる。日本企業の若手社員の外国への積極的派遣や韓国企業の社員の強力な外国への浸透策、欧米での人材の移動を促す枠組みに基づく国籍に依拠しない高質な人材の育成・活用というような、企業・高等教育機関において進められる取り組みには、需要の多様化・技術の高度化というようなグローバル化に伴う環境変化に対応する、専門性・高度性・柔軟性を持つ能

力・技術を有する多様な人材の確保のための自助努力が垣間見える。国内外におけるこうした特長的試行に学ぶ点は少なくない。わが国では、若年層の内向き志向や外国への留学者の減少が指摘されて久しいが、企業等組織による国際的活動の深化、外国研修の活発化等もあって外国での就労を希望する学生も相当程度存在する[14]。ただし、英語力を習得することのみをとらえて国際的に通用する人材であるとみなす傾向もある[5]など、学生が考えるグローバル化に対応可能な人材の定義と企業等組織が考えるそれとの間に齟齬が生じている可能性も否定できない。グローバル化に伴う経済・社会の環境変化に対応可能な人材像は各々の組織で異なり、これを明確に定義することはできないが、共通するのは、語学力だけではない素養であり、すなわち、異なる文化・価値を理解し関係を築く協調性や対人関係調整力を内在する人材であり、かつ、産業社会における労働需要と適合する能力・技術を具有する人材であろう。

　本章では、現下の諸相から、こうしたグローバル化に対応する人材の育成・活用に係る課題と、これを踏まえ、人がいかに育成されて活躍することがわが国の持続的成長と生産性向上に資するかについて、諸外国における取り組みを参考に検討された財務省財務総合政策研究所「グローバル化に対応した人材の育成・活用に関する研究会―諸外国の事例及び我が国への示唆―」における検討内容を要約して紹介する[16]。実験不可能な経済・社会においては、先行事例の検証は講じるべき方策を見極める有効な手段である。同研究会では、現下の経済・社会構造に対応して特長的な人材育成・活用を実践する国・地域の教育改革や能力開発の仕組みの設定、女性等の雇用機会の拡大策等の人材の育成とその活用を促す政策対応と、これらを踏まえたわが国に求められる方策が議論された。本書は同研究会での検討に基づき執筆されたものである。

　序章に当たる本章次節以降では、わが国がグローバル化に対応する多様な人材を獲得するために育成・活用のあり方を見直すに当たり、諸外国の政策対応から得られる示唆をまとめている。

　第1章から第3章は、比較的中位から高位の水準の能力・技術を有する人材に着目し、人材育成過程のとりわけ高等教育段階での育成のあり方に焦点を当てている。第1章では、教育の質の保証に基づく人材の流動性の促進、雇用機会の拡大、国際競争力強化に注力する欧州が取り上げられ、その実現のために

進められる人材育成・活用に係る政策協調が論述されている。第2章では、高等教育改革を通じた人材の強化を目指すフランスが取り上げられ、第3章では、特に高等教育への進学希望や外国への留学希望の急増が観察される韓国について、教育政策を中心に人材の育成策と課題が論述されている。

第4章から第7章は、比較的低位から中位の水準の能力・技術を有する人材に着目し、育成手段として重要な職業教育・訓練に焦点を当て、その提供のあり方や手法について考察している。第4章では、専門性・高度性を有する多種の人材の育成のための各国の職業教育・訓練体系が相対的に概観され、日本における職業教育・訓練に係る課題と方策が提言されている。第5章では、就労困難な者を就労可能な者へ転換する必要性に鑑み、そうした者が労働市場で相応に活用される人材となるための育成策が論考されている。第6章では、今後も日本の主要産業の1つと見込まれる製造業に注目して、そこにおける人材の育成・活用のあり方を再考するために、技術的かつ具体的な職業教育・訓練に注力するアメリカの事例が紹介されている。第7章では、体得すべき能力・技術が把握され、かつそれらが外的に保証されることで、多様な労働需要に適う人材として機能する、職業能力形成のための方策について論述されている。

第8章および第9章は、多様な人材が各々の分野で活躍するために、グローバル化に伴う環境変化に適応する育成策と活躍機会の拡充のための制度設計のあり方に焦点を当てている。第8章では、イギリスにおける若年層の育成のあり方と雇用環境、これらと日本との差異から課題と方策が示されている。第9章では、制度構築により労働需要に対応する多様な人材の活用を強力に進めるオランダの枠組みについて考察されている。

各章はいずれも、産業の活力を基盤とする日本の経済・社会の形成とその発展に資する人材を育成し活用する際の課題と対応策について諸外国の事例から分析・検討され、示唆を与える有用な内容である。

次節以降では、これら各章の内容とこれに関連する研究会各会合における検討内容を、①高等教育のあり方、②職業教育・訓練のあり方、③人材の育成と活用に関する課題に分け、要約して紹介する。あわせて、本章の結びとして、これらを踏まえ、わが国において、ヒト、モノ・サービス、カネの流動性の拡大というようなグローバル化に伴う需要の多様化、技術の高度化といった環境

変化に対応する人材の育成と活用に係る課題解決に向けた示唆をまとめる。

1. 高等教育のあり方

　人が労働需要に適う「人材」として構築されるには、短期・中長期のキャリア形成の計画に当たり、個々の人材が目標とする能力・技術が明確化され、かつ自身の能力・技術の水準が明確化されることが必要である。さらに、能力・技術の相応な発現には、それらが外的に保証されることも不可欠な要素である。各国においては、雇用機会の拡大や人材の流動性促進を企図し、就学段階および就労段階において取得する学位や資格に係る基準の策定とその明示化の必要性が認識されている。日本においても、「キャリア段位」[17]の策定や、大学と専門学校との教育課程の連携が指向されている。これに関連し、松塚ゆかり一橋大学大学教育研究開発センター教授は研究会において、学位・資格の基準の共通化等各国の政策協調と、これに基づく教育の質の保証を通じ、人材の流動性の促進、雇用機会の拡大により国際競争力強化を指向する欧州を取り上げ、その実現のための取り組みを紹介した（第1章「EU人的資本計画の動向―基準共有と高度人材育成・獲得のメカニズム―」参照）。その概要は以下の通りである。

　欧州は、1950年代以降、教育に係る政策調整を進めており、特に近年は、欧州の国際競争力の強化を見据え、教育の質の保証に基づく人材の流動性の促進、雇用機会の拡大を目指す人材育成・活用に係る政策協調を強力に推進している。1953年には、大学への入学資格に関する協定[18]を各国間で締結し、1956年には修学期間に関する協定[19]、1959年には学術内容に関する協定[20]を締結した。さらに1976年には、これ以降の高等教育強化策の嚆矢となる大学間のネットワーク構築に基づく学部生の流動性促進を目指し（「共同学習計画」[21]）、1987年には、後に教育政策に係る政策協調の嚆矢となる指針を示した（「エラスムス計画」[22]）。当該指針は、学生の交流の一層の拡大、各国高等教育機関の協力関係の緊密化を目指したものである。1990年代以降は特に教育機能の強化に注力した。1995年、「エラスムス計画」を内包する人材交流、協力関係の強化を盛り込む、教育政策に係る政策協調の構想が示され（「ソクラテス計

画」[23])、1998年には、イギリス、ドイツ、フランス、イタリアが高等教育に係る政策協調を提唱して(「ソルボンヌ宣言」[24])、人材の流動性促進の他、高等教育制度の透明性の確保、各国間で履修単位を互換的なものとする「欧州単位互換制度(European Credit Transfer System: ECTS)」の普及や半期(セメスター)制度[25]の導入が慫慂された。さらに1999年には、2010年までに欧州の高等教育機関の連携を目指す「欧州高等教育圏(European Higher Education Area: EHEA)」の構築が構想され(「ボローニャ宣言」[26])、当該構想は、欧州を世界で最も競争力のある知識基盤社会とすることを目指した2000年の「リスボン戦略」に内含された。これ以降、当該構想を具体化する諸施策の進捗状況が、各国による定期的な報告とEUによる評価という形で、「ボローニャ・プロセス」と称され管理されている。「ボローニャ・プロセス」の工程管理の下、EUは、経済力の強化は人的資本の強化により実現されるとして、その中核に高等教育の強化を据え、①教育の質の保証、②人材の流動性の促進、③雇用機会の拡大を中心とする高等教育改革を進めている。

　教育の質の保証に関しては、1999年の「欧州高等教育質保証協会(European Association for Quality Assurance in Higher Education)」の設立を嚆矢とし、EUが定期的に評価を行うことで教育の質を担保することとし、2005年には、外部評価が可能となるよう、欧州で共用する教育の質の基準および指針を設けた。2008年には、学修内容と職業との関係を可視化するために、学修課程の種別・水準と職業に関する資格とを対応させた「欧州資格枠組み(European Qualification Framework: EQF)」を策定し、各国に対しこれに適応する枠組み(「全国資格枠組み(National Qualification Framework: NQF)」)の策定を慫慂した。さらに、学位だけでなく、専攻した学修内容が明示されるよう、学位授与証に補足して学修内容を記載する様式(Diploma Supplement)を作成し、欧州での共用を慫慂するとともに、教育の効果としての学修成果を分析する基準(Outcome Assessment)を策定した。

　人材の流動化に関しては、「欧州単位互換制度」の一環として、単位取得に必要な学修量や履修期間を基準化し、履修内容についても、分野別に養成されるべき能力[27]を定義する調整を各国間で行い(Tuning Educational Structures in Europe)、これが共有されることとなった。学修量や履修期間、履修内容の

域内共通化により、国家間での教育課程の互換性が高まり、教育課程の重複・不足が回避され、履修内容・単位の超国家での蓄積が可能となった。履修内容・単位の蓄積が可能となったことで学位の標準化も促され、また、こうした取り組みと並行して域内の大学間の連携や大学と企業との協力関係が緊密化し、学生・研究者の移動が促された。

　雇用機会の拡大に関しては、社会が求める人材を育成するため、企業と教育機関とが協働して高等教育課程の到達目標を設定し、高等教育機関において当該目標が共用され、これを具体化する履修内容が教授されるよう奨励されているという。就学段階での履修内容と産業界が要請する技能との適合は、就学から就労への円滑な移行を促し雇用機会の拡大に寄与する上、欧州が目指す高等教育段階での教育機能の強化を中心とする人的資本の充実と経済力強化に奏効する。

　欧州では、このような各国間での基準の共有により、超国家での転学・復学を含む編入学や学士課程から修士課程、博士課程への進学、さらに両者を並行して行うことが可能となった。ただし、「経済力の強い国には学生が流入するという傾向がある」との分析結果も得られており、当該結果は、人材の移動により「知」や技術が一定の地域に偏って集約し、生産性が向上する地域と向上しない地域の発生といった知的基盤の二極化を惹起させる可能性と、人材の流動性の促進がこれらの地域の「知」・技術の偏在性を一層高め、両地域の経済格差を拡大させる可能性を示唆している。

　欧州の取り組みから日本の高等教育における課題を考察すると、①教育の質を確保するために、また、教育の効用が客観的評価に基づき保証されるために、単位・学位が他国と比較可能な体制が構築されること、②専門性・高度性を有する多様な人材の国内外の移動がリスクの軽減に寄与することから、こうした人材の育成を担う高等教育機関が教育の付加価値を明確化するとともに、教育機関と産業界とが一層連携すること、③高齢化に伴う職業生活の長期化を見据え、学校教育、職業教育・訓練に基づく能力・技術の蓄積を加味した長期的視点に立脚した育成のための体制が構築されることが求められる。

　現下の高等教育に対する需要の増大に鑑み、労働市場で活躍可能な能力の開

発が、特に高等教育段階で行われることは重要である[28]。第２章「フランスにおける高等教育の質の保証を通じた人材育成・活用」では、教育の質の保証を通じた高等教育の付加価値向上による人材育成を目的として大学改革を進めるフランスが取り上げられ、改革の概観とその評価から日本への示唆が考察されている。その概要は以下の通りである。

　フランスは、近年、高等教育の機能強化に基づく学生の雇用可能性の拡大、国際競争力の向上を企図し、大学改革を推進している。背景には、高水準な若年失業率が継続していること、また、教育の質の保証や学位の標準化を通じた、欧州における競争力強化に向けた超国家の枠組み構築がある。サルコジ大統領は、大学改革の目的を、学位未取得者の縮減や、労働市場・企業活動の国際化に対応した雇用に資する職業教育・訓練を含む高質な教育の提供と質の維持とし、大統領就任３カ月後に、改革を具現化する「大学の自由・責任法」を成立させ（2007年８月）、改革に着手した。当該法に基づき、大学改革は、①大学運営に対する大学の裁量範囲の拡大、②高等教育機関の評価を通じた教育の質の保証、③教員に対する評価を通じた教育の質の保証、④欧州各国との整合的な学位・単位の設定、⑤大学の国内の配置に関する見直しを中心に進められている。

　大学の裁量範囲の拡大については、改革前は各大学の運営に政府の意向が反映されていたが、改革では、大学ごとに機動性の高い教育課程や研究活動、教授法が施行されるよう、各大学が意思決定できる範囲を拡大した。

　各大学の裁量範囲を拡大する一方、大学運営および教員を評価する機関を再編し、これらに対する評価体制を強化した。大学が学位授与権を持つには国から認証を得なくてはならず、このためには国からの審査を受ける必要がある。審査項目には、専攻分野の特質性、教育課程の内容、教授法、成績評価手法、専攻に関連する就職可能な職業、他の専攻への変更可能性等が含まれ、国はこれらについて、専攻に関する他大学との補完性、多様な学生に対応する教育体制の柔軟性、就職に資する専門性等を審査する。同国では、当該審査は、学位の質を保証する裏付けとなっている。さらに、国はすべての高等教育機関に対し、教育活動・研究活動に係る大学運営について５年ごとに評価を行っている。また、教員に対しても、採用前の段階での国による審査を経て大学教員候

補者となり、この後、各大学での選考を経て採用されるという体制を敷き、教員に対する評価を充実させている。こうした大学の裁量範囲の拡大と大学運営・教員に対する評価体制の強化は、相互補完的に教育の質の維持に奏効している。

　大学改革ではまた、学生の流動化を企図し、学位・単位を国際的に通用するものとした。学位については、改革前は学士号・博士号のみであったが、改革では博士課程履修期間の5年の当初2年を修士課程とし、修士号の学位取得を可能として、欧州の共通枠組みと整合的なものとした。学位はまた、欧州共通の書式による学位授与証により授与される。これらの措置により、学位は外国との比較が可能なものとして評価されることとなり、進学・就職時に外的に保証されるものとなった。単位についても、国内外の他の大学への転籍後においてもその蓄積が可能となるよう、換算の仕組みを互換性のあるものとした。

　さらに、大学の地理的な配置についても、大学の協働による研究開発の効率化や高等教育への国内での均衡的なアクセスを目指し、近接する大学の統合を進めている。

　以上の大学改革に加え、同国は、学校から就労への円滑な移行を企図し、学卒後も就職が困難な者を対象に、学卒後の職業教育・訓練の強化も然り、職業教育・訓練期間中の身分を保証する学生証の発行や、中等教育卒業者を「訓練生」として企業が受け入れることを促す、受け入れ人数に拠る課税率減免措置を実施している。

　大学改革に対し、フランス国内では、総じて、教育の質の維持や学生の知識・能力・技術の水準の向上、雇用可能性の向上に奏効しているとして一定の評価が見られる。とりわけ教育活動・研究活動を効果的なものとすることを目的とした、大学の機動的な意思決定を可能とする裁量範囲の拡大、教育機能・研究機能を実効性あるものとするための、大学運営や教員に対する評価体制の強化、評価結果に基づく改善を大学に促す仕組み、互換可能な学位・単位の設定は、高等教育の人材育成に対する貢献の度合いの向上を期待させる。さらに、学卒後の就職困難者に対する多種の職業に関連する教育・訓練の提供や、企業に対する中等教育卒業者等の受け入れ促進策、職業教育・訓練期間中の身分保証も、若年層の雇用促進への寄与が期待されるものとして注目される。こ

うした教育の質の保証を通じた人材育成の実効性を高める試みと、中等教育修了後の就職希望者に活躍機会を与える具体的な試みは、日本における人材の育成・活用策に示唆を与える有用な取り組みであろう。

　グローバル化に伴う知識基盤の拡大、技術進歩、需要の多様化といった環境変化に対応するには、高度な技能・専門的技能・多種の技能を有する多様な人材が育成される必要がある。有田伸東京大学社会科学研究所教授は、優秀な人材に対する英才教育と、環境変化に対応する多様な人材の育成のための語学教育を進める韓国の取り組みと、それを踏まえた日本における人材の育成過程での課題を考察した（第3章「韓国における『グローバル化に対応した人材』の育成政策とその枠組み：教育政策の考察を中心に」参照）。その概要は以下の通りである。

　韓国では元来、学校教育に対する社会的な期待が高いこともあり、近年、大学進学希望者・外国留学希望者が急増している。同国は、過度な受験競争の解消と教育機会の均等のため、中学校および高等学校への進学機会を平準化する政策を実施し、広範な生徒[29]に対する学力差に依拠しない教育機会の提供を目指した。一方、「産業文明の挑戦に適切に対応できなかった」との反省から、競争力強化のために教育政策を重点化するとして、1990年代半ば以降、グローバル化・情報化に対応し得る人材の育成を目的に、教育に係る枠組みを再編してきている。この中核をなすのが1995年に策定された「5.31教育改革方案」であり、当該方案はその後の教育改革の根拠として人材育成策の指針とされている。当該方案には初等教育における英語教育の必修化が盛り込まれ、1997年度以降、小学校3年生以上に対し英語科目の教育課程が提供された。2000年代には、大学における英語のみによる授業が拡充され、2005年には「英語教育活性化5カ年総合対策」が策定されて、初等教育段階から高等教育段階にかけた、中長期の視点に立脚した外国語能力の形成が目指された。「5.31教育改革方案」は、事後的に見れば、学校教育の質の向上およびグローバル化・情報化に対応する人材を育成するための戦略として画期的なものであった。

　こうした政策措置に並行し、教育機会の平準化措置に伴う、学力の比較的低水準な者に合わせた教育課程の提供により生じた学力低下への対処や、国が掲

げる「技術立国」を主導可能な人材を育成する必要から、学力の比較的高水準な者を対象とした英才教育も充実すべきとの社会意識が醸成された。2000年には「英才教育振興法」が制定され、同法に基づき、「英才学級」、「英才学校」が設置された。

　こうした語学教育、英才教育の強化策に見られるように、近年、韓国政府は、グローバル化に対応した人材の育成、活用に進取的に取り組んできている。一定水準以上の学力を有する学生は外国での学位取得を選好する傾向もあり、大学進学希望者・外国留学希望者の急増もこれまでの政策対応と関連している側面がある。社会にもこれまでの政策対応に呼応する意識が醸成された。これは、企業活動の国際化、国内企業の外国資本への売却機会の増加、いわゆる「アジア通貨危機」を経験したことによるリスク対応への必要性の増大という危機感の高まりから、個々の労働者にとって外的評価に足る知識・技能の習得の重要度が増したこと、また、留学経験が就職時に有利に作用するようになったこと等に起因する。ただし、①留学先での就職という頭脳流出の問題、②英語教育・英才教育の進展の一方で、留学経験者と非経験者、高学力の学生と高学力外の学生との格差の問題、③「アジア通貨危機」後の非自発的失業者の増加といった問題は、依然、継続している。

　以上のような同国の教育に注力する取り組みや、人材が育成される就学段階から人材が活用される職業生活への移行に係る採用・選考の態様を、日本と韓国で比較すると、日本の採用形態の中心ともいえる新卒一括採用[30]は韓国においても実施されているものの、韓国ではインターンを活用した採用や職種別採用が増大してきていることが特徴として挙げられる。また、企業が学生の英語力、卒業学校名を採用の選考基準とする傾向は日本と類似しているものの、韓国では「人柄」のような抽象的素養よりも、学業成績や専門性、技能の水準を選考基準の中核に置く傾向にある。

　こうした特性や教育に係る同国の政策対応は、グローバル化に伴う知識基盤の拡充や技術進歩、需要の多様化に対応する多種の人材の育成・活用を目指すわが国において、学校教育や採用のあり方を再考する際の示唆となるであろう。

2. 職業教育・訓練のあり方

　寺田盛紀名古屋大学大学院教育発達科学研究科教授は、人材を育成する手段としての職業教育・訓練に焦点を当て、各国の職業教育・訓練体制を相対的に論考するとともに、これを踏まえた日本における職業教育・訓練体制の課題について発表した（第4章「職業教育・専門教育の国際比較の視点からみた日本の人材育成の現状と課題」参照）。その概要は以下の通りである。

　わが国では、サービス産業の拡大、技術の高度化が進む一方、教育の場では、高等教育に対する需要の拡大による高等教育の「ユニバーサル化」が進展している。しかしながら、こうした変容に対応する高度性・専門性・多様性のある職業教育・訓練が高等教育段階で広範に提供されるべきであるにもかかわらず、その整備は遅れている。

　例えば、アメリカでは、高等教育機関と中等教育機関とが連携して、職業に関する専門的な知識・能力・技術を中等教育段階から高等教育段階にかけ一貫して体得できる、分断のない職業教育・訓練課程が提供されている。アメリカ労働省は、職業の種類と各々の職業に要する能力・技術の水準、当該水準に達するために修得すべき学修内容を設定し公表しており、こうした情報の周知が雇用機会の拡大に奏効している可能性がある。ドイツにおいても、高等教育段階で職業教育・訓練を行う「専門大学（Fachhochschulen）」が、職業に関連する高度かつ実践的な課程を提供しており、修了後には当該大学での専門性の高い学修を示す学位が授与される[31]。ドイツではさらに、中等教育段階においても職業教育・訓練課程が提供され、この一環として、学校内実習や企業内実習の機会も設けられている。企業も当該課程修了後の実務能力に対する試験を行い、商工会議所が試験の結果により取得可能な資格の管理を担っている。このように、ドイツでは、教育機関と企業間の緊密な連携の下、就労への移行を円滑なものとする体制が構築されている。

　これに対し日本では、職業能力・技術の高度化・専門化・多様化が要請されるにもかかわらず、これに応える教育・訓練体制の整備は進んでいない。一因として、学校教育は教養教育の教授を中心とし座学により行われる一方、職業

教育・訓練といった就労に要される知識・能力・技術の習得は、就職後に企業内教育（On the Job Training: OJT）や企業外教育（Off the Job Training: Off-JT）として行われるという育成形態が1960年代から1980年代に重用され、これが環境変化との適応いかんの検証のないままに踏襲されてきたことが挙げられる。こうした育成形態の下では、学校教育における学修内容と就労に要される知識・能力・技術との間に連関性は生成されず、就労への移行が円滑に行われない可能性を惹起する。

就労に要される知識・能力・技術を中等教育段階および高等教育段階において体得するには、産業界が求める人材像が把握され、これと整合的な職業教育・訓練が提供されて、社会が要請する人材が育成されることが重要であるが、大学生に対する意識調査を見ると、「人生で最も大切なこと」は「職業」よりも「家族の幸せ」、「余暇」等であり[32]、高校生に対する国際比較意識調査では、自己実現意欲、リーダー志向がアメリカや中国、韓国、インドネシアと比較し低い。当該結果は、日本の企業が学生を採用する際、学修内容や専門性を重視しない傾向にあるとの指摘とも関連する、職業教育・訓練体制の不備が若年層の意識に影響を与えている可能性を示唆する。

以上から、日本の職業教育・訓練の充実に向けた方策として、例えば、就職予定者を有する中等教育機関における教育課程は、受験を中心とするものよりも職業に関連する専門性を加味した多様なものとすることが考えられる。加えて、就労に要される素養の醸成も不可欠であることから、このためには、留学・インターンシップの経験は有用であり、とりわけ国外でのインターンシップの機会を充実することが有用であろう。

小杉礼子労働政策研究・研修機構統括研究員は、就労に関連する能力・技術が比較的低水準であるような人材（高度人材外の人材）は、グローバル化の進展や景気変動の影響を雇用面で受けやすいとして、こうした人材や学卒時未就職者が、労働市場において相応に活躍できる人材に育成されるために必要とされる対応策について発表した（第５章「グローバル化の下でのわが国の人材育成の課題—非グローバル人材に着目して—」参照）。その概要は以下の通りである。

いわゆる「リーマン・ショック」前後で雇用動向を比較すると、15～24歳の若年層、中等教育修了者、非正規雇用者の雇用が当該後に減少しており、経済変動による雇用面での影響は、低年齢層・低学歴層・非正規雇用層の人材が受けやすい傾向にある。こうした傾向は日本のみならずOECD諸国に見られる[33)]が、特に日本では、①新規学卒者を一括で採用する「学卒就職」が中心で、卒業後に、いわゆる「訓練生」として雇用された者が後に正規雇用として採用される、ドイツのような非正規雇用を吸収する仕組みが成立していないこと、また、②景気動向の影響を受けやすい高度人材外の人材は早い段階で学校教育を離れることから、こうした人材に対する職業に関する能力・技術の醸成や就職のための支援が十分ではないといえる。

　「学卒就職」により就職した学生は、就職後、企業が行う職業教育・訓練により育成されるが、卒業時の未就職者は企業による職業教育・訓練を受けることができず、そうした機会は地域社会でも充足されていないことから、非正規雇用者の増大に鑑みても、卒業時未就職者に対する職業教育・訓練機会の提供は重要である。就学段階においても、1997年以降、大卒就職者数が高卒就職者数を上回る中、特に大学における職業教育・訓練の情況を見ると、①「大学教育により得た知識・技能の活用度」が欧州と比べ日本は低い水準にあること、②当該「活用度」は、とりわけ日本の大学生の約半数を占める人文・社会科学系の卒業者で低水準であること、③人文・社会科学系の卒業者に占める未就職者の割合が相対的に高水準であることが指摘できる。医療系等の専門学部を除き、大学教育における職業教育の割合が微少で、比較的職業とのかかわりが僅少な教育を受けた者が、企業中心の育成の仕組みに組み込まれず、職業教育・訓練の機会が得られないままに労働市場に放置されている。さらに、18～29歳の就労形態に関する調査を見ると、高等学校や高等教育中途退学者が「非典型」労働の継続割合が高水準にあり、「学卒就職」が叶わなかった者が安定的な雇用を得ることができずに、「非典型」労働の状態を長期化させているといえる。

　こうした構造について、①高等学校卒業者に関しては、高等学校の斡旋による就職割合が近年縮減しており、②大学卒業者については、国公立大学および比較的入学難易度の高い（偏差値57以上）私立大学の卒業時未就職者割合が

2005年に比し2010年に低下したものの、比較的入学難易度の低い（偏差値56以下）私立大学のそれは上昇しているとの分析結果が得られた。比較的入学難易度の低い私立大学の卒業時未就職者割合が高水準である中、①高等教育への進学率の上昇により、中位以下の私立大学において基礎学力を有していない学生が増加したこと、②就職活動は、こうした学生も個人でインターネットを駆使し行わなければならず、大学の就職活動への関与の度合いが縮減する中で孤立し、就職活動が心理的負担となっていること、③卒業時未就職者割合の高い大学の学生は、就職活動を途中で断念する者が多く、一方、就職支援に注力する大学の就職内定率は高い傾向にある。こうした情況を踏まえると、大学には、大学の就職支援担当部署（「キャリア・センター」等）に就職支援を専門とする職員を配置する、というような支援の一層の強化が要請される。職業に関連する具体的な職業能力・技術の養成に加え、企業が大学に赴いて一次面接を行う「オン・キャンパス・リクルート」を促進することや、産学連携による企業情報の一層の提供が重要である。

一方、中途退学者のような「学卒就職」の叶わなかった者を雇用へつなげるには、こうした者を企業に当初「訓練生」として受け入れてもらい、企業内訓練を経た後に正規雇用として採用されるような仕組みが有効であり、この一環として、職業能力を明示する「ジョブ・カード制度」の拡充は重要である。「訓練生」の受け入れ企業に対し国が訓練期間中の賃金を助成する「有期実習型訓練」を経た者の就職率が70％を超える水準にあることからも、当該訓練の拡充が期待される。さらに、新規学卒者を対象とする「実践型人材養成システム」や、正社員経験の僅少な者を対象として、職業教育・訓練機関における教育・訓練と企業における実習とを並行して経験する仕組みは、企業にとっても人材育成策として効果的な手段であるといえる。

これらに加え、雇用に求められる能力・技術が高水準であるために労働市場へ参入できない者、いわゆる「ニート」[34]に対しても支援が必要である。韓国では、こうした者の福祉依存脱却を企図し、法的整備の下、自立的生活を営むことを支援する組織が機能しているという。当該組織は、労働市場に参入できない者に企業での正式な雇用前の中間的な雇用機会を提供する場として位置付けられている。日本では、「ニート」を受け入れる機関はあるものの、法的整

備が十分ではなく、相応に機能していない。

　以上のように、学卒時の就職の促進を前提として、学卒時に就職の叶わなかった者、自立を要する者各々の対応策が必要である。大学・高等学校等とハローワークや地域企業との教育段階からの連携による、教育機関の就職斡旋機能の強化に加え、特に、学卒時に就職不可であった者に対しては、職業能力に係る評価基準の策定、訓練内容の策定、企業の例えば「訓練生」といような暫定的な雇用者としての受け入れの慫慂が重要である。さらに、自立を要する者に対しても、職業能力形成・向上のための職業教育・訓練の強化とともに、中間的就労を可能とする自立を促す仕組みの設定が必要である。

　八幡成美法政大学キャリアデザイン学部教授は、日本の優位性の１つは、革新的で高度な生産技術と作業工程を有する製造業に認められるとして、今後も日本の産業分野を構成する主要産業の１つと見込まれる製造業における人材育成・活用のあり方を考察するとともに、主要産業における人材育成・活用の参考として、アメリカにおける取り組み事例を紹介した（第６章「グローバル人材の育成―製造業を中心とした基盤整備について―」参照）。その概要は以下の通りである。

　日本の製造業において、製造の各段階である基礎研究、新製品の開発、生産、販売という作業工程が円滑に流れる背景には、①経営層、生産技術者、現場監督者、高度で熟練した技能を有する現場作業者、営業担当者等の各職務を担う人材が、各段階において分断されることなく協働して作業工程が進むこと、②こうした連携の枠組みが、企業内のみならず企業間においても構築されていることが挙げられる。グローバル化に対応するには、各職務を担う人材が適正に育成され相応に活用されて、各職務の連携が一層強化されることが重要である。連携強化に向け要請される技能とは、経営層にとっては、語学力、交渉力、事業の創造力、マネジメント力であり、生産技術者にとっては、外国での生産の拡大に鑑み、国際的経験を通じた多様な価値観を受容する倫理観の会得や現地の文化の理解と需要の把握、現場監督者にとっては、現地人材の指導・教育力である。また、高度で熟練した技能は日本の競争力の優位性の中心をなすことから、高度熟練技能を有する人材の育成に当たっては、長期雇用を

前提とする中長期的視点を持つことが欠かせない。

　こうした専門性・高度性を要する各職務を担う人材を育成するに当たり、アメリカでは産学官の連携が進んでいる。ジョージア州では、企業が学会に頻繁に参加し、製品の開発過程やその斬進性を紹介している。この他、①「コミュニティ・カレッジ」[35]を中心とする、若年層を含む非自発的失業者に対する職業教育・訓練の実施、②州政府主催の労働者の能力評価テストの実施と企業による当該テストの結果の活用、③同州への進出企業に対する税制面での優遇、④「テクニカル・カレッジ」[36]における実践的技術の習得を目指す、州政府による職業教育・訓練の提供、⑤州政府による企業に対する従業員教育の支援が行われている。また、同州では、労働者は当初非正規雇用者として採用され、１年から３年の就労後に正規雇用者として採用されることが一般的であることから、「テクニカル・カレッジ」では職業教育・訓練が正規・非正規の雇用形態の差異に関係なく提供されるとともに、個別企業の要望に沿う課程が設定され、提携大学との単位互換の下、履修課程に係る単位の蓄積と職業に関連する資格の取得が可能である。

　日本においても、競争力となり得る産業の人材育成のため、産学官の連携を一層推進させ、就職希望者に対する職業教育・訓練を充実させる枠組みの整備を強力に進めることが不可欠である。こうした取り組みは、失業者の再雇用、在職者の再教育、高齢者の再活用にも奏効する。

　岩田克彦高齢・障害・求職者雇用支援機構職業能力開発総合大学校専門基礎学科教授／国立社会保障・人口問題研究所特別研究官は、職業教育・訓練の充実の必要性に鑑み、高質な人材外の人材を「中間層人材」として注目し、こうした人材が自身の獲得すべき能力・技術を把握し、かつこれが外的に保証されることでグローバル化に伴う需要の多様化に対応する労働需要に適う労働力として機能するような育成・活用策について論述した（第７章「グローバリゼーションの進展下における、広範な中間層に重点をおいた人材の育成・活用」参照）。その概要は以下の通りである。

　多くの日本企業はこれまで、人材を、正規雇用・長期雇用を前提として、主に企業内での職業教育・訓練により育成してきた。企業は、経済環境の変化に

こうした社員の弾力的な配置転換・残業量の増減、新卒者の採用数の調整、パート等の活用という労働力の柔軟性（フレキシビリティー）で対処し、一方、こうした正規・長期の雇用形態にある被雇用者や、こうした被雇用者が世帯所得の中核をなす世帯は、雇用の安定という保障（セキュリティー）を得てきた。労働力の柔軟性と雇用の保障を同時に目指す概念は、諸外国において「フレキシキュリティー」[37]として目指されており、日本のこれまでの構造は、「日本型フレキシキュリティー」とも換言できる。ただし、日本のそれは正規・長期雇用を前提とするものであった。現下、非正規雇用者や非正規雇用者が所得の中核をなす世帯の増加に見るように、これまでの構造は変容してきており、変容に適応しつつ柔軟な就労と雇用の安定を目指す「新たな日本型フレキシキュリティー」の実現のための枠組みの策定が求められる。

　例えば、職業能力の客観的な評価を可能とする「キャリア段位」[38]の制度化が緊要の課題であろう。わが国では、企業の都合による職業教育・訓練による人材育成や人材配置が行われていることが多いことから、労働者に求められる職業能力の水準が必ずしも明確化されていない。職業能力の水準が設定されることで、個々の人材にとり自己の水準の把握や目標が具現化され、能力向上の動機付けに寄与する。また、職業に関連する資格についても、例えば、欧州における枠組み（EQF）やこれに依拠し欧州各国が策定している枠組み（NQF）に習い、知識・能力・技術面から資格の種類・水準が可視化されることが必要である。職業能力の水準の設定や資格枠組みの策定は、多種の資格を国内外で通覧可能とし、さらに、学校教育と職業教育・訓練との自由な相互移動、同時学習、履修内容の蓄積を可能として、職業能力の形成と向上を長期的視点でとらえることを通じ進路の明確化に奏効する上、個々の人材の職業能力が明示されることで雇用機会の拡大にも奏効する。なお、職業能力の形成のためには、「キャリア段位」の策定を含む職業教育・訓練の枠組みと求職者支援・失業等給付等のセーフティネットの枠組みとの連関が不可欠である。こうした措置により、就労形態の転換を容易なものとし、柔軟な就労と所得の安定とを同時に実現することが可能となる。

　また、高齢化に伴う職業生活の長期化に鑑み、就学段階・就学後のいずれにおいても相応の学術教育、職業教育・訓練が享受可能な、生涯にわたる包括的

な学習・就業の仕組みを構築することが必要である。構築に当たっては社会保障制度も十分に加味されることが重要であり、そうした中長期の指針が個々人の判断を促し、柔軟な働き方や転職、再学習のための休職等を許容する労働市場の形成を可能とする。こうした取り組みにより、若年層、女性、高齢層のような、これまで労働市場において十分に活躍することの叶わなかった人材の生産活動への効果的な寄与が期待できる。

　さらに、欧州の職業に関連する資格枠組み（EQF）と高等教育に関連する資格枠組み（Qualifications Framework for the European. Higher Education Area: QF-EHEA）との統合を目指す動きに見るように、わが国においても、職業教育・訓練と高等教育とを連関させることが重要である。学校教育における学術教育の重要性を認識した上で、進学希望者に対する学術教育と就職希望者に対する職業教育・訓練とを弾力的に行い、進学・就職間の進路変更に機動的に対応可能な教育体制を整備することが肝要である。グローバル化の一層の進展に鑑みても、①例えば、製造業やサービス業を含む地域企業の業態を加味した、当該企業との協働による職業教育・訓練課程の策定、②学校における職業教育・訓練と企業における実習とを並行して経験できる仕組み[39]が有用である。また、学卒後の再学習・再訓練機会への自由なアクセスを可能とする柔軟な就労を許容する体制を、教育機関、企業、職業教育・訓練機関の協働により敷いて、職業能力の形成・向上のための環境を整えることが必要である。特に企業内実習の経験は、中学校・高等学校・大学等の在籍者や、在職者・一時離職者・無業者等のいずれにとっても職業能力の形成・向上に資する上、とりわけ正規雇用の経験が僅少な若年層にとっては、社会規範や勤労観の醸成にも奏効する。また、こうした仕組みの実効性を高めるには職業教育・訓練を指導する教員の育成も不可欠であり、教員免許の設定も重要である。

3．人材の育成と活用に関する課題

　苅谷剛彦オックスフォード大学社会学科教授／同大学ニッサン日本問題研究所教授は、イギリスについて、学歴や資格の水準が比較的中位から高位で社会的に有利とされる層と不利とされる層の人材育成の情況を概観し、日本におけ

る人材育成に関する課題を考察するとともに、高等教育に関する枠組みの提案を行っている（第8章「イギリスから見た日本の人材育成の課題」参照）。その概要は以下の通りである。

　イギリスの若年層の失業率を見ると、全年齢層のそれは7.7％であるのに対し、16～24歳のそれは19.2％である。また、教育課程修了により取得する資格別（学歴別）の失業率も、中等教育レベルの資格を有する者の失業率は全年齢層3.9％・同年齢13.2％、無資格者の失業率は全年齢層14.9％・同年齢40.6％と、いずれも16～24歳の失業率が相対的に高水準にあり、若年層の就職がより困難な状況に置かれているといえる。また、被雇用者に占める無資格者の割合は5％であるのに対し、失業者に占める無資格者の割合は13％であり、失業者に占める高等教育レベルの資格を有する者の割合は3％であるのに対し、中等教育レベルの資格を有する者は24％と、資格の有無やその水準により、雇用環境が相当程度左右されていることが見てとれる。こうした雇用環境の差異の背景には、教育機会の拡大に伴う急激な高学歴化が存在する。中等教育の就学率は1974年の男性33％・女性37％から2004年に同67％・同77％へ、大学進学率も1980年代末の15％から2010年に40％を超える水準に上昇した。同国における高学歴化は、知識基盤社会の発展やグローバル化の進展に伴う知的高度化・国際競争の激化に対応し、いわゆる「福祉国家」における失業保険の給付を雇用能力を高める教育・訓練への拠出に替える政策転換と、それまで少数に限られていた高等教育の量的拡大を図る政策転換に起因する。しかしながら、急激な高学歴化は、それまで適切に機能していた学業から職業への移行の仕組みと人材の育成や活用に係る仕組みとの間に齟齬を生じさせ、若年層の雇用面に影響を与え、失業の増加や非正規雇用化という形で現れてきている。

　こうした諸相を踏まえ、高等教育課程修了者等の、学歴や資格の水準が比較的中位から高位の人材と不利とされる人材の各々について考察すると、学歴や資格の水準が比較的中位から高位の人材を育成するための高等教育はこれまで、欧州の多くの国において、社会に還元される公共財であるとされ、例えば、高等教育の無償制度は、高等教育進学者が少人数に限るエリート教育とされていた時代には機能していた。しかしながら、産業社会の進展が高度な知識・技能を有する人材の必要性を高め、高度な教育・訓練が求められて高等教

育に対する需要が拡大する時代には、①教育の機会均等による量的拡大、②教育の質の維持、③財政的均衡の3つを同時に機能させることは容易ではない。イギリスも、公的負担削減の必要から大学の授業料を1998年に有償化し[40]、同時に、教育の機会均等を図る必要から在学中は国が授業料を拠出し、大学卒業後に一定の年収を超えた段階で、収入額に応じ[41]、給与から天引きされる形で学生がこれを返済する仕組みへと変革した。ここにおいて、学生が卒業後に得る収入額は、成績が就職時に加味されることや取得する資格の水準が学修した教育課程に左右されることから、教育を享受したことによる受益とみなされ、学生自身が支払う受益者負担の原則が貫かれている。さらに、高等教育機関に対しても、授業料の一定割合の国庫への返納義務が課されており、返納割合は授業料が低額であるほど低率になる仕組みである。日本では、成績が就職時に相応に加味されず、高等教育は私立大学が中心で授業料は家計に依存し親等により支払われることが多いが、イギリスの仕組みにおいては、授業料は教育を享受する学生自身が将来の借金として負担するものであり、授業料に見合う学習を行うことについて学生に熟考を促し学習意欲の喚起に寄与する機能や、教育機関による授業料抑制機能が組み込まれている。同国では、教育の量的拡大と質の維持、財政的均衡の同時達成を促す措置が採られている。

とりわけ高位の学歴を有する人材については、各国・企業等組織では高質な人材の充足が求められており、高等教育段階での育成競争と企業等組織による獲得競争はグローバル化し激化している。例えば、オックスフォード大学の大学院生の61％はイギリス人ではなく、学生は、グローバルな人材市場で有利な地位を得ようと、グローバルに認められる大学の学位獲得を目指している。特に、専門職教育を提供する修士課程にはグローバルな人材市場において高い付加価値が要請され、大学もこれに応える水準の教育の質と学位の提供を目指している。一方、日本では、大学卒業以上の人口に占める外国人移入者の割合がOECD諸国と比べ低水準にあり[42]、個々の学生が持つ能力・技術とは無関係に、大学の入学難易度に基づく相対的な期待訓練可能性の評価により人材が採用されるという閉鎖的な人材市場が形成されている。このような人材市場においては、生産性や人的資本の価値が低下したとしても市場が非開放的であることから競争が働かない。高等教育段階での育成の動向を観察すると、大学入学

者に占める卒業者の割合は日本は91％と、イギリスの78％、アメリカの54％[43]と比較し顕著に高水準にあり、日本では、入学ができれば卒業はほぼ可能な仕組みである。学習量から見ても、例えば、オックスフォード大学の学生は1週間に数十冊の文献講読が求められている。また、アメリカでは、「1学期内に20ページ以上の論文執筆を求められる授業を1つでも取ったか」との質問に対する「ノー」との回答が40％、「1つの授業で1週間に40ページ以上の文献講読を求められることが何回あったか」の質問に対し3分の1が「ノー」との回答であった調査結果[44]がある。こうした調査に示されるように、これらの質問内容の学習量が最小限に必要な学習量とされていることは注目される。一方、日本では、1週間に「授業の予復習や課題をやる時間」が3時間未満の学生が73％、「大学の授業以外の自主的な勉強」が3時間未満の学生が81％[45]である。世界の大学で相当量の学修を経た人材が育成されており、グローバリゼーションの進む人材市場で競争している。

　大学教育の付加価値の見極めには教育課程修了後の評価が欠かせないが、日本では、学部卒業者は修了前に就職先が決定する上、専門性を付加価値とする修士号の取得も評価されない。大学での学修内容や成績を企業が評価せず、また、授業料は親等が支払うこと、将来得る収入も大学での学修内容や成績に依拠しないことから、学生の成績向上の必要や学習意欲は希薄化し、大学側も学生数・授業料の獲得に対する依存度が高く、学生の習得度合いに注力しない。学生・大学・企業の思惑の結果として生じるこうした状況の継続は、マクロ的側面から見て不利益となるといえよう。

　また、学歴や資格の水準から不利とされる人材については、欧州では労働力の流動性が比較的高いことから、非正規雇用から正規雇用への転換が相対的に容易であるが、日本では、1990年代末から2000年代における非正規雇用の急拡大が若年層の就職に影響を与え、若年層の雇用環境の軟化が長期化している。大学卒業者でさえも安定した雇用が保証されない現況、非大学卒業者の就職難の即時解消は容易ではない。こうした人材に対する職業能力の形成・向上のための環境整備と、職業能力と特定業務とを適合させる[46]、個々の労働者の就労可能性を長期的に高める仕組みを構築することが必要である。

　現下、外国への留学や外国からの留学生の拡大を企図し、入学・授業開始時

期を秋季とすることを検討する大学[47]）や、外国の大学の学期開始時期に沿うよう、年間を４つの学期に分け単位の短期取得を可能とする大学[48]）の存在が関心を集めている。これらの本来の目的は、高等教育の付加価値、すなわち、高等教育修了時点までにどのような人材に育成されるか、高等教育段階でどの程度高質な人材となったかということであるから、入口よりも出口に注目して、例えば、大学４年間の後の１年半あるいは２年半の修士課程を設置し、当該課程を春季に修了して就職するというような経路を設定して、学部入試を中心とする仕組みから大学院入試を中心とする仕組みへ移行することも一案である。

　権丈英子亜細亜大学経済学部教授は、第９章「グローバル化に対応した人材活用—参加型社会オランダ—」において、1970年代に、グローバル化の度合い（経済面・社会面・政治面からグローバル化の度合いをみた「KOFグローバル化指数」[49]）による）が現在の日本と同水準であったオランダについて、1970年代以降のグローバル化の進展の中で労働者の働き方の柔軟性を高め、労働力の活躍機会を拡充して人材活用を進めてきた同国の取り組みを概観している。その概要は以下の通りである。

　社会が一定量の労働力を活用する際、限られた人が長時間の労働を行う「分業型」の社会と、多くの人がさほどの長時間の労働を行わない「参加型」の社会の２つの態様が考え得る。後者は前者に比べ、いわゆる「ワーク・ライフ・バランス」を実現する蓋然性が高い。労働時間および就業率を国際比較すると、オランダは、就業者１人当たりの労働時間が短く、就業率は男女とも高水準にあり[50]）、「参加型社会」であるといえる。

　「参加型社会」の基盤をなすのはパートタイムの労働[51]）である。同国はパートタイムの労働者の割合が他国に比べ高水準である[52]）ことから、「パートタイム社会」と表されることがある。1980年代入り後、同国は、正規雇用者のフルタイムの就労ではない働き方を許容し、こうした「柔軟な労働力」を積極的に活用するとともに、「柔軟な労働力」を提供する労働者の待遇の改善に努めてきた。1990年代には労働時間の長短による差別を法律で禁止し、また、2000年の「労働時間調整法」により、労働者に労働時間を変更する権利が与えられた。

こうした施策により、同国の近年の女性の就業率は、仕事と育児等家事との両立のための支援を同国に先行して進めてきたスウェーデン等と同程度に高水準なものとなった[53]。同国には依然として男女の働き方の差異を認める社会意識も存在するが、労働者自身が労働時間を選択できることとなったことで労働時間の弾力化が図られ、就労形態の自由度が高まり、同国では、フルタイムの労働だけではなくパートタイムの労働も標準的な働き方となった。労働者は、自身の生活設計に適応する就労が可能となったと評価する。こうした措置の効果は、とりわけ女性の就業率の顕著な上昇[54]に見ることができる。

　グローバル化の進展や人口構造の変化に対応し、同国は「ワーク・ライフ・バランス」の拡充に進取的に取り組んできたといえる。働き方の柔軟性を高め、個々の人材が人生の段階に応じ就労形態を選択することが可能な労働環境を構築し、人材の活躍機会を拡大させて、より多くの労働力の長期の就労を可能とする「参加型社会」を実現している。

　　結び―国際比較から見た人材の育成・活用に関するわが国への示唆―

　今後一層の生産年齢人口の相当程度の減少と高齢化による職業生活の長期化が見込まれる中、生涯にわたる継続的な教育・訓練に基づく能力・技術の形成・向上は、生産活動を行うあらゆる者にとり不可欠な要素である。とりわけ生徒・学生に対する職業に関する教育・訓練と、一時離職者・転職希望者・失業者・無業者を含む就職希望者に対する再教育・再訓練機会の充実、再雇用および雇用定着のための支援は重要であろう。失業・無業の事前防止も然り、特に再教育・再訓練機会の充実は、在職者にとってもその能力・技術水準の向上に資する上、無業者の勤労意欲の醸成にも作用する。労働が人材育成の効果を相乗させるだけでなく、個々人の自立と、ひいては国力の強化を実現する。

　こうした施策を実効性あるものとし、人材を効果的に育成・活用するために必要なことは、「グローバル化に対応した人材の育成・活用に関する研究会―諸外国の事例及び我が国への示唆―」の各会合における検討やこれに基づく本書第1章から第9章における内容を俯瞰すると、第一義に、個々の人材に蓄積される能力・技術の種類と水準の明確化であろう。そして、人材に蓄積された

能力・技術の外部性の確保のために、学位および職業に係る資格の種類・水準を明示し、これらの関係を体系化し、とりわけ高水準の能力・技術を要する学位・資格については外国のものと通覧可能なものとすることが有用であろう。学位・資格の明確化は個々の人材の自身の能力・技術の把握にも奏効する。

特に資格については、職業あるいは職種と、これに要する資格の種類・水準とを個別に対応させ、各々の資格の取得に要する学修内容を可視化することが重要であろう。さらに、学校教育課程、資格取得のための学修・訓練課程、企業における実習を連関させることが雇用可能性を向上させる。専門性を加味した学校教育課程の弾力的な策定が必要である。こうした取り組みは、学術教育や職業教育・訓練に係る意思決定が各人に委ねられている現況を刷新し、個々の人生設計に寄与する。また、就職・非就職に関係なく、十分な支援のないままに自動的に社会へ送出されている学卒者から無業者を発生させないことにつながる。

グローバルに展開する日本企業は、今や大企業のみならず中小企業も含まれる。需要の多様化・技術の高度化というようなグローバル化に伴う環境変化に対応するには、外国に活動拠点を有するか否かにかかわらず、異なる言語・文化への対応力は至要な能力の１つである。特に国際的な活動機会の多い人材には、国際活動を主導する人材として、コミュニケーション能力、プレゼンテーション能力、説得力が要請されるであろうし、この外の人材にも、多様な需要に対応する、各々の生産分野での専門性や異文化への許容、高い倫理が求められる。

高質な学生の早期獲得を渇望する企業等組織の意識改革は容易ではない中、生徒・学生を採用する組織にも、生徒・学生の能力・技術の水準、専門性、学業成績を選考基準の中核に置く職種・職能別採用の推進、従来日本人中心に考えられてきた社員教育・評価・人事体制の刷新に基づく社員の登用・活用の枠組みの変革が求められている。グローバリゼーションが今後一層進む世界で、これらの変革を組織が個別に行うには限界があることは否めず、産学官の協働により具体的枠組みが構築されることが期待される。

以上のように、「グローバル化に対応した人材の育成・活用に関する研究会―諸外国の事例及び我が国への示唆―」の検討に基づく本書では、日本にお

ける人材育成・活用に係る課題とこれに対する方策が諸外国の政策展開から考察されている。本章の結びとして、これら諸外国の対応から観察される、グローバル化に対応する人材獲得のためのわが国への示唆について、その育成面、採用面、活用面から整理を試みる。

(1) 人材の育成に係る方策

人材の育成策として、①初等・中等・高等教育の学校教育段階での学校における育成、②就職後の在職者に対する企業等の組織における育成、③学校および組織のいずれにも属していない者に対する育成に分類して考察する。

学校では、職業に関連する実践的な教育・訓練が課程に盛り込まれることを通じ、職業教育・訓練の機会の提供が一層強化されることが必要である。アメリカのように、職業の種類と各々の職業に要する能力・技術、その水準、修得すべき学修内容の設定と公開の下、教育機関が連携して、生徒・学生が職業に関する専門的な知識・能力・技術を学卒時までに一貫して体得できるような、学校教育段階での分断のない職業教育・訓練機会が提供されることが要請される。特に、理科系の学修者に対する高度性および専門性を加味した、職業に関連する教育・訓練は有用であろうし、高位の学力・能力者に対する高度な教育・訓練機会が一層強化されることが求められる。中位・低位の学力・能力者に対しても、製造・サービス等各々の職種に係る専門性を加味した教育・訓練が必要である。アメリカのように、学校と地域企業との協働により、学校教育課程と職業教育・訓練課程とを連関させた教育・訓練内容を設定することは、生徒・学生の専門性の修得に寄与するであろう。これに関連し、学校における職業教育・訓練と企業等組織における実習とを並行して経験できる、ドイツのような仕組みの策定は実利的である。また、学卒後も間断なく再学習・再訓練を受けることが可能となること、そして、これを許容する柔軟な就労形態が可能となることを通じ、学業者のみならず、在職者、一時離職者、無業者、特に正社員経験の僅少な若年層の雇用機会の拡大に奏効する可能性がある。教育機関には、個々の児童・生徒・学生の能力・学力の程度や資質に基づく適性の一層の見極め、就職につなぐための企業や職業に関する十分な情報の入手・提供が求められる。情報は、就職先としての大企業偏重傾向の社会意識の中、とり

わけ中小企業に関する広範な情報が集約されることが非常に重要である。一方、個々の人材には、モノ・サービスに対する需要の多様化に対応するため、各々の能力・学力や職務に求められる度合いに応じた語学力の体得は、より多くの労働者にとり重要である。

在職者に対する育成は、企業活動の国際的展開に要する教育・訓練が、OJT、Off-JT を通じすでに実践されてはいるものの、正規・非正規の雇用形態の差異にかかわらない教育・訓練機会や、経営者層・中間管理者層・一般社員層等職階別の教育・訓練機会の充実が求められる。また、各人材に対する適正な評価がなされること、各人材の能力や希望する就労形態に依拠した雇用形態間・各層間の移動が叶うことも求められるところであり、これらの枠組みの整備が要請される。

学校および組織のいずれにも属していない者に対する育成については、無業者、中年齢層失職者・主婦等の一時離職者、高齢層等の求職者に対し、再雇用に資する職業に関する教育・訓練が提供されることが求められる。提供場所としては、職業教育・訓練機関のみならず、教育機関、地域企業を活用することや、就職につながる教育・訓練課程を提供するために、地域の企業から具体的な職務内容を提供してもらうことも一案である。フランスの取り組みにあるように、職業能力や職業観の不十分な「ニート」等を含む就労可能な者が、正式な採用前に企業に暫定的に受け入れられ、企業内訓練後に正式に採用されるための企業への受け入れ促進策や、韓国のように、一定の組織が正式採用前の中間的な就労の場として機能することを促進させるような仕組みも有用であろう。この一環として、労働者の能力・技術が可視化されることは不可欠であり、「ジョブ・カード」制度の一層の拡充が求められる。各人材の技能が明示されることで、企業等組織も人材に対する教育・訓練内容や職務を確定できる。また、新卒者向けの職業教育・訓練の枠組みである「実践型人材養成システム」や、先述した正社員経験の僅少な者を対象とする、職業教育・訓練機関における教育・訓練と企業実習とを並行して経験できる仕組みも有効であろう。学卒時の正規雇用が叶わぬままに非正規雇用や無業状態が長期化している者に、人生設計を見えるものとする枠組みの提示が必要であり、こうした育成策が、就職先との適合支援やフランスのような教育・訓練期間中の身分保証と

ともに推進されることが求められる。

　以上のような職業教育・訓練を担う指導者として、例えば、地域の高齢者や経験者等に活躍してもらうことも一案である。

(2) 人材の採用に係る方策

　多種の労働力に各々の活躍の機会を与えるためにも、採用の手法は、総合職・一般職、正規雇用・非正規雇用等の分類だけではない、労働者が所望する多様な就労形態に適う弾力的な採用手法が執られることが要請される。例えば、経営者層・中間管理者層・一般社員層等の職階に対する昇進希望に沿う採用や、当初は非正規雇用であっても、これを試行として、相応な労働が認められた後には正規雇用とされるような採用の枠組みが考えられる。

　学生の就職活動の早期化・長期化が高等教育の充実の足枷となっている事態を改善するために、採用時期についてもより弾力的なものとなることが望まれるであろう。高質な学生の採用を早期に内定する新規学卒者一括採用の慣行は、就労経験のない者に雇用機会を与えているとも云え、また、学生と企業の利害が一致している側面もあるものの、外国への留学や外国からの留学生の拡大を企図し、入学・授業開始時期を秋季とすることを検討する大学[55]や、外国の大学の学期開始時期に沿うよう、年間を4つの学期に分けて単位の短期取得を可能とする大学[56]の動きも加味し、企業等組織の採用情報の提供の強化も然り、例えば、欠員ポストを補完する採用手法のように、年間を通して随時採用機会が存する仕組みを、教育界・産業界が連携して一層拡充することは重要であろう。これは、多様な労働力に活躍の機会を与え、無業状態の短期化に寄与する上、企業にとっても、人材を適所に配することを通じ生産性向上の蓋然性を高める。

　また、人材が持つ能力・技術と仕事との適合を図るため、職業に関する能力・技術の種類・水準を可視化した枠組みを採用の際にも活用することは、再職業教育・訓練により雇用に足る人材に育成される既卒無業者、中年齢層失職者・主婦等の一時離職者、高齢層等求職者の再就労を促進することにつながる。

(3) 人材の活用に係る方策

多様な分野で人材が各々に活躍するためにも、個々の人材の能力・技術が明示されることは重要であるが、このためには、能力・技術の種類や水準を可視化するための基準が策定されることが不可欠である。欧州で進む国際通用性を加味した学位の枠組み、職業に関連する資格枠組み、学位と職業に関連する資格との連関の枠組み、学修内容の蓄積を可能とする互換性のある単位の枠組みは有用であろう。個々の人材はこうした枠組みを基に短期・中長期のキャリア形成が可能となる。

人材が効果的に活用されるために、柔軟な労働環境が整備されることも必要である。労働者は、人生の各段階において、労働時間や労働場所等の変更を余儀なくされることもあろう。多様な労働力に多くの活躍機会を与えるためにも、就労形態の変更が適度に反映され、労働者の意向が、可能な範囲で叶うような就労体系が確立されることが望まれる。オランダにおける正規雇用者と非正規雇用者の待遇差是正を前提とする正規雇用者の時短勤務や、例えば、上位職階への昇進希望者は比較的長時間の職務を担う一方、非希望者は「ワーク・ライフ・バランス」を重視した職務を担うといった就労形態が許容される仕組みを構築していくことが考えられる。弾力的な労働環境の構築は、企業等組織にとっても、人材を適所に配することを通じ、労働力の効果的活用を促す。

企業等組織が付加価値を発現し続けるには、必要とされる人材を適切に配置し活用するとともに、士気の低下の顕在化を回避することが条件となる。士気を低下させることなく人的資本を維持するためには、合理性ある報酬体系を敷くとともに、職務遂行能力を踏まえた人材配置を行うことが重要である。実績に対して職位を与えることは、必ずしも職務遂行能力に見合った人材配置につながらない可能性がある。実績に見合う報酬体系の整備と職務遂行能力に見合う人材配置は、多様な人材を効果的に活用していく上で非常に重要である。既存の枠組みを弾力的に見直し、個々の人材が勤労意欲を維持しつつ相応の活躍の機会を得られるよう、経済・社会の環境変化に対応する適正かつ柔軟な人事・評価体制を構築していくことが不可欠である。

ヒト、モノ・サービス、カネの流動性の拡大による需要の多様化、技術の高

度化というグローバル化に伴う環境変化の必然的帰結として複雑化した産業社会の発展が、種々の専門的能力・技術の集約に依存する以上、あらゆる人材は、社会の一形成者として、付加価値ある生産活動を可能とする能力・技術を体得する必要がある。そして、日本経済の持続的な成長と生産性向上の実現の担い手として、グローバルな活動を行うか否かにかかわらず、国内外の広範な事情に対峙できる能力・技術の獲得が期待される。

こうした人材の育成と活用のための方策は組織により異なるであろうが、これに関する議論が人口に膾炙している所以は、従来のキャリア形成の手法では、上述したような能力・技術が十分に獲得されないことの表れであると推察される。固定化した進路支援、順送りの人材異動やOJTに過度に傾倒した育成、能力・技術の向上を個人の努力に期待するというような論理では、人材に体化する能力・技術の弾力性や外的通用性が阻害され、各国関係の緊密化の進展に伴う経済・社会の変容に対処できない。学校・企業等のあらゆる組織は、その規模にかかわらず、国内外の人材との協働の下、今後一層グローバル化の進む市場において競争し、その特長を発現していかなくてはならない。このことに鑑みても、人材の実効性ある育成と活用に係る解の導出は、守旧的枠組みからの脱却も然り、組織の長所や風土を熟知する、これにかかわるすべての者の知恵の見せどころであり、これを担うのは次代の在り様に責任を持つわれわれに他ならない。必然、これまで試みられてきた施策の重複と不足の点検を含む精査と評価は不可欠な要素である。

経済・社会で発生する予期せぬ事象や好調期、軟調期のいずれにおいても、社会基盤をなすのは専門性を有する人材の知恵であり、特定分野の適正判断に裏打ちされた短期、長期の指針が人の判断を促し社会を牽引する。これを現出するに十分な人材は無上の共有資産である。こうした人材をいかに育成し、効果的に活用していけばよいのかについて、今、日本全体で熟考することが求められている。複雑化した社会構造の必然的帰結として分化した種々の特定分野において、われわれ一人ひとりが社会の形成者として自覚できる、専門人材としての実効性の表出を実現する社会をどう構築していけばよいか。個々人はまた、自身は何を「特長」として生きていくのかという自己のキャリア戦略と覚悟が求められる。これを導く環境整備を求めて止まない。綱渡りの挑戦を支え

るのは勁(つよ)い執念であり、これを具現化するのは勇断である。「ものづくり」だけではなく「ひとづくり」の面でもわが国が秀でる機会を得たいものである。

注
1） 内閣官房国家戦略室（2011）
2）「グローバル人材育成推進会議　中間まとめ」では、「グローバル化」とは、「総じて、（主に前世紀末以降の）情報通信・交通手段等の飛躍的な技術革新を背景として、政治・経済・社会等あらゆる分野で『ヒト』『モノ』『カネ』『情報』が国境を越えて高速移動し、金融や物流の市場のみならず人口・環境・エネルギー・公衆衛生等の諸課題への対応に至るまで、全地球的規模でとらえることが不可欠となった時代状況を指すものと理解される」とされている。
3） 総務省は、「1．メディアを主体的に読み解く能力、2．メディアにアクセスし、活用する能力、3．メディアを通じコミュニケーションする能力、特に情報の読み手との相互作用的（インタラクティブ）コミュニケーションする能力」の「3つを構成要素とする、複合的な能力のこと」を「メディアリテラシー」としている。http://www.soumu.go.jp/main_sosiki/joho_tsusin/top/hoso/kyouzai.html（以下、本章におけるインターネット・アドレスは2012年6月現在のものである。）
4） 樋口・加藤（2012）も、「我が国の就業者の約7割（70.4%（2011年6月））が第3次産業に属することに鑑みても、例えば、サービスという人の嗜好に係る需要に適時、適切な対応が可能な素養や、正解があるものを記憶力により解決するのではなく、正解のない局面において自ら筋立てを行い、選択肢を考え完遂することができる一連の柔軟な能力、変革力を体得することの重要性は、第3次産業に限らず、あらゆる業種の就業者において増している」とする。
5） プライスウォーターハウスクーパースが実施した「グローバルでビジネスを展開する日本企業」に対する調査によれば、「海外派遣対象者の中で現在不足している職位」に関する質問に対し、「すべての職位において『不足』が『充足』を上回」り、「中でも『経営者・役員』に関しては87%の企業が『不足している』と回答」したという。プライスウォーターハウスクーパースは、企業が「現地拠点における経営者・役員の深刻な人材不足を感じている」としている（プライスウォーターハウスクーパース（2010））。
6）「日本企業に欠けるもの　グローバル人材欠乏症」（『日経ビジネス』2011年12月19日号、pp.54-55）より。また、プライスウォーターハウスクーパースが実施した「グローバルでビジネスを展開する日本企業」に対する調査によれば、調査対象企業のうち「グローバル人材マネジメントに関して、優先順位の高い課題（解決すべき事項）」として「グローバルで活躍できる日本人の選抜と育成」を挙げた企業は58%であったという（プライスウォーターハウスクーパース（2010））。
7） 15歳から64歳の人口は、2011年8101万人から2055年4595万人へ減少することが推計されている（各年10月1日現在の値。出生中位・死亡中位による推計）（国立社会

8）「グローバル人材育成モデル7　早期着手『入社前留学』も」（2011年11月10日付『日経産業新聞』18面）より一部引用。
9）経営新潮流「グローバル人材育成　若手磨くサバイバル研修」（『日経ビジネス』2011年11月14日号、pp.118-121）より一部引用。
10）日本サムスンのウェブ・ページ、「グローバル人材育成モデル4　サムスン『地域専門家制度』」（2011年10月6日付『日経産業新聞』18面）より一部引用。
11）詳細は、本書第1章を参照されたい。
12）職業に関する実践的かつ高度な専門教育の課程は、「専門大学（Fachhochschulen）」において提供されている。「専門大学」では、他の大学に比べ、職業との関連を加味した専門性の高い教育課程が提供され、職業に関連する資格が取得可能である。資格は学士号・修士号・博士号の学位だけでなく、「専門大学」での専門的課程の修了が併記された学位（例：Diplom（FH））が授与される。国内に大学数の1.5倍に相当する176の「専門大学」が存在する。詳細は、本書第4章を参照されたい。
13）詳細は、本書第2章を参照されたい。
14）レジェンダ・コーポレーション（人材採用・育成支援会社）が実施した2012年4月入社の新卒学生に対する意識調査によれば、「将来、グローバル人材になりたい」と考える学生は77.7％であったという（レジェンダ・コーポレーション（2011））。
15）レジェンダ・コーポレーション（2011）によれば、グローバル化に対応する人材に必要な能力・資質として、「多くの学生は、グローバル人材になるために『語学力』『英語力』『コミュニケーション能力』が欠かせないと考えている」ことがわかるとし、グローバル化に対応する人材に対する「意識は高いものの、グローバル人材＝英語力と考える傾向」にあるとする。
16）当研究会の詳細については財務省ウェブ・ページを参照されたい。http://www.mof.go.jp/pri/research/conference/zk092.htm
17）2011年8月5日閣議決定「日本再生のための戦略に向けて」における「雇用・人材戦略」の一環として、「『キャリア段位』制度（日本版NVQ）と大学・専門学校等の教育システムとの連携」が「2013年度までに実施すべき事項」として掲げられている。「キャリア段位制度」は、イギリスの①種々の職業に必要な資格、②資格に必要な能力・技術の種類とその水準を明示した「全国職業資格（National Vocational Qualification, 略称：NVQ）」を参考としたもの。イギリスは当該職業資格の水準と学位の水準との対応関係も明示している。
18）"European Convention on the Equivalence of Diplomas Leading to Admission to Universities"
19）"European Convention on the Equivalence of Periods of Study"
20）"European Convention on the Academic Recognition of University Qualifications"
21）「共同学習計画（Joint Study Program: JSP）」は、EC域内の大学の学部生を1年以内の期間を目処に交流させることを目指した枠組み。
22）「エラスムス計画（ERASMUS: European Community Action Scheme for the

Mobility of University Students Program)」は、欧州の大学間のネットワーク構築に基づく人材交流の拡大、協力関係の緊密化によりEUの知的基盤を強固なものとして経済力の強化を図ることを目指した枠組み。具体的項目として、①人的資源の養成・確保、②国際競争力の向上、③加盟国の大学間の協力関係強化、④EC市民という意識の醸成、⑤学卒者に対する域内協力事業経験の機会の提供が挙げられた。

23) "Socrates Program"
24) "Sorbonne Declaration"
25) 半期（セメスター）制度の下では、例えば、前の半期で単位取得不可の履修科目が生じたような場合に、後の半期での当該科目の再履修や他の科目の履修により、進学に必要な単位数を学年終了時点で充足することができる。学年終了時点で単位数の不足が発覚し進学不可となるような事態を回避することができるとともに、半期ごとの編入学も可能となる。確実な進学と学生の流動性の促進による知的基盤強化への寄与が期待される。
26) "Bologna Declaration"
27) 養成されるべき能力は、「一般の能力（Generic Competence）」と「特定の能力（Specific Competence）」とに分けて定義されている。前者の能力としては、「口述・文章表現力（Oral and written communication）」、「課題解決力（Problem solving）」、「判断力（Decision-making）」等が挙げられている。後者については、数学、歴史、看護等13の分野の各々について、例えば、数学では、義務教育レベルの十分な知識・教職レベルの知識・習熟過程に関する知識等、歴史では、世界史の知識・自国の歴史に関する知識・欧州統合の歴史に関する知識・時事とその経緯に関する知識等、看護では、看護の価値と役割に関する知識・看護のための技術的能力等と定められている。http://www.unideusto.org/tuningeu/competences.html
28) 高等教育に対する需要の増大の所以について、橘木俊詔氏（同志社大学経済学部教授）は、2006年に行った講演の中で（講演時の役職は京都大学大学院経済学研究科教授）、「受けた教育の程度などが、社会に出る際の選抜過程において有利に働いている」ことに着目し、この作用に注目する理論とされる「スクリーニング仮説」を紹介しつつ、企業が「採用試験の受験資格を特定」の学校の「卒業者に限定」するかつての「指定校制度」に絡み、「受験生やその親」は、「希望する会社に入ることのできる大学を進学先として選択した。つまり、受ける教育の程度が採用に影響するという実態が、高い教育を受ける動機になっていたということである」と考察している（文部科学省（2007））。

「スクリーニング仮説」について、経済企画庁経済研究所（現内閣府経済社会総合研究所）「教育経済研究会」はその報告書（1998年）において、「一括採用、終身雇用、社内教育訓練」のような「日本的雇用慣行の下で企業が大学に求めるのは、即戦力となるような人材よりも、低い訓練費用で能力を引き出せる可能性の高い人材を供給することである」とし、「大学はこのような企業のニーズに最も適した学生を入学試験により選別し、その結果を学歴情報として社会に発信してきた。社会はこれを無償で利用しつつ人材の適材適所の配置を行うので、大学の情報生産活動は公

共財的な機能を果たしてきたことになる。これは教育の最も重要な機能が選別（スクリーニング）であるとする仮説と合致する」とする。同研究会は当該報告書において、「大学の機能」として、「潜在能力の高い学生の選別であるとする見方」である「スクリーニング仮説」と、「大学教育により学生の能力（人的資本）が高まるとする見方」である「人的資本仮説」とがあるとして、「大学入学前と卒業後の個人の能力（成績や所得）に関するデータが不十分な我が国では、どちらの仮説がより現実に近いかを定量的に分析することは難しい。しかし、本報告書ではこれまでの我が国の大学教育、特に社会科学系の学部については、スクリーニング仮説がかなり妥当するとの定性的な判断を行っている」とする。ただし、「教育を通じたスクリーニングにより学生の能力に関する情報を生産し社会に提供する」という大学の「情報生産活動」は、「スクリーニング仮説が妥当する状況で」「一括採用、長期雇用という慣行の下では外部性を持ったかもしれないが、今後はそれほど重要ではなくなるとみられる」と考察した（経済企画庁（1998））。

29) 日本の中学校および高等学校等中等教育課程在籍者に係る法規（「学校教育法」等）上の定義に依拠し、ここでは「生徒」と表記した。この外、主に大学等高等教育課程在籍者を対象とする文脈においては、同様に日本の法規上の定義に依拠し、「学生」と表記している。

30) 日本の内閣府は、「新卒一括採用」とは「卒業見込みの学生について、特定の時期に働き始めることを前提に、在学中に内定が決まる採用慣行」とする（内閣府（2012））。

31) 例えば、「Diplom（FH）」のように、学士号（「Diplom」）の後ろに、「専門大学」が授与した学位であることを示す「Fachhochschulen」の略語である「FH」が付される。

32) 「人生で最も大切なこと」に対する回答割合は、「職業」が7.0％、「家族の幸せ」が69.8％、「よい人間関係」が43.4％、「余暇」が39.4％であったという。

33) OECD "Off to a good start? Jobs for Youth"

34) 「ニート（NEET: Not in Education, Employment or Training）」とは、15～34歳の非労働力人口のうち家事も通学もしていない者である。なお、「フリーター」とは、15～34歳で、男性は学校卒業者、女性は学校卒業者かつ未婚の者で、①被雇用者のうち勤め先における呼称が「パート」または「アルバイト」である者、②完全失業者のうち探している仕事の形態が「パート・アルバイト」の者、③非労働力人口のうち希望する仕事の形態が「パート・アルバイト」で、家事も通学も就業内定もしていない者である（厚生労働省（2012））。

35) 「コミュニティ・カレッジ」とは、2年間で職業教育・訓練を提供し、準学士号の学位が取得可能な公立および私立の教育機関である。州立大学3年生への編入も可能である。また、地域の諸団体、中学校、高等学校、大学、企業と緊密な関係を持つ機関である（在日アメリカ大使館『米国留学を目指す人のために シリーズ1 大学学部課程』より一部引用）。

36) 「テクニカル・カレッジ」は「コミュニティ・カレッジ」の一形態で、「コミュニ

ティ・カレッジ」に比べ、より専門性・特殊性の高い技能の職業教育・訓練を提供する教育機関である。

37) 坂井（2007）は、「フレキシキュリティー（Flexiculity）」とは、「フレキシビリティー（Flexibility）とセキュリティー（Security）を組み合わせた造語」であり、「フレキシキュリティーは実効性のある労働市場政策（雇用政策）を進めるコンセプトとしてEUで取り上げられ、今日ではEUのみならずOECDやILOにおいても広く認知された用語となっている。フレキシキュリティーはフレキシブルな労働市場と手厚い社会保障、雇用保障を同時に実現することを意味している」とする。しかしながらその概念については「異なった見解があり、その定義は必ずしも確立しているわけではない」として、主な概念として次の3つを紹介している。「一．意図的、政治的な戦略として労働市場のフレキシビリティーと社会保障を同時に向上させる政策と位置づける。これはオランダのアプローチで九五年に法制化されている。この時、初めてフレキシキュリティーという造語が用いられた。二．フレキシキュリティーを労働市場のフレキシビリティーと各種のセキュリティーのバランスを保ちながら実施する全国的な雇用制度としてみる。バランスの度合いは国によって、労働市場の性格によって異なると考えられる。デンマーク政府はこの見解をとっている。三．政策立案や研究を進めるための具体的な分析の枠組みとしてとらえる」。一方、OECD（2004）は、雇用に係る規制、失業等給付、積極的労働市場政策といった「ポリシー・ミックス」のバランスは各国事情に依存するが、例えばデンマークにおいては、雇用に係る規制が緩和的であることから、失業等給付の充実よりもむしろ雇用関連サービスが充実し、これが効果を発揮しており、これは「フレキシキュリティー」と称されるとする。OECDは、同国の「ポリシー・ミックス」は、雇用保障とともに労働市場の活力を高めることにも寄与していると評価している。

38) 「キャリア段位」は、職業能力の水準を職種別に表す。職業能力の水準の明示化は、イギリスのNVQ（注17参照）における評価基準（Qualifications and Credit Framework, 略称：QCF）を参考とする。NVQでは、QCFで職業能力の水準が明示化されているのみならず、QCFと学位の水準、職業教育・訓練の水準との対比も明示化されている。能力評価がQCFに基づいて行われることで恣意性の働かない客観的な評価が可能であるとともに、NVQの枠組みの下では、能力水準の明確化が自己の能力水準の把握や目標の可視化、能力向上の動機付けにも寄与しているといえる。

「キャリア段位」の設定とその導入は、「『日本版NVQ』の創設」として、2010年6月の閣議決定「新成長戦略」の「2013年度までに実施すべき事項」の1つに挙げられた。当該決定では、「キャリア段位」の設定とその導入の実現を目指し、実践的な職業能力を育成しこれを評価するための「実践キャリア・アップ制度」の導入が掲げられ、当該制度を「介護、保育、農林水産、環境・エネルギー、観光など新たな成長分野を中心に」導入・普及するとされている。また、2011年1月の閣議決定「新成長戦略実現2011」では、「2010年の主要な成果」の中で、「実践キャリア・アップ制度」が対象とする人材として、介護人材、省エネ・温室効果ガス削減等人材、

6次産業化人材を選定したとし、「2011年に見込まれる主要な成果と課題」の中で、成果は当該3業種の「実践的な職業能力に関する評価基準や育成プログラムを策定」したこと、課題は「2011年度後半に実証事業を実施することを検討」すること、および「2010年度からの5か年について、3業種の検討状況を踏まえて段階的に制度の導入を図るなど、他の成長分野における制度の導入プロセスを検討」することであるとされた。なお、上記2つの閣議決定や2011年8月の閣議決定「日本再生のための戦略に向けて」のいずれにも、「キャリア段位」制度と「大学・専門学校等の教育システムとの連携」が掲げられている。「キャリア段位」の策定と導入は、現在、内閣総理大臣の指示に基づく緊急雇用対策本部実践キャリア・アップ戦略推進チームにより検討が進められている（首相官邸、内閣官房国家戦略室、イギリス Qualifications and Curriculum Development Agency の各ウェブ・ページより）。

39) ドイツの仕組み（「デュアル・システム（Dualen System der Berufsausbildung）」）が有名。若年層に対する職業教育・訓練として、企業における週3〜4日の実習と職業教育・訓練校における週1〜2日の理論教育が2〜3.5年の期間で行われる。対象職種は350種で必要に応じ変動する。教育・訓練内容は、教育・研究大臣が大枠を定め、詳細は各地の商工会議所等がこれを定める。企業は商工会議所等から職業教育・訓練を行うことについて認定を受け、「訓練生」と訓練契約を締結する。修了後、「訓練生」は商工会議所等が行う理論および実技の試験を受け、合格した場合に資格を取得することができる（厚生労働省（2008-2009）および労働政策研究・研修機構（2009））。

40) 1998年時点は1250ポンドであった。各大学は当該額を上限として独自に金額の設定が可能である。この後、上限額は2006年に3290ポンドへ引き上げられた。2012年にはさらに9000ポンドへ引き上げられる予定であるという。

41) 2006年には1万5000ポンドの年収まで、2012年以降は2万1000ポンドの年収までは返済が免除される。

42) 経済産業省「国際化指標」検討委員会報告書より一部引用。同報告書は、日本の「大卒以上の人口における外国人移入者」の割合は0.7％であるとして、「OECD諸国と比べ、日本に流入する高度外国人材率はいまだ圧倒的に低い」としている（経済産業省（2009））。

43) 矢野（2011）による。

44) Arum and Roksa（2011）による。

45) Benesse 教育研究開発センターによる大学生4070名を対象とする学習・生活に関する実態調査（2008年10月実施）（ベネッセコーポレーション（2009））。

46) 加藤・吉川（2012）においても、イギリスにおける「職種と学位の横断的な資格制度、義務教育後の就労につながる徒弟制度は特筆すべき取り組みである」とされる。

47) 東京大学（2012）、「東大、11大学と協議組織　産業界とも連携『5年前後で移行』」（2012年1月21日付『日本経済新聞』1面）、「春に入学、授業は秋から　一橋大が独自案検討」（2012年2月22日付『日本経済新聞』1面）。

48)「早大、4学期制へ 来年4月から 独自路線で国際化」（2012年3月1日付『日本経済新聞』1面）。
49) スイス連邦チューリヒ工科大学経済研究所 KOF（ドイツ語「Konjunkturforschungsstelle」（景気循環研究所）の略）が発表する指数（"KOF Index of Globalization"）。輸出入総額対 GDP 比、直接投資額対 GDP 比、出入国者数、1000人当たりインターネット利用者数、外国大使館設置数、国際条約締結数等23のデータをウェイト付け、指数化し算出している。第9章「1．はじめに」および「注1」、KOF ウェブ・ページ（http://globalization.kof.ethz.ch）を参照されたい。
50) 就業者1人当たりの労働時間はオランダ年1377時間、他国については、例えば日本は同1733時間、アメリカ同1778時間、イギリス同1647時間。25〜54歳男性の就業率はオランダ90.0％、日本91.4％、アメリカ81.0％、イギリス85.2％。25〜54歳女性の就業率はオランダ79.3％、日本68.2％、アメリカ69.3％、イギリス74.4％であるという（いずれも2010年の値）。他国の値については第9章図表9-5を参照されたい。
51) 例えば OECD は、週30時間未満の労働を「パートタイム」の労働、週30時間以上の労働を「フルタイム」の労働とすることを推奨しているという。詳細は第9章注4を参照されたい。
52) パートタイムの労働者の割合は、オランダ37.1％、日本20.3％、アメリカ13.5％、イギリス24.6％であるという（いずれも2010年の値）。詳細は第9章図表9-7を参照されたい。
53) 25〜54歳女性の就業率はオランダ79.3％、スウェーデン82.0％であるという（いずれも2010年の値。第9章図表9-5より）。
54) 上昇の趨勢は第9章図表9-3を参照されたい。
55) 注47参照。
56) 注48参照。

参考文献

閣議決定「日本再生のための戦略に向けて」平成23年8月5日、p.8。
加藤千鶴・吉川浩史（2012）「イギリスにおける人的資本の蓄積に向けた政策対応」樋口美雄・財務省財務総合政策研究所編著『グローバル社会の人材育成・活用―就学から就業への移行課題』第9章、勁草書房、p.256。
経済企画庁（1998）「エコノミストによる教育改革への提言 『教育経済研究会』報告書」経済企画庁経済研究所、平成10年4月、pp.15-16；60-61。
経済産業省（2009）「『国際化指標』検討委員会報告書 平成21年4月」本文 pp.10-11、「国際化指標」検討委員会。
厚生労働省（2008-2009）「2008〜2009年 海外情勢報告」（『世界の厚生労働2010』）、「定例報告 2008〜2009年の海外情勢」p.145。
―――（2012）「勤労青少年を取り巻く現状について」厚生労働省職業能力開発局キ

ャリア形成支援室、労働政策審議会職業能力開発分科会若年労働者部会第10回配布資料１、スライド７。
国立社会保障・人口問題研究所（2011）「年齢（３区分）別人口および増加率の将来推計：2005〜55年」人口統計資料集2011年版、表２-７。
在日アメリカ大使館『米国留学を目指す人のために　シリーズ１　大学学部課程』。
坂井澄雄（2007）「雇用政策の成功例として注目されるフレキシキュリティー――デンマークの積極的労働市場政策」労働政策研究・研修機構『ビジネス・レーバー・トレンド』2007年４月号、p.50。
東京大学（2012）「学内広報　入学時期の在り方に関する懇談会　中間まとめ特集版」東京大学学内広報、2012年１月26日、国立大学法人東京大学。
内閣官房国家戦略室（2011）「グローバル人材育成推進会議　中間まとめ」2011年（平成23年６月22日）内閣官房国家戦略室新成長戦略実現会議分科会グローバル人材育成推進会議、p.7。
内閣府（2012）「内閣府『若者雇用を取り巻く現状と問題』」首相官邸　雇用戦略対話第７回会合　平成24年３月19日【配布資料】内閣府経済財政運営担当、資料１、p.1。
日本サムスン「ウェブ・ページ」http://japan.samsung.com/jp/recruit/company/person.html。
樋口美雄・加藤千鶴（2012）「人材の育成・活用を巡る諸問題」樋口美雄・財務省財務総合政策研究所編著『グローバル社会の人材育成・活用―就学から就業への移行課題』序章、勁草書房、pp.6-7。
プライスウォーターハウスクーパース（2010）「グローバル人材マネジメントサーベイ2010」。
ベネッセコーポレーション（2009）『ベネッセ大学生の学習・生活実態調査2008年』Benesse 教育研究開発センター、2008年10月調査。
文部科学省（2007）「中央教育審議会　教育振興基本計画特別部会（第４回）配布資料　平成19（2007）年４月20日；資料２『橘木俊詔委員からの意見発表資料』参考『橘木俊詔京都大学大学院経済学研究科教授ご講演概要　演題：「教育機会と格差問題について」平成18年７月12日』」平成19（2007）年４月20日。
矢野眞和（2011）『「習慣病」になったニッポンの大学』日本図書センター。
レジェンダ・コーポレーション（2011）「2012年４月入社の新卒学生の追跡調査（10月度）」2011年11月16日、プレスリリース。
労働政策研究・研修機構（2009）「欧米諸国における公共職業訓練制度と実態―仏・独・英・米４カ国比較調査―；第２部　諸外国における公共職業教育訓練；第２章　ドイツの公共職業教育訓練」労働政策研究・研修機構研究成果、資料シリーズNo.57（2009.7）pp.142；143。
Arum, R. and Roksa, J.（2011）*Academically Adrift: Limited Learning on College Campuses*, University of Chicago Press.
European Commission（EC）, "Tuning Educational Structures in Europe," Directorate-

General for Education and Culture, Web site: http://www.unideusto.org/tuningeu/competences.html.
Organisation for Economic, Co-operation and Development (OECD) (2004) "Economic Outlook 2004," Chapter 2, p. 64.
―――― (2011) "Education at a Glance 2011," Table A1.3a. Population with tertiary education (2009).
――――, Labor Force Statistics.
――――, National Accounts.

第Ⅰ部　高等教育のあり方

第1章　EU人的資本計画の動向
―基準共有と高度人材育成・獲得のメカニズム―

松塚ゆかり

1．はじめに

　欧州共同体（EC）が設立されてからおよそ半世紀が過ぎようとしている。設立初期より法基盤の整備や通貨の統合等に対しては多くの関心が集まり、また研究も積み重ねられてきた。一方教育や訓練、人材開発については加盟各国の主権によるところが大きく、1960年代および1970年代まで共同体としての政策が強く打ち出されることはなく、予算も十分に措置されていたとは言い難い。

　しかし、1993年の欧州連合（EU）設立を経て、ECは人的資本政策の要として教育や訓練の欧州統一指針を次々と打ち出した。特に注目されるのは欧州高等教育圏の構築を目指して1999年6月に欧州29カ国の教育担当大臣が署名したボローニャ宣言である。その実践工程であるボローニャ・プロセスには、大学教育における質保証、流動性拡大計画、基準共有等における具体的計画が盛り込まれ、着実に実践されていることが域内外の研究により明らかにされている（木戸（2008），Adelman（2009），Wächter（2004）など）。大学教育の質を上げ、ヨーロッパレベルで高度な人材を育成しようとの計画が着々と進行しているのである。ボローニャ・プロセスは2000年には、欧州を世界で最も競争力ある知識基盤経済とすることを目標とするリスボン戦略に盛り込まれ、教育、雇用、技術政策を一線上においた経済強化政策の一翼を担うこととなる。

　本稿では、始めにEUにおける近年の人的資本計画についてその政策的枠組みを概観する。次に、その政策実行のキーワードが「大学教育の質保証」「学

生・研究者の流動性の拡大」「雇用促進」であることに注目し、まずそれぞれの実践計画と内容例を明らかにした上で、これらがいかに相互に関連して効果を発生させ得るのかを検討する。続いてこれら取り組みの効果として、質保証がどれほど行き渡っているのか、流動性は拡大しているのか、そのことと雇用の促進とはいかにかかわってくるのかを、OECDおよびEurostatのデータを用いて検証したい。最後に、欧州におけるこれら人的資本計画とその実践は、教育面、経済面、社会面において何を示唆しているのか、そして、これら欧州の傾向を踏まえて日本は何を課題として認識するべきであるのか考察を試みたい。

2．EU人的資本計画：政策の枠組み

図表1-1では、ECおよびEU形成における主要な統合政策を左に、人材開発および教育分野での代表的政策を右に記述している。ここでは全体的政策に対応させつつ、人材開発と教育分野に焦点をあててその経緯を追う。

高等教育の欧州連合にかかわる組織的取り組みが開始されたのは1950年代で

図表1-1　EU統合政策と人材開発・教育分野の政策

主要統合政策	人材開発・教育分野
・欧州石炭鉄鋼共同体（1951） ・欧州経済・原子力共同体（1958） ・欧州共同体（1967） ・単一市場の設立（1986） ・マーストリヒト条約（1991） ・欧州連合（1993） ・通貨統合（1999） ・リスボン戦略（2000） ・連携領域の周辺拡大（2004）	・高等教育の欧州連合に関する3つの協定 　―大学入学資格に関する協定（1953） 　―修学期間に関する協定（1956） 　―学術的認定に関する協定（1959） ・欧州教育大臣会合（1971） ・共同学習計画（1976） ・エラスムス計画（1987） ・ソクラテス計画としてのエラスムス計画（1995） ・ソルボンヌ宣言（1998） ・ボローニャ宣言（1999） 　《ケルン共同宣言（1999）》 ・Education and Training 2010（2002） ・高等教育圏の発足（2010）と、2020年を新たなターゲットとした諸活動の拡充

ある。欧州会議（Council of Europe）が、教育に関する大学間の同等性を確保し学生の移動を促すことを目的に、大学入学資格に関する協定（European Convention on the Equivalence of Diplomas Leading to Admission to Universities）、就学期間に関する協定（European Convention on the Equivalence of Periods of Study）、学術的認定に関する協定（European Convention on the Academic Recognition of University Qualifications）の3つを締結した。最初の協定は、大学入学資格の同等性を確保し欧州内で相互に承認しようとするものであり、2つ目はメンバー国における就学期間を母国でのそれと同等のものとして扱うことを奨励した協定であった。そして3つ目はメンバー国が授与した大学資格を学術的に相互承認しようとする協定であった。大学教育の入り口から出口までを通して互換性を高めようとした初期の試みとして注目される。

1970年代に入ると、欧州内各国の教育大臣が集まり初の会合が行われる。これを機に、徐々に欧州レベルで教育を検討しようとの議論が高まっていく。とりわけ1976年に制定された「共同学習計画」は学生交流の礎となったスキームであり、10年後にエラスムス計画へと発展し、現在では包括かつ安定的教育交流計画として定着している。

90年代に入り、教育内容や資格の欧州域内統合、および相互認証計画は年々具体性を増し強制力を強めていくが、その展開は欧州連合（EU）の創設過程と並走するものであった。1985年に始まった域内市場の統合計画は、1992年までに「人、物、サービス、資本」の域内移動の自由化を目指したものであり、「人」の移動のためには高等教育改革が必須であると判断されたのである。当時欧州の大学間で学生や研究者の流動が不十分であることが問題視されていた。エラスムス等共同学習計画を活性化し大学を流動の窓口にすることは統合政策の中の1つの「Solution：解決手段」として支持され、また強化されたのであった（Kingdon（1995））。1991年のマーストリヒト条約で欧州連合（EU）が創設された後、欧州共同体（EC）は通貨統合と政治統合に着手する一方、教育の分野におけるEUの役割を明確に定義した。教育について主権は引き続き各国が維持するものの、EUは「質」を高める推進役となることが盛り込まれたのである。

これら政策の背後には、リスボン戦略でも明示されたように知識基盤経済・社会形成のために高技能者を育てることが目指されたことがある。また、大学教育の国際化が進むにつれ米国大学の覇権、すなわち学位・資格に関する米国基準が実質的に国際基準となりつつあることへの対策も EC にとって急を要する課題であった。また、域内主要国において大学進学者が増加する一方で高等教育予算が縮小される中、教育の質に関する懸念の声が高まっていた。大学教育の質保証とアカウンタビリティーを強化する政策が求められていたのである。かくして、一方で EU 経済基盤の強化と国際競争力向上のために、他方で社会からの質保証の要求に応えるために、大掛かりな高等教育改革が進められることとなった。

3．質保証、流動性拡大、雇用機会の拡大

　以上で述べた、高等教育を中心とする人的資本政策がどのように実践されているかを具体的に見てみたい。まず、主要政策（ソルボンヌ宣言、リスボン戦略、ケルン憲章、ボローニャ宣言）における主旨あるいは声明を以下に抜粋する。

ソルボンヌ宣言：
「共通の参照枠組みを推進するために、外部認証を改善し、学生の雇用可能性と移動を容易にすることを検討し、欧州市民のために教育を絶えず改善し更新することによって世界におけるヨーロッパの立場を強固なものにする」

リスボン戦略：
「欧州を、雇用機会・質の向上と社会的連帯強化を伴う持続可能な経済成長を可能とする、最も競争力と活力を有する知識基盤経済とする」

ケルン憲章：
「教育と技能は経済的成功、社会的責任、社会的連帯を実現するうえで不可欠である。来世紀は柔軟性と変化の世紀と定義され、流動性への要請が高まる……。教育と生涯教育は流動性へのパスポートとなるだろう」

ボローニャ宣言：
「欧州高等教育圏において学生や研究者の流動を容易にして研究や雇用の促進

を図るとともに、欧州高等教育機関の魅力を高め、圏外からの人材流入を図る」

「質保証において欧州各国の協力を促進し、欧州高等教育機関が質の高い先進的な知の拠点となる」

　これらの主旨や声明に共通して発信されているキーワードを下線で示した。「質保証」「流動性の拡大」「雇用促進」の3つにまとめられることがわかる。以下ではこれらそれぞれについてどのような実践計画が組まれ、実行されているのかを整理する。

(1) 教育の質保証

　1991年のマーストリヒト条約によりはじめて教育分野におけるEUの役割が定義された際に、教育の諸決定における主権はあくまでも加盟各国が所有するものであり、EUは「質」を高める牽引役となることで同意している。ボローニャ・プロセスも国と大学の関係、学術の専門性のあり方、あるいは予算配分の方法等について何ら干渉するものではないとされ、EUは教育の成果（例えば学位）の質を向上させ、そのためのプロセスとして諸計画を打ち出す役割を持つことに言及している（Corvett（2006））。

　また2003年のベルリンコミュニケでは、教育評価における基準や評価方法について相互に同意すること、学位授与制度を各国で強化すること、質向上のための包括的なフレームワークを開発することなど、「質保証」が優先課題として明示された。さらに2004年にはこれら課題が具体的に進行しているかを検証する担当者として、「ボローニャ・フォローアップ・グループ」が任命され、その検証結果は2005年のベルゲンコミュニケを初めとして2年に一度、Bologna Process Stocktaking Report（BPSR）という形で報告されている。

　質の保証を強化する中で、EUはまず、各国が資格の枠組み（National Qualifications Framework: NQF）を作成しこれに準拠することを求めた。ここでは、各国に資格の枠組みがあるか、その枠組みは2サイクル制[1]に即して養成されるコンピテンスや学習成果に関する記述が盛り込まれているか、各サイクルにおけるECTSの盛り込まれ方が明確であるか、などが確認される。

その上でさらに、超国家的観点から質保証に関する試みが求められる。例えば、2005年のベルゲンコミュニケで採択された「欧州高等教育圏における質保証のための基準および指針（Standards and Guidelines for Quality Assurance in The EHEA: ESG）」は、2003年のベルリンコミュニケにおいて「高等教育の質保証のための欧州ネットワーク（European Network for Quality Assurance in Higher Education: ENQA）」が加盟各国の教育大臣の依頼を受けて作成したものであり、その目的は、質保証に関する欧州共通の基準、方法、ガイドラインを開発することであった[2]。ボローニャ・プロセスの進捗状況を報告するBPSRの中でも、各国の質保証制度がESGに対応しているのかについて報告が求められている。

　より最近になると、2008年に採択された「欧州資格枠組み（European Qualifications Framework: EQF）」が注目される。この枠組みは、生涯学習の観点から作成されたものであり、高等教育のほか一般・成人教育、職業教育・訓練、義務教育以後の公式および非公式の教育など幅広い範囲を対象とする。EUは、EQFは各国の資格基準を欧州全体で共有するための「翻訳」の役割を担うとする一方で、加盟国に対して自国の資格制度をEQFに関連、あるいは対応させるよう促している。EQFへの参加は任意であるとしながらも、2010年を目途に欧州各国の資格制度をEFQに連結させ、2012年までには各国の資格証明書をEQF基準に則したものとし、国家間で共有可能な質保証の枠組みを形成すると明言しており、事実上は一定の強制力を持つものと思われる。

(2) 流動性の拡大

　流動性を促進する計画は、学生交流を支援する奨学金の授与と、単位や学位制度の改革やカリキュラム基準の共有等を通した制度面での政策に大きく分けられる。

交流支援

　学生や職員の組織的交流プログラムの始まりは、先に述べたように1976年2月に制定された「共同学習計画（Joint Sudy Programmes and Short Study Visits）」からであった。ここにすでに異国間の大学教育制度に関して互いに

理解を深めること、すなわち相互承認に係る配慮が盛り込まれている（Smith (1979)）。これを起点に1987年6月、欧州における最大の流動化プログラムに発展したエラスムス計画（European Community Action Scheme for the Mobility of University Students）が12名の教育大臣によって調印される。その目的は、①欧州の人的資源を養成・確保し、②世界市場における EU の競争力を向上させるとともに、③加盟国の大学間協力を強化し、④学生と研究者の流動性を増大させ、質の向上を図ることであり、また、⑤EU 市民であることの意識を養成し企業との協力関係を強化することも盛り込まれていた。

プログラムの内容は、学生に対する奨学金の授与、プログラムやカリキュラムの共同開発、多国間コンソーシアムの形成による学生や研究者の流動促進や共同研究などである。EC 法に何の改定も加えることなく本計画が合意を得たのは、1992年に予定されていた域内移動の自由化、および通貨統合と政治統合を中心とした単一市場の設立のために有効であると判断されたことが重要な理由であったという（Corvett (2006)）。エラスムス計画は年々拡大し、最近の実績を見ると、2009年から2010年にかけて EU は同計画に4億1500万ユーロを拠出しており、21万3000人余りの学生が同奨学金や助成を受けて留学や研修を受けた[3]。この数値は前年度比7.4％増であり、1987年のプログラム発足時からの累計で300万人の参加者が同プログラムの支援を受けて移動したことになる。

制度改革──基準の共有

流動性促進の効果が高い取り組みとして、単位互換制度である ECTS、サイクル制度、学位取得に付随する成績証明の詳細記述であるディプロマ・サプリメント（DS）、そして大学主導の取り組みであり、分野別に参照基準を作成して教育内容の比較性・互換性を高めようとする Tuning が挙げられる。

共通の単位制度を用いることは学位の相互認証に欠かせない。ECTS はエラスムス計画開始後間もなく1989年に医学、機械工学、商業管理、歴史、化学の5分野を対象に5年間のパイロットプロジェクトとして試行された。目的は、欧州連合内の学術相互認証を促進し、学生の自由な国家間移動を促進することである。1994年にエラスムス計画が包括的教育政策であるソクラテス計画に統合された後は、EC はエラスムス計画に参加する全大学に対し ECTS を使用す

るよう促し、これにより同単位制度の使用は急速に拡大する。

　さらに学位取得の統一基準として、サイクル制がボローニャ・プロセスの中に組み込まれる。ECTS に加えて学位取得までの年限を固定したことにより、各課程で履修すべき単位はより明確に規定される。第1サイクルは180 ECTS、第2サイクルは90から120 ECTS で、ミニマムが60単位と設定されている。ECTS は各教科において期待される学習成果を到達点として、それを達成するに必要な学生の学習量や成績を指標として換算・付与される。そしてそれら各教科の学習が積み重ねられることによって課程全体のラーニングアウトカム（学習成果）を達成することが求められるのである。

　また ECTS ではボローニャ・プロセスを経て、互換性の確保だけではなく単位を「累積」させるという機能が強化された。Credit Accumulation Scheme すなわち加算式単位制を採用することで、機関を越えて取得した単位を加算・蓄積することができる。これによりジョイントディグリーやダブルディグリーなどの連携学位の開発・実践が容易になることはもとより、転学や復学が促進されるために、既存の学生移動のみならず、社会人を含めた生涯教育が促進されるという効果も期待できる。

　そしてこのような制度を経て卒業した者には、卒業証書に加えてこれを補足するディプロマ・サプリメント（DS）を授与することとなった。卒業証書に詳細な補足書類を付帯させることにより、留学経験者が学んだ内容やそれによって身についた能力について、学位を授与した国以外の大学ならびに雇用者が詳しく知ることができるようにしたのである。これも国を越えた転学や進学、就職に寄与するものであろう。ディプロマ・サプリメントの発行要請は1998年にユネスコと欧州会議により承認され、2003年のベルリンコミュニケでは、2005年以降に卒業した者には無料でディプロマ・サプリメントを授与することで同意を得た。

　一方 Tuning は、制度として執行されているわけではないものの、EC の支援を得て大学が中心となってカリキュラム面における統一基準を形成しようとする試みである。正式なプロジェクト名を Tuning Educational Structures in Europe と称し、科目、コース、プログラムなどにおける到達目標、ラーニングアウトカム、養成されるコンピテンス、教育実践に要するリソースなどを明

確に定義し、参照基準として大学間で共有しようとしている[4]。2000年に設立され、活動基盤はスペインのデウスト大学とオランダのフローニンゲン大学にあり、資金は EC のソクラテス－エラスムスプログラムから出ている。Tuning では特定の教科やプログラムについて、①分野共通に語られるジェネリックコンピテンスと、②分野あるいは専門に特定したコンピテンスに分けて、コースやプログラムを経た場合に養成される能力や成果を明確にする。分野特定の知識や経験が求められるため分野ごとに専門のプロジェクトが組まれ、例えばビジネスの分野であれば大学教員の他に当該分野の卒業生、財務、会計、マーケティング、組織行動などの諸分野に精通した企業代表者等が参加する。これらチームが全ヨーロッパを調査し、国境を越えて共有し得る教育の実践項目やそれによって得られるスキルや成果をまとめ、参照基準として配信するのである。

　Tuning は、「共通の言語」を用いて特定のカリキュラムが何を目指しているのかを「表現する」ことを目的としており、学術的な自律性を重視しつつ透明性と比較可能性を確保することが強調されている（Gonzalez and Wagenaar (2003)）。発足当初はまず、ビジネス、化学、地球科学、教育、ヨーロピアンスタディ、歴史、数学、看護学、物理の9科目を対象に行われ、続いて2005年には人文、社会科学、自然科学の全領域を含む16の分野が加わった。2007年には社会科学、特に、法学、社会学、心理学、政治学、国際関係、コミュニケーションスタディーへと拡大するよう資金を追加調達した。2009年の時点で EU 内29カ国のうち約200大学が参加しているが、特に注目されるのはこれら Tuning の概念と活動が EU 圏を越えて南北アメリカ、そして豪州およびロシアにも波及していることである。南米では2004年に ALFA（América Latina-Formación Académica）が Tuning Latin America を設立、2008年には、北米の Lumina Foundation が Tuning USA を発足、2010年にはロシア、昨年は豪州に発足している。Tuning はトップダウンの質評価基準と異なり、大学主導のボトムアップの取り組みであり、国家や地域的制約も受けないために、静かにそして広く普及する可能性が高いと思われる。

(3) 雇用促進

上記の質保証および流動性拡大の各スキームは雇用可能性（Employability）を高めることを強く意識しつつ設計されている。すでに述べたように、質基準の共有を図ろうとする Tuning は、これを行う中心メンバーに大学の卒業生と産業や企業の代表者がかならず参加し、カリキュラムに産業の声が反映されるしくみとなっている。

OECD が大学教育の質保証の根幹に据えようとしている「アウトカムアセスメント」についても雇用促進と同様の目標のもとに企図されている。アウトカムアセスメントは学習成果の到達目標をあらかじめ定めておいて、大学の卒業時に、例えば卒業試験を行うなどして、その目標で定められたスキルやコンピテンスを修得したかどうかを測定するものである。この際のスキルやコンピテンスは産業や社会のニーズに応えることを強く意識して定義されている。つまり、教育課程における到達目標を産業ニーズに対応させ、大学と職場との接続性を強化することにより雇用機会の拡大が目指されているのである。

EU における人的資本政策と雇用促進の観点でもう1つ触れておきたいのは、高等教育を窓口として高度人材の移入を促進しようと積極的な人材獲得戦略が行われていることである。EU 主要国は外国人学生を高度技能者の重要な源ととらえており（OECD（2011b）p.64））、それを示す資料として OECD（2010）は、留学生から就労者あるいは永住者へと滞在資格を変更する状況を報告しているが、外国人学生の中で滞在資格を変更した者の割合は最大がドイツの29.5％、これらのうち、約半分以上が就労のために滞在資格を変更している。このような留学資格から就労資格への移行は「二段階移住（two-step migration）」といわれ、まず①留学枠で国外の学生を誘致し、②優秀な学生あるいは卒業者には長期滞在の資格を与えて国内にとどめるという、国家的な人材獲得政策を反映したものである（松塚（2012））。

また、EU では2010年に European Blue Card という高度技術者の雇用促進計画を開始した。その目的を、「米国、カナダ、オーストラリア、ニュージーランドに対抗し、高度な熟練技能者の EU 加盟国への移住を促す」ことであると、公式ホームページに明示している。さらに、「高度な技術を有する EU 域外の人々が、EU 加盟国により容易に入国および在留し、高度な資格を要する

職種に就けるようにする……高技能者の移動を促進することで、EU経済のさらなる発展を目指す」と続く。これへの申請資格を有する者は、①EU組織との雇用契約を有する、②専門資格と就業経験を有する、③各国における賃金が最低賃金の最低3倍の額であることである。一旦ブルーカードを取得すると、3年間EUに移住する資格を得、その5年後には永住権の申請が可能となる。

(4) 質保証、流動性拡大、雇用促進の連動性

これまで述べてきた大学教育の質保証、学生・研究者の流動性の拡大、雇用の促進が相互に連動することに注目したい。その構図を図表1-2に示す。

まず、左上部に示される「質管理」については、BPSRを通してあるいは資格設置組織や質保証機関を通して外部評価やアウトカムアセスメントが奨励されるとともに、分野別参照基準等に対応させつつDSが授与される。このことは教育の質保証に貢献し、同時に雇用可能性を高めることにもつながる。一方「基準共有」の面では、サイクル性、ECTS、Tuningなど流動性を拡大するス

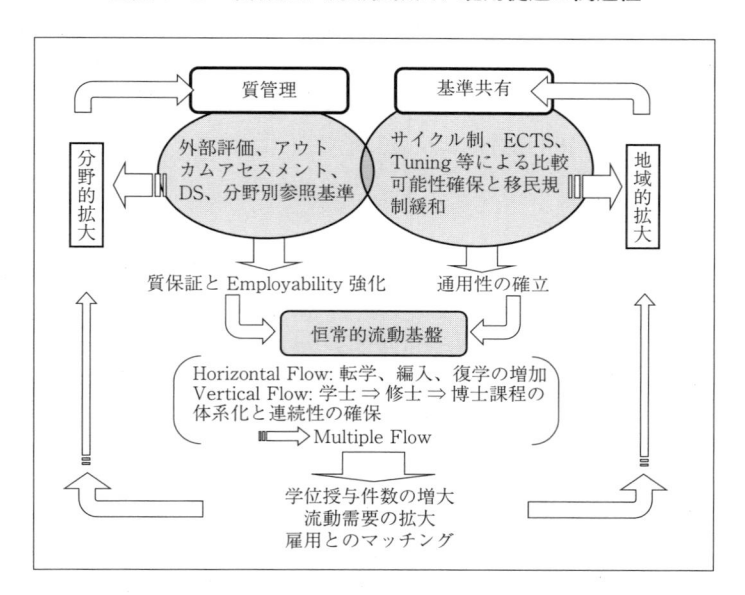

図表1-2　質保証、流動性拡大、雇用促進の関連性

キームにより大学教育における基準が共有されると、域内における学位や単位等の通用性が確立される。

これら、質保証、雇用可能性、通用性を高めることにより、学生や研究者、そして高度技能を備えた移民の恒常的流動性基盤が形成されることとなる。ここでは、課程の連続性が確保されることにより、地域を越えて転学・編入・復学する「Horizontal」な移動と、学士・修士・博士課程へと進学する「Vertical」な移動が同時に促進され、人材移動の複合的基盤が形成されると考えられる。これにより学位授与件数は増大し、流動需要は拡大し、高等教育の量・質面での充実と地域を越えた雇用促進が期待されるのである。そして、流動性の向上に伴う学位授与件数と雇用の拡大は、一方でさらなる質管理ネットワークの拡大を呼び、他方で基準共有の対象地域を拡大し、これらの効果は絶えず循環する性質を有すると思われる。

4．定量的検証

それでは以上で述べてきた、流動化、基準共有、質保証の諸政策はどのような結果をもたらしているのだろうか。以下では、ボローニャ宣言前の1998年から宣言後10年間（2009年まで）のデータを用いて、まず大学間の学生流動が増大していることを確認する。次に、流動性が基準の共有そして質保証の動向といかに関連しているかを定量的に検証したい。

(1) 流動化しているか

図表1－3は、EU27カ国を対象に、1998年から2009年にかけての高等教育在籍学生[5]の移動、すなわち留学生の送り出し・受け入れ数の推移を示している[6]。下の折れ線はEU27カ国が送り出した留学生の各国の合計人数であり、上の折れ線は、EU27カ国が受け入れた留学生の各国の合計人数である[7]。EU全体で見ると、学生移動はコンスタントに上昇している。

図表1－4は国別の受け入れ数と送り出し数の変化を示す。EU27カ国に加えて、アイスランド、ノルウェー、リヒテンシュタインの欧州経済領域（EEA）3カ国とEU加盟候補国であるクロアチアとトルコ2カ国の計32カ国（以下、

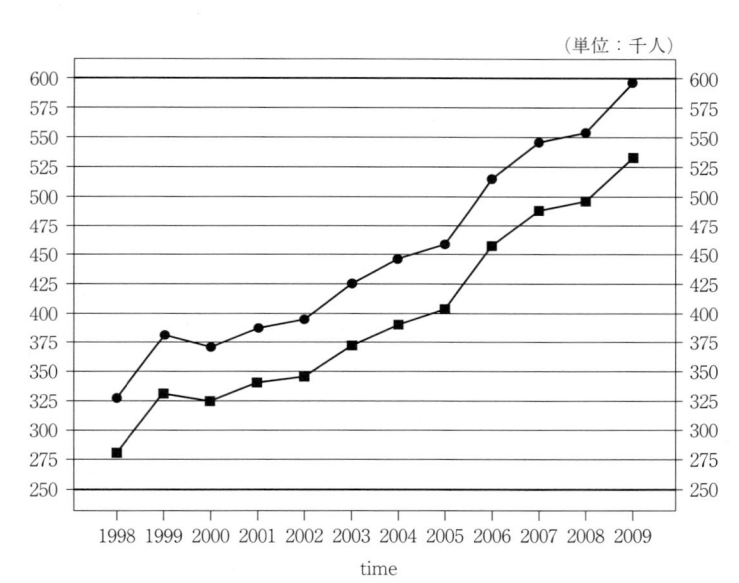

図表1-3　EU27カ国の学生移動（受け入れた留学生数と送り出した留学生数）の推移

(単位：千人)

■ Students (ISCED 5-6) studying in another EU-27 (1,000)
● Inflow of students (ISCED 5-6) from EU-27 (1,000)

「EU域内国」とする）を示す。ここでは10年間と5年間の変化を見るために1999年、2004年、2009年の件数と1999年から2009年までの変化率、および2004年から2009年までの変化率を出している。

1999年のEU27カ国における学生移動は受け入れ換算で38万1100人、送り出し換算で33万1600人であったが、2009年には受け入れ換算で59万6200人、送り出し換算で51万6300人である。受け入れ換算、送り出し換算ともに55％強の上昇がみられる。国別にみると受け入れで上昇率が高いのは、10年間でチェコ、ラトビア、キプロスなど、5年間ではスロバキア、チェコ、オランダなどである。絶対数が多いのは、大学の多さも影響し、英国、ドイツ、フランスなどであるが、特に英国については、2004年から2009年にかけて留学生を急激に増やしている。送り出し件数を見てみると、10年間では、スロバキア、リトアニア、ラトビア、5年間でもラトビア、リトアニア、そしてチェコが高い。受け

図表 1-4 「EU 域内国」の各国の受け入れた留学生数と
送り出した留学生数・変化率

geo/time	受け入れ					送り出し				
	1999	2004	2009	1999-2009 変化率	2004-2009 変化率	1999	2004	2009	1999-2009 変化率	2004-2009 変化率
	千人	千人	千人			千人	千人	千人		
EU (27 countries)	381.1	446.4	596.2	0.564	0.336	331.6	390.5	516.3	0.557	0.322
Belgium	21	26.1	31	0.476	0.188	8.1	9.3	9.5	0.173	0.022
Bulgaria	6.2	6.2	7.4	0.194	0.194	7	20.8	22.4	2.200	0.077
Czech Republic	2.4	8.9	23.1	8.625	1.596	2.8	5.4	10.8	2.857	1.000
Denmark	4.9	7.3	15.1	2.082	1.068	5	5.1	5.4	0.080	0.059
Germany	97.5	125.4	112.9	0.158	−0.100	36	40.8	80.5	1.236	0.973
Estonia	0.7	0.6	0.9	0.286	0.500	1.2	2.3	3.6	2.000	0.565
Ireland	3.4	4.8	4.9	0.441	0.021	17.9	16.3	23.8	0.330	0.460
Greece	N/A	12	N/A	N/A	N/A	63.4	45.6	33.1	−0.478	−0.274
Spain	19.2	10.9	23	0.198	1.110	20	21	22.3	0.115	0.062
France	36.6	46.4	44.8	0.224	−0.034	35.6	38.5	47.6	0.337	0.236
Italy	13.2	16.6	18.8	0.424	0.133	32	30.8	41.1	0.284	0.334
Cyprus	0.3	0.5	1.6	4.333	2.200	4.4	17.2	11.6	1.636	−0.326
Latvia	0.1	0.7	0.7	6.000	0.000	1	2.1	4.2	3.200	1.000
Lithuania	0.1	0.3	0.4	3.000	0.333	1.7	4.4	8.8	4.176	1.000
Luxembourg	0.6	N/A	N/A	N/A	N/A	5.1	6.5	7.1	0.392	0.092
Hungary	4.1	8.2	10.6	1.585	0.293	5.1	6.4	8.2	0.608	0.281
Malta	0.1	0.1	0.2	1.000	1.000	0.5	0.7	1.2	1.400	0.714
Netherlands	7.5	12.3	31.7	3.227	1.577	10.4	9.6	14.6	0.404	0.521
Austria	22	25.7	44.3	1.014	0.724	9.7	10.1	11.6	0.196	0.149
Poland	1.8	2.2	5.5	2.056	1.500	12.9	25.3	42.9	2.326	0.696
Portugal	N/A	2.7	2.9	N/A	0.074	9.4	10.6	16.4	0.745	0.547
Romania	5.1	1.9	3.1	−0.392	0.632	6.6	16.3	25.1	2.803	0.540
Slovenia	0.3	0.7	1.3	3.333	0.857	1.4	2.3	2.6	0.857	0.130
Slovakia	N/A	0.8	5.2	N/A	5.500	3.8	14.6	29.4	6.737	1.014
Finland	1.8	2.9	3.6	1.000	0.241	8.8	8.8	8.3	−0.057	−0.057
Sweden	13.2	18.7	11.9	−0.098	−0.364	8.6	8.7	12.7	0.477	0.460
United Kingdom	119.2	103.6	175	0.468	0.689	13.2	11.3	11.8	−0.106	0.044
Iceland	0.2	0.3	0.7	2.500	1.333	1.9	2.6	3.9	1.053	0.500
Liechtenstein	N/A	N/A	0.5	N/A	N/A	0.1	0.2	0.2	1.000	0.000
Norway	3.1	4.9	5.9	0.903	0.204	9.5	10	11.4	0.200	0.140
Croatia	N/A	0.2	0.2	N/A	0.000	7.1	9.3	9.5	0.338	0.022
Turkey	2.2	2.9	3.3	0.500	0.138	35	36.8	43.9	0.254	0.193

(出所) Eurostat.

入れ、送り出しともに概して旧東欧諸国の動きが大きい。対して旧西側の経済規模の大きい各国は大きな推移は見られず、英国については1999年から2009年にかけて、送り出し件数の減少が見られている。

(2) 流動化と基準共有、質の向上とは関連しているか

それではこれら流動性における動向は、基準の共有あるいは質の保証と関連しているのだろうか。基準の共有の指標としては、2009年版 Bologna Process Stocktaking Report（BPSR）を使用した[8]。BPSR では BP の進捗度を検討するにおいて、①第1、第2サイクル制度の実施状況、②第1サイクルから第2サイクル、あるいは第2サイクルから第3サイクルへのアクセス、③各国のクオリフィケーション・フレームワーク（NQF）への準拠度、④外部評価の適用段階、⑤質評価への学生参加度、⑥ディプロマ・サプリメント（DS）の実施段階、⑦リスボン協定での協約の適用度、⑧ECTSの実践段階、⑨正規学校外教育における学習経験の認証度等の指標を用いている。各項目を5段階で評価し、数値が高いほどボローニャ・プロセスに準ずる活動の進展度が高いことを示す。BPSR は初版が2005年に発刊されており、本レポートを使用した研究も出始めている。例えば、村澤・大場（2011）は、EU 域内外各国家の歴史的、社会的、経済的、文化的文脈がボローニャ・プロセスの浸透・波及、あるいは抑制にどのような影響を与えているかを分析している。

本研究は、学生の移動が教育制度や質保証の共有とどのように連動しているかを検証するものであり、教育制度の共有度や質保証の採用度を図るプロキシーとして BPSR の指標と結果を用いることとする。使用可能な BPSR のケースおよび学生の流出入に関する統計のケースが国単位であるため、統計分析自体の信頼性は高くはないものの、可能な範囲での検証を試みたい。

図表1-5では学生の移動を各国における受け入れと送り出しに分けて、それぞれの上昇度がボローニャ・プロセスの進展度とどのように関係しているかを検討するために、BPSR の結果と各上昇率の相関値を求めた[9]。まず、基準を共有することが流動性の上昇にどのように作用するかに注目したい。基準の共有度は学生の流入、流出両方に対して正の関係にある。基準を共有しているために流動性が高いとも言えるし、流動性が高いがために基準の共有が促進さ

図表1-5 改革の進展度と学生移動との関係

	受け入れ上昇率	送り出し上昇率
基準共有の指標		
第1・第2サイクル制度の実践段階	0.086	0.234
ECTSの実践段階	0.208	.454**
ディプロマ・サプリメントの実施段階	0.181	0.252
質保証の指標		
NQFの準拠度	.391*	−0.045
外部質評価の適用段階	0.202	0.043
質評価への学生参加度	.438*	0.235
質保証における国際的参加	0.261	0.25
生涯教育等の指標		
正規学校外学習の認証度	.435*	0.173
次段階サイクルへのアクセス	−0.125	0.125
リスボン協定での協約適用度	−0.063	−0.175

** 1％水準で有意（両側）。* 5％水準で有意（両側）。

れたともいえる。特にECTSの実践効果に非常に高い統計的有意性が認められる。ECTSの実践度が高ければ高いほど、その国の学生は留学に出ようとする傾向が強いことを示す。

　流動化と質向上とはどのような関係にあるだろうか。図表1-5の「質保証の指標」を見ると概ね正の相関を示しているが、各国のクオリフィケーション・フレームワーク（NQF）への準拠度と送り出し上昇率との関係は負である。すなわち、資格基準作成への取り組みが不十分な国ほど、国外へ出ていく学生が多いということになる。一方、NQFへの準拠度が高いほど受け入れ上昇率が高く、学生はより質の高い教育を求めて移動する傾向にあることを示唆している。NQFへの準拠度および学生の質評価への参加度はともに統計的に有意な効果を有しており、総じて質保証への取り組みが強力な国に学生は留学することを確認するものである。

　最後に、学生の留学にとどまらず、生涯教育の向上に影響すると思われる指標の効果を見てみたい。生涯学習の強化を提唱するEUにおいては、就労経験者の移動も主要な考慮事項であり、学校外学習の認証を通して国を交差した復

学を促進する方策が機能し得る。事実、正規学校外学習の認証は学生の流入に強い正の効果を有している。このような仕組みは社会人留学生を増やし、生涯教育を活性化させるとともに、少子化等に伴う大学学生人口の減少対策にもなるだろう。次段階サイクルへのアクセス、リスボン協定で締結された高等教育関連の協約事項への準拠度については、流動性との関係について明確な結果は見られなかった。

5．質保証、流動性拡大、雇用促進における進捗状況が示唆すること

　EUの高等教育をコアにおいた人的資本政策は着々と進行しているように見える。ここでもう一歩掘り下げて、これら政策の経済的インパクトを探ってみたい。まず、学生の国家間移動とそれら各国の経済力の関係である。図表1-6ではEU27カ国の他アイスランド、リヒテンシュタイン、ノルウェー、そしてトルコを対象に、Eurostatとエラスムスデータを統合して国民1人当たり

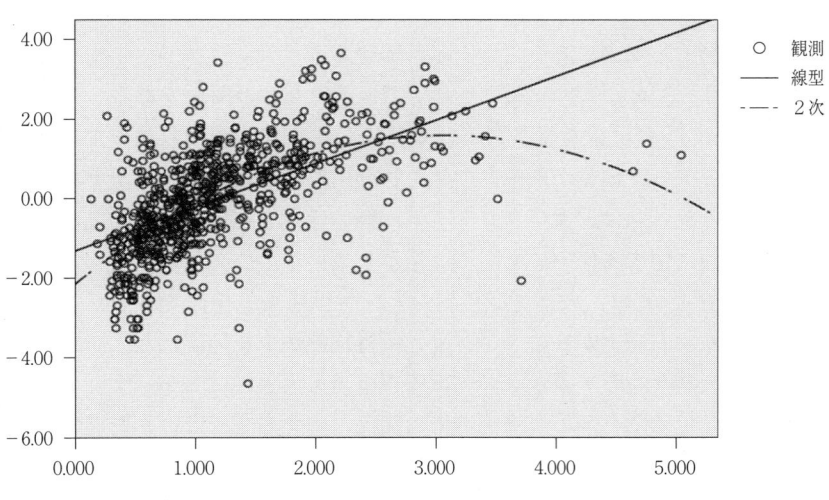

図表1-6　学生移動と経済状況との関係

（出所）　Eurostat（2008）とErasmus Statistics（2008-2009）を統合の上筆者分析。

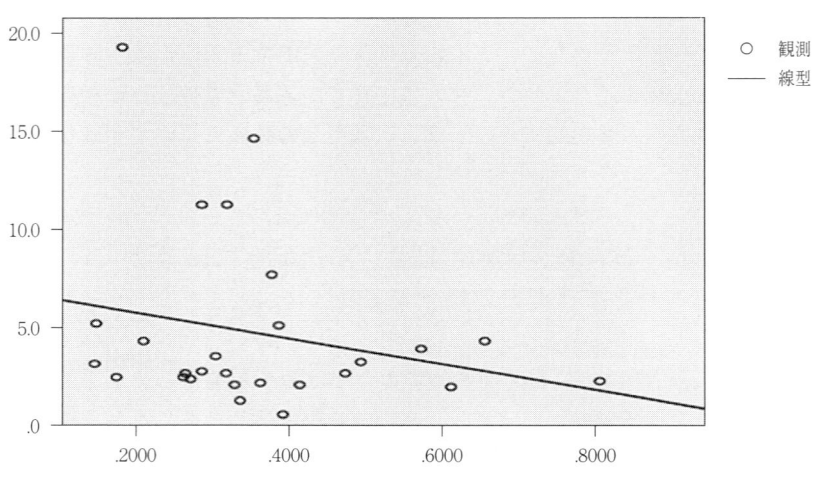

図表 1-7　学生移動と大卒プレミアムとの関係

（出所）　Eutostat 抽出データを統合の上筆者分析。

の経済力と学生移動との関係を見ている。縦軸が流出に対する流入の割合、横軸が GDP を指標化した各国の経済力を示している[10]。右肩上がりのラインは、経済力が強ければ強いほど流入量が多いことを示しており、学生は経済力の強い国へと移動する傾向にあることを示している。

　次に図表 1-7 は、学生の移動と大卒プレミアムとの関係である。大卒プレミアムは OECD が現在価値法を用いて算出した高等教育の収益率である[11]。横軸がプレミアム、縦軸が国家間の学生移動における送り出し比率である。右下に傾斜するラインは、大卒プレミアムが低いほど学生は国外に出てゆき、高いほどその国に留まる傾向にあることを示している。

　さらに図表 1-8 は、大卒プレミアムと、所得格差の指標であるジニ係数との関係である。右肩上がりのラインは、所得格差が少ない国ほど大卒プレミアムは低く、大卒プレミアムが高い国は所得格差も大きいことを示す。

　これら、学生移動と国の経済的特徴の関係に関する分析はいまだ探索的段階にすぎず、信頼性が確保されているとは言えないものの、質保証が進展する国に留学生が偏る傾向、経済力の強い国に学生が流入する傾向、高等教育の付加

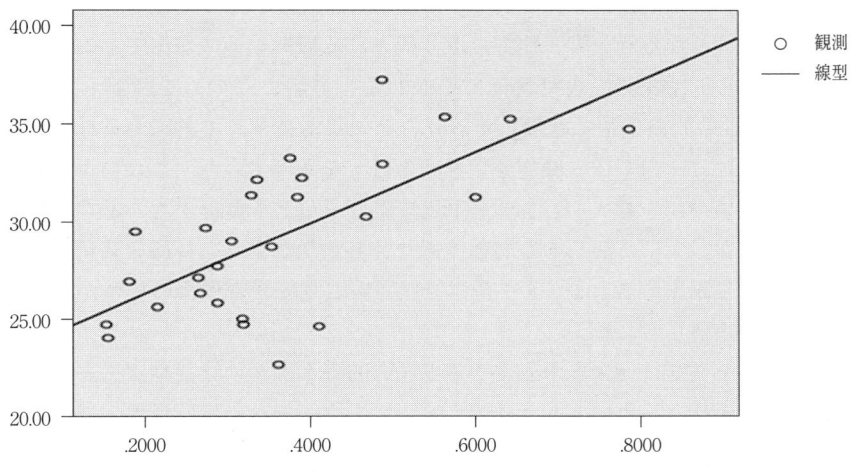

図表1-8　所得格差と大卒プレミアムとの関係

(出所)　Eutostat 抽出データを統合の上筆者分析。

価値が低い国からは学生が流出する傾向は人的資本論に関連する複数の経済学理論が示唆することでもある（例えば Miyagiwa (1991)）。

　高度人材の移動がこのように特徴づけられるとすると、所得の格差も国境を越えて圏域全体で起こることとなる。人材の移動範囲が拡大することにより経済力の地域格差も拡大することが予測されるのである。この可能性については今後より詳細に検証しなくてはならないと考える。

6．何が示唆されているのか—結びにかえて

　高等教育における流動性の拡大、基準共有、質保証のために欧州連合は積極的な施策を打ち出しかつ実行していることを概観するとともに、これら3つの動向は相互に連動し、相乗的な効果をもたらすことを考察、検証した。また、高等教育における諸制度の統合が、欧州経済圏の統合と併走してきたこと、とりわけ、ボローニャ・プロセスがリスボン戦略に取り込まれて以降、経済戦略的様相を深めていることに注目した。

基準の共有範囲が国家を越えて拡大することは、特定の地域や機関に知や技術が集約される可能性を孕んでおり、このことは一定の地で高度な技術革新が急速に実現するだろう一方、他方で取り残される機関や地域が出てくることを示唆する。EU 代表部で教育政策にかかわる担当者とこの点を議論したところ、EU はこの問題を強く認識しており、その対応策として各国がそれぞれの特徴を強化し、域内全体で機能分化を図ることをあげていた。これにより各国がそれぞれの効用を拡大し、EU 全体で経済力の向上を実現することを目指しているという。大学に関しても同様であり、各大学が個々の特徴を強化し、多様な価値を生み出すことで、EU 全体で魅力ある高等教育機会の提供が可能であることを強調していた。

　ボローニャ・プロセスを中心とする EU 人的資本計画の諸活動は過去数年来ロシア、アメリカ、オーストラリア、アジア主要国を含むほぼ世界全域に拡大している。その活動は北米の高等教育制度や基準の普及を牽制しながらも決してそれと相容れないものではなく、むしろ欧米間における基準のすり合わせが進んでいるように見える。欧米型の質評価基準が先行しその適用範囲が拡大するのであれば、アジアの各国がそこから取り残されていくことを案じざるをえない。日本は今、高等教育の競争力を左右する要因を精査するとともに、高等教育機関を窓口に高度人材の移動が拡大・活発化することに備えて、人材移動の経済的影響をより正確に把握する必要があるのではないか。

　同時に、欧米主導の基準に従うリスクを避けつつ、教育と産業における日本そしてアジアの独自性を認識・強化することが重要な課題であろう。その上で、①教育の質保証や単位・学位の標準化等、他国と比較可能な体制を構築し、教育内容と養成される技能について国際的な説明力を備えること、②専門性・高度性を有する多元的な人材を養成し、これらの国内外の移動リスクを軽減すること、③こうした人材の育成を担う高等教育機関の付加価値を明確にしつつ、産業界との連携を強化すること、④高齢化に伴う就労生活の長期化を見据え、学校教育、職業教育・訓練に基づく能力・技術の蓄積を加味した長期的視点に立脚した人材育成のための体制を整備することが求められるであろう。

注

1) 学士課程の3年間を第1サイクル、修士課程の2年間を第2サイクルとして欧州全体で統一すること。
2) ESGについてその概要および用語の翻訳にてついては大場（2007）を参照されたい。
3) 詳細は、以下のサイトを参照されたい。http://europa.eu/rapid/pressReleasesAction.do?reference＝IP/11/675&format＝HTML&aged＝0&language＝EN&guiLanguage＝en
4) 活動などの詳細は以下の正式サイトを参照されたい。http://tuning.unideusto.org/tuningeu/
5) UNESCOが定義した、ISCED（International Standard Classification of Education（国際標準教育分類））で、ISCED 5から6に該当する学生であり、ISCED5A（研究準備型大学教育）、ISCED5B（短大や専門大学などの技術系や就職に直接結びつく大学教育）、ISCED6（博士号など上級の研究資格の取得に直接結びつく高等教育）の課程に所属する学生を対象としている。
6) データは以下のサイトで抽出が可能である。http://epp.eurostat.ec.europa.eu/portal/page/portal/statistics/themes
7) これら2種の数値はともに留学生の受け入れ国が提供したデータに基づいており、対象となるのはEU、EEA、およびEU加盟候補国のみである。送り出し学生数について正確な数字を把握していない国があるため、送り出し学生数については、受け入れ国所有のデータを留学生の国籍別に集計し、これを国ごとに合算したものを用いている。2つの折れ線の値が一致しないのは、国によって学生の国籍別統計を厳密に把握していないためである。
8) Bologna Process Stocktaking Report（BPSR）は、ボローニャ・プロセスの進捗・経過を検討・報告するBologna Follow-up Groupが任命するワーキンググループが、各国が提出する進捗報告をまとめたものである。詳細は以下のサイトを参照されたい。http://www.ond.vlaanderen.be/hogeronderwijs/bologna/actionlines/stocktaking.htm
9) 相関性の検証はPearsonの積率相関係数を用い、有意度は両側検定で算出している。正規分布を仮定できないために、Spearmanの相関係数も適用したが、ほぼ一貫した結果が得られている。
10) 学生移動については、31カ国それぞれの国の他の30カ国との間の移動状況を以下の式にて算出しlog変換した。mobility＝$\Sigma \cdot mobility_{a-b} / \Sigma \cdot mobility_{b-a}$（a－b：aからbへの移動、b－a：bからaへの移動）。経済力の指標は以下の要領で算出した。Economic condition＝RS_{a-b}/RS_{b-a}（RS：EUのGDP平均を100とした場合の国民1人当たりGDP。a－bはb国に対するa国の比率であり、b－aは、a国に対するb国の比率を示す）。
11) 収益率の算出法についてはOECD（2011a）のp.163を参照されたい。

参考文献

大場淳（2007）「ボローニャ・プロセスにおける質保証の枠組み構築とフランスの対応―評価の基準（Standards／References）を中心に―」広島大学高等教育研究開発センター編『大学改革における評価制度の研究』COE研究シリーズ28、広島大学高等教育研究開発センター、pp.45-74。

木戸裕（2008）「ヨーロッパ高等教育の課題―ボローニャ・プロセスの進展状況を中心として―」『レファレンス』No.8、1-27。

松塚ゆかり（2012）「国際化における高等教育財政―経済学理論が示唆するパラダイム」『高等教育研究』第15集、pp.29-47。

村澤昌崇・大場淳（2011）「高等教育政策の浸透・波及に関する計量分析―ボローニャ・プロセスを事例として―」広島大学高等教育研究開発センター編『特別教育研究経費「21世紀知識基盤社会における大学・大学院改革の具体的方策に関する研究」（平成20年度－24年度）：知識基盤社会と大学・大学院改革』pp.211-223。

Adelman, C. (2009) *The Bologna Process for U. S. Eyes: Re-learning Higher Education in the Age of Convergence*, Washington, DC: Institute for Higher Education Policy.

Bologna Process Stocktaking Report, 2009. http://www.ond.vlaanderen.be/hogeronderwijs/bologna/conference/documents/Stocktaking_report_2009_FINAL.pdf.

Corvett, A. (2006) "Higher Education as a Form of European Integration: How Novel is the Bologna Process?," *ARENA Working Paper*, No. 15.

Gonzalez, J. and Wagenaar, R., (eds.) (2003) *Tuning Educational Structures in Europe: Final Report-Phase 1*, Bibao, Spain; University of Deusto and Groningen, NL: University of Groningen.

Kingdon, J. (1995) *Agendas, Alternatives and Public Policies*, Boston: Little Brown and Company.

Miyagiwa, K. (1991) "Scale Economies in Education and the Brain Drain Problem," *International Economic Review*, 32(3): 743-58.

OECD (2010) *International Migration Outlook 2010: SOPEMI 2010*, OECD Publishing.

――――(2011a) *Education at a Glance 2011: OECD Indicators*, OECD Pulishing.

――――(2011b) *International Migration Outlook 2011: SOPEMI 2011*, OECD Publishing.

Smith, A. (1979) *Joint Study Programmes*, Luxembourg: Office for Official Publications of the European Communities.

Wächter, B. (2004) "The Bologna Process: Developments and Prospects," *European Journal of Education*, Vol. 39, No. 3.

第2章　フランスにおける高等教育の
質の保証を通じた人材育成・活用

加藤千鶴
梅﨑知恵
塚本朋久
蜂須賀圭史
吉川浩史

1．はじめに

　フランスでは、近年、教育改革が進んでいる。とりわけ高等教育を中心とする改革推進の背景には、若年層の雇用軟化の常態化や欧州が掲げる教育の質の保証、学位の標準化、人材の流動性の促進等による高等教育の強化を目指す超国家の枠組み構築が存在する。フランスの若年層の失業率は高水準な状態が継続し（図表2-1）[1]、また、フランス特有の高等教育機関とされる「高等専門教育機関[2]（grandes école：グランゼコール）」での教育課程修了をもって取得する学位の非国際通用性[3]の存在も、フランスの高等教育の弱体化[4]を指摘する一因となっている。
　フランスは、第2次大戦後、社会・産業基盤の整備に向け、第2次産業、第3次産業に就業可能な人材の育成に注力し中等教育に重点を置いたこともあって、各国が「知識立脚型社会へ移行している」中、「こうした世界的動向にフランスの大学は、立ち遅れている」との見方もされた[5]。1980年代頃以降、各国における高等教育に対する需要の拡大に伴う教育の機会均等・多様化の動きや、学力向上・技能形成を促す教育の充実は政府の使命であるとする国際的潮流から、フランスにおいても経済活性化・競争力強化が目指され、産業構造の変化や技術進歩に適応する労働力に対する需要の高まりが見られた。しかしながら、企業が求める人材が不足しているにもかかわらず学生が就職難に陥るという事象も散見された。要因としては、企業が人材を採用する際、資格の有無や種類のみならずその水準を重視する傾向にあることから、資格保有者の不足

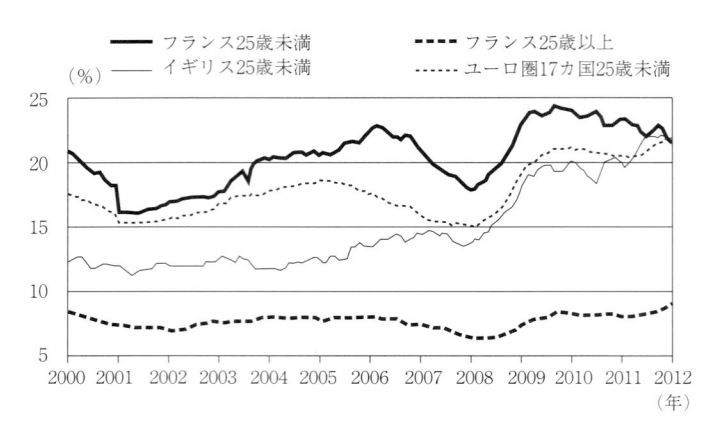

図表2-1 フランスの25歳未満他の失業率

凡例：
― フランス25歳未満
--- フランス25歳以上
― イギリス25歳未満
⋯ ユーロ圏17カ国25歳未満

(注) 値はILOの定義に拠る。季節調整済み。「ユーロ圏」は通貨ユーロの導入国（アイルランド、イタリア、エストニア、オーストリア、オランダ、キプロス、ギリシャ、スペイン、スロバキア、スロベニア、ドイツ、フィンランド、フランス、ベルギー、ポルトガル、マルタ、ルクセンブルク）。
(出所) Eurostatより作成。

に加え、低位な資格水準、労働に資する能力・技術の低水準が挙げられる。すなわち、高等教育に対する需要の拡大とも関連する、学位取得の困難さから学位を得ることなく大学等を離れる学生の存在や、とりわけ実用的な職業資格を取得することが比較的困難な人文・社会科学系の学問を専攻する学生が多く社会に送出されていることが、資格非保有者・低水準の資格保有者の増大という形で、若年層の就職難・失業の長期化を招く事象を惹起したといえる。

こうした事情を背景に、フランスでは、人材育成の一環として大学改革[6]の必要性が叫ばれるようになった。2007年5月に就任したサルコジ大統領は、欧州における高等教育の強化の動き[7]も加味し、選挙公約にも掲げた大学改革について、「フランスの大学の世界水準への引き上げ」、「世界最高水準の高等教育の実現」との目標を掲げ、高等教育・研究大臣を格上げ[8]して高等教育の強化を表明し、2007年8月には、改革内容を盛り込む「大学の自由と責任に関する法律」[9]を成立させた。

本章は、このようなフランスにおける人材育成策の一環としての高等教育の

競争力強化、および大学卒業者の雇用環境の改善を目的に進められる高等教育を巡る政策対応について、高等教育機関の中核をなす大学の改革動向に着目し、その制度面を解説し、あわせて、当該改革の背景にある欧州の高等教育強化に向けた動きや、当該改革に対する評価、当該改革と教育の質や雇用機会拡大との関係を考察する。

2．大学改革の背景

(1) 高等教育の現状と改革の必要性

　高等教育の質の保証に係る国際的ネットワークである「高等教育質保証機関国際ネットワーク」は、高等教育について、「この20年超の間に高等教育は劇的に変化し」、「高等教育は以前にも増してグローバル化した」としている[10]。フランス大統領府は、学生・研究者等の流動化によりフランスの大学も今後一層国際競争に晒されるとし、これを大学改革の理由として挙げている。大統領府は、外国の大学からの競争圧力の増大に対応し、フランス独自ともされていた学位の枠組み[11]を諸外国における枠組みと共通化することで国外でも通用するものとし、学生・研究者等の流動性を高め、優秀な留学生の呼び込みとフランスの高等教育の魅力の向上を相乗させて教育の質を高め、国内の学生にとっても有益な教育課程を提供しなければならないとした[12]。フランスには学位を取得しないままに大学を離れる学生が毎年9万人に達するという。また、第1学年の大学生の50％が第2学年に進めず、修士号の学位相当の資格である「Bac＋4」[13]の資格を有する学生の53％が卒業後1年経過後も就職できずにいるという。大学改革の目的は、学位未取得者の縮減、雇用に資する職業教育・訓練を含む高等教育の提供、世界最高水準の学術教育の実現であるとされ、これらの目的の達成のため、大学は、企業活動の国際化を睨みつつ、学生の要請に弾力的に対応することが求められるとされた。

　フランスの高等教育機関は、83の大学の他、技術者養成機関が224、商業・経営・会計系機関が220、短期課程である工業技術短期大学（Instituts universitaires de technologie: IUT）、中級技術者養成課程（Sections de techniciens supérieurs: STS）や専門職教育課程を提供するグランゼコール入学前のグラン

ゼコール準備級（Classes préparatoires aux grandes écoles: CPGE）等が約3000、合計3500を超える[14]。83の大学は国立であり、大学外の高等教育機関は国立、公立、私立が並存する。フランスでは、「大学（université）」の名称を用いることができるのは国立のみで公立・私立の高等教育機関は用いることができない[15]。また、学位の授与は国立の大学にのみその行為が認められており[16]、大学外の国公立・私立の高等教育機関の学位授与行為は、大学と共同することでのみ認められている。フランスは、学位の授与を国立大学にのみ認め、学位授与権の認証を国の独占とすることで、学位の質を国が担保する仕組みを採っている。

　高等教育への進学者数は、1980年代終盤の急増後、現在も安定的に推移している[17]が、高等教育に対する需要の高まりにもかかわらず、先述の通り、フランスの高等教育機関および学位・資格の構造は他国との比較が容易ではなく、高等教育機関の社会的位置付けの把握が困難で、フランスで取得される学位・資格は国際的通用性に欠けるとの指摘[18]もなされていた。また、フランス下院文化・家族・社会保障委員会に提出された報告書[19]では、「フランスの大学は危機に直面している」とされ、その危機として、①初等教育における落第[20]や教育の機会均等を含む学生の進路指導に関する危機、②学生の雇用可能性の醸成に関する危機、③学生に対する就職支援に関する危機、④大学間競争を促し新たな経済・社会の構築を実現するための高等教育の共通化に関する危機が挙げられた。例えば、外国への留学生数を見ると、2000年から2005年にアメリカは23.0%上昇、イギリスは3.4%上昇したが、フランスは2.6%低下していた[21]。

　こうした課題を解消すべく、学位・資格を各国と共通化し国際通用性を確保し、これを裏付ける教育の質の担保を通じ人材の能力・技術の水準を外的に保証することは、経済・社会がグローバル化し、学生・研究者・労働者が国家間を自由に移動する環境下においては不可欠な要素である。例えば、外国への留学生が多い国や留学先の大学の教育課程を単位換算できるような国内の大学が、外国の教育の質を自国の基準に依拠して評価してしまう可能性は否定できない。教育の質の明確化は容易ではないことからも、高等教育の需要の拡大という高等教育の「大衆化」に伴い、学位・資格の大学間の等価性が損なわれる

蓋然性が増す。各国同様に高学歴化が見られるフランス[22]が、高等教育の質の保証を通じた人材育成のために大学改革を政策課題の中心に据え、改革を強力に推進していることは、グローバル化に対応する人材育成策に正当性を与えるものであろう。

(2) 高等教育関連枠組みの変遷

高等教育の質の保証の実現を含む高等教育強化に係る政策対応は、1960年代終盤から徐々に進められている。これまでの法制化等の主なフランスの政策対応、およびこれに多分に影響を与えた欧州の政策対応は次の通りである（太字がフランスの政策対応）。

1968年　「**高等教育の進路指導に関する法律**」（いわゆる「**フォール法（Loi Faure）**」）
　・**大学の自律性の確保を規定**
1984年　「**高等教育法**」（いわゆる「**サヴァリ法（Loi Savary）**」）
　・**国立の高等教育機関のみが学位授与を可能とする旨を規定**
　・**大学評価委員会（CNE[23]）の設置を規定**
1988年　欧州における「大学大憲章（The Magna Charta Universitatum）」
　・大学は主導的に次代への文化継承という使命を担う
1980年代末　**契約政策（大学の教育・研究活動は国との契約に基づき実施）導入**
　（**教育課程の編成等、大学運営は各大学の裁量に任された。**）
1990年　「**大学計画2000**」
1992年　**博士教育のための省令（「3月30日省令」）**
　・**「博士教育はこれを専門に提供する機関での実施が望ましい」。**
　（**これに先立ち、政府は、1989年、社会の高度専門人材の需要に応えるため、博士号取得者を増加する旨を表明していた。**）
1997年　欧州における「リスボン協定（Lisbon Convention）」
　・研究内容・学位等の各国共通化
1998年3月　「**技術とイノベーション**」[24]**答申**
　・**研究と産業との連携の強化、研究機関の価値の最大化、高等教育・研究機関**

における研究者の流動化の促進等を提言

5月5日　「高等教育の欧州モデルへ向けて」報告（アタリ報告（Attali et al., 1998）

・グランゼコール卒業資格を欧州で認証可能とする欧州との学位共通化を目指すべき等を指摘

5月25日　ドイツ、イギリス、フランス、イタリアによる「ソルボンヌ宣言」[25]

・「欧州高等教育圏」構築による学生・研究者の流動化、高等教育制度の透明性促進、欧州単位互換制度（ECTS）の普及、半期（セメスター）制度（学士前課程・学士後課程）の導入等

1999年6月　欧州29カ国による「ボローニャ宣言」、「欧州高等教育圏」を強調

　7月　1998年3月答申の法制化（「イノベーションと研究に関する法律」[26]）

　8月　「修士学位創設に係る政令」「大学3000年紀計画」

2000年3月　欧州による「リスボン戦略」・「欧州研究圏構想」

2001年　欧州による「2001年ボローニャ・プロセス」

　（「ボローニャ宣言」を嚆矢とする定期的事後評価）

2002年　「2001年ボローニャ・プロセス」にて欧州標準とされた学位に関する枠組み改定（学士・博士の2学位を学士・修士・博士の3学位とする。）

　4月8日　「大学学位・称号および国家免状に関する政令」、「欧州高等教育圏創設のフランスでの適用に関する政令」

　4月25日　「2002博士省令」

・博士教育は「博士課程教育機関（collèges doctoraux）」にて実施。博士号の学位授与は「博士課程教育機関」のみが行う。317の博士課程教育機関が整備された。

2003年9月　欧州による「2003年ボローニャ・プロセス」

2004年　「博士課程教育機関」の充実

2005年5月19—20日　欧州による「2005年ボローニャ・プロセス」

2006年1月　「博士教育研究の仕組みの確立および改善のための勧告」

　4月　「研究計画法」[27]

・「研究・高等教育評価機構（AERES[28]）」設置を規定

・「研究・高等教育拠点（PRES[29]）」の設置を規定

（近接する高等教育機関・研究機関の連携・協働による特色ある教育研究の遂行。）
・「先端研究課題別ネットワーク（RTRA[30]）」の設置を規定
（高等教育機関・研究機関の最先端研究の課題別協力枠組み。2006年10月に37提案から13計画が選定。）
　8月　「2006博士省令」（4月「研究計画法」に基づく「2002博士省令」改定）
・修士・博士の学位の区分の明確化
・博士号取得者の雇用促進に向けた就職支援
・「博士課程教育機関」の評価を「研究・高等教育評価機構」が担う旨を規定
2007年5月　欧州による「2007年ボローニャ・プロセス」
　8月　「大学の自由と責任に関する法律」
「公共政策全般再検討（Générale des Politiques Publiques: RGPP）」開始→2009年「大統領・首相命令」[31]に基づく高等教育・研究省の再編
2008年2月　「キャンパス計画」
・高等教育施設の集中的整備（全国10地域の施設の大規模化・活性化）
2009年4月　欧州による「2009年ボローニャ・プロセス」・「第1回ボローニャ政策フォーラム」
　12月　閣議決定「国の研究・イノベーション戦略」
・2009年〜2012年の戦略見通しを策定
「科学技術高等会議（HCST[32]）」が4年ごとにフォロー
2010年3月　欧州による「2010年ボローニャ・プロセス」・「第2回ボローニャ政策フォーラム」・「ブダペスト−ウィーン宣言」
　6月　欧州による「欧州2020（Europe 2020）」策定[33]
2012年4月　欧州による「2012年ボローニャ・プロセス」・「第3回ボローニャ政策フォーラム」

　以上のように、フランスでは、欧州での教育・労働等に係る政策協調と並行し、高等教育の質の保証の実現を含む教育機能の強化に係る政策措置が、高等教育に対する需要の拡大と同時期に進められた。特に「大学の自由と責任に関する法律」の成文化は、第3節「大学改革の概要」で後述するように、大学の

(3) 欧州における高等教育強化に向けた動き

あり方を抜本的に見直す契機となった。

フランスの大学改革は、欧州の教育・労働等に係る政策目的に拠っている。欧州では、域内金融市場の流動性促進等、経済政策、金融政策については各国協調を推進したものの、教育に係る枠組みについては非互換的であるとの指摘[34]や、米国・アジアの若年層が享受する高等教育に比較し、欧州ではそれが十分ではないとの認識[35]の下、前項で示したように、1980年代末以降、各国における高等教育に係る枠組みの収斂を通じた教育政策の強化が図られた。

欧州における教育政策の強化は、研究と教育の自由の原則の下、大学が主導的に次代への文化・知識・研究の継承の使命を担うことが示された1988年の「大学大憲章（Magna Charta Universitatum）」[36]を嚆矢とする。1997年には、研究内容・学位の各国共通化を強調した「リスボン協定（Lisbon Convention）」が採択された。さらに、1998年の「ソルボンヌ宣言（Sorbonne Declaration）」では、イギリス、ドイツ、フランス、イタリアが高等教育に係る協調を目指し、①学生の流動性の向上、②教育制度の透明性の確保、③1980年策定の「欧州単位互換制度（European Credit Transfer System: ECTS）」の拡充、④半期（セメスター）制度の普及、⑤学士前課程・学士後課程の導入を進めるとされた。同宣言では、欧州を一体として高等教育を強化する「欧州高等教育圏（European Higher Education Area: EHEA）」の構築が提唱された[37]。また、1999年の「ボローニャ宣言（Bologna Declaration）」[38]は、教育の質の保証等に基づく世界に通用する高等教育を確立するため、欧州での高等教育枠組みの共通化を宣誓したもので、各国の高等教育政策に多大な影響を与えた。「ボローニャ宣言」を具体化する一連の教育改革は「ボローニャ・プロセス（Bologna Process）」と称され、定期的に各国における高等教育を中心とする教育改革の進捗を確認する会合として開催されている[39]。「ボローニャ宣言」では、各国における互換性のある学位制度の整備等を通じた欧州の競争力向上が目指され[40]、2010年までの「欧州高等教育圏」の強化が強調された。さらに2000年には、「欧州を世界で最も強力で活力ある知識基盤経済とする」ことが目標とされ、特に大学を「目標達成のための研究開発・人材育成を担う最重要

機関」として、大学や研究機関の緊密化を通じた「欧州研究圏（European Research Area: ERA）」構築の構想も打ち出された[41]。各国には、これらへの対応として、2010年までに高等教育に係る枠組みの再構築が要請され、その進捗を「ボローニャ・プロセス」の定期会合時に報告することが求められた。会合開催時には、政策対応に係る報告書が各国により公表されるとともに[42]、2007年の会合開催時には各国の実績を検証するEUによる報告書[43]も公表された。

以上に加え、2009年の「ボローニャ・プロセス」の会合では、「欧州高等教育圏」の強化期限である2010年を前に、2020年までの一層の強化を目指す「ボローニャ・プロセス2020—欧州高等教育圏の次の10年」と題する声明が発表された。この進捗を管理する作業計画（Work Plan）には、「欧州高等教育圏」の強化に求められる政策目標として、①学生・教育課程修了者・教員の流動性の確保、②高等教育に対する機会均等の確保、③学習者の利益を第一義に考える高等教育の提供、④国際的に開かれた制度設計、⑤高等教育制度の透明性の確保、⑥学生の雇用可能性[44]向上に向けた支援等が盛り込まれた。さらに、各々の項目について各国の目標と目標実現のための政策措置も明示され、進捗を管理する組織が設置された[45]。これらの政策対応を定期的に確認する「ボローニャ政策フォーラム」の第1回会合（The first Bologna Policy Forum）では、「高等教育は、社会のあらゆる者が生涯学習の機会に恵まれる、教育機会の均等を享受することを布石としている。国を越える流動性は学術的価値に基づいて確保されるべきであり、それは、頭脳流出ではなく公正で有益な『頭脳の循環』であって、流動性促進のために、教員、研究者、学生が国家間を均衡を保ちつつ移行することを支持する」とされた。

2010年3月には、「ボローニャ・プロセス」10周年会合において、「各国による10年にわたる政策努力により欧州高等教育圏構想は具現化した」と明言され、「ボローニャ宣言」を更改した「欧州高等教育圏に関するブダペスト－ウィーン宣言」では、「2020年までに、学生・教育課程修了者・教職員の流動性の向上、教育および学問研究に係る環境整備、学生の雇用可能性の向上、質の高い高等教育の提供というような改革努力を一層推進する」として、欧州における高等教育を、一層、比較可能で互換性・整合性のあるものとする「欧州高

等教育圏」の強化が掲げられた。同時期に開催された「ボローニャ政策フォーラム」の第2回会合（The second Bologna Policy Forum）の声明では、「高等教育に係る枠組みや高等教育機関は、高等教育に対する需要の拡大と多様化する期待、国際協調と国際競争のバランスにも対応しなければならない」とされた。2012年4月にルーマニアのブカレストにて開催予定である「ボローニャ・プロセス」会合および「ボローニャ政策フォーラム」第3回会合（The third Bologna Policy Forum）では、「欧州高等教育圏の進展を世界規模で検討するための議論を行う」とされている[46]。

「ボローニャ宣言」に併せ、EUは2000年3月、「より多くより良い雇用、そしてより強力な社会的結束を伴う持続可能な経済成長を可能とする経済、および世界で最も競争力があり活力のある知識基盤経済を2010年までに実現する」とした（「リスボン戦略」）。これに続く2010年6月の「欧州2020」では、欧州理事会（EU加盟国首脳による会議）による教育、研究開発、雇用、環境・エネルギー、貧困の5分野についての2020年までの具体的数値目標が提示され、例えば教育については、①前期中等教育（日本でいう中学校）で学校教育を終了する者の割合を15％から10％以下へ縮減すること、②30歳から34歳の高等教育またはこれと同等の教育修了者割合を少なくとも40％へ引き上げること等が掲げられた。これに対し、例えばフランスは、18歳から24歳の人口に占める前期中等教育で学校教育を終了する者の割合が2010年時点では12.8％であるが、2020年には9.5％までの縮減を目標とし、また、30歳から34歳の高等教育またはこれと同等の教育修了者割合は、2010年時点で43.5％であるが、2020年には50％までの上昇を目指している[47]。

3．大学改革の概要

こうした欧州における種々の取り組みを背景に、フランスは大学のあり方を根底から見直す改革に着手した。大学改革は改革内容を法定化した「大学の自由と責任に関する法律（Loi relative aux libertés et responsabilités des universités）」[48]の成立を嚆矢とし、主に①大学運営に対する大学の裁量範囲の拡大、②大学に対する評価を通じた教育の質の保証、③教員に対する評価を通

じた教育の質の保証、④欧州の単位互換制度に基づく欧州各国との整合的な単位および学位の設定、⑤大学の地理的配置の見直しを中心に進められている。

(1) 大学運営に対する大学の裁量範囲の拡大

「大学の自由と責任に関する法律」では、大学が担う教育・研究機能の強化のためには大学の自律性の向上が不可欠な要素であるとされ、大学運営に係る大学の裁量範囲を拡大することが目指された。裁量範囲の拡大による大学の自律性向上を目的とする同法の成立により、それまで国が決定していた教育課程、人事等が各大学に任されることとなった。フランスが大学運営に関して各大学の裁量範囲を拡大することは、「中央集権的な性格の強い高等教育政策を推し進めていた同国としては、画期的な方針転換」[49]であるとされる。フランスではそれまでも大学自治の拡充が目指されてきた[50]が、フランス国民議会は、同法に対する審査報告書において、フランスの大学は意思決定、予算、人事面において「自律性は動揺していた」[51]とし、「自律性の欠如がフランスの大学のガバナンスの弱さ」[52]であると評した。また、政府も「大学の機能不全については周知の所であり（略）その改革は急務である」[53]とし、高等教育・研究大臣は、大学改革により、大学が「学生にとって学業の成功とその才能を伸ばす場所となること、またフランスの大学が世界的な基準で、競争力を確保することを希望し、（略）①フランスの高等学校卒業者、中国や、インドのような新しい経済発展国を含む外国人学生、また外国の若手教育研究者にとってフランスの大学が魅力ある場所になること、②第１学年の学生の50％が落第し、毎年９万名の学生が学位を得ることなく大学を去る状態を改善すること、③大学の学長に強力なリーダーシップを与え、大学を活性化すること、④大学の研究が国際的に認知されること、を目指している」[54]とした。これらに対処するため、「大学の自由と責任に関する法律」には、大学運営に係る意思決定権限の拡大と意思決定の効率化、教員による自治の縮小、学生に対する支援の充実が盛り込まれた。

大学運営に係る意思決定は、「運営評議会」、「学術評議会」、「研究・大学生活評議会」および学長により行われるが、同法において、３評議会各々の機能を明確化した。「運営評議会」は、予算の議決を含む大学の運営に係る戦略策

定等を議決により決定し、「学術評議会」は、研究方針・資料収集手段の決定、研究費の配分、教育職・研究職の人事異動等に関する学長からの諮問に対する答申を行い、「研究・大学生活評議会」は、入学後の初期教育および成人向け教育等の方針の決定や、修士・博士課程の設置等に関する学長からの諮問に対する答申を行うとされた。特に、「運営評議会」は学長に次ぐ意思決定機関として、その委員数を縮減して[55]意思決定の迅速化を図った。学長に関する規定においても、選出の工程を簡素化する[56]とともに、定年の年齢延長[57]、再選可[58]、次期学長候補者となり得る範囲の拡大[59]を規定した。任期についても、学長の選出主体である「運営評議会」の委員と同任期に改め[60]、学長と委員の改選を同時期に行うことで、それまでの委員の思惑に左右されない学長が選出されることを通じ、守旧的枠組みに過度に固執しない大学運営の実現が図られた。以上のような成文化により、それまでの大学運営に係る国の関与の程度を改め、各大学の戦略が機動的に構築されるべく、大学運営に係る意思決定権限の拡大と意思決定の効率化が目指された。

　さらに、それまで教員自身に任せられていた教員の教育活動、研究活動といった職務内容の決定を国ではなく「運営評議会」が行うことが規定され[61]、教員の採用や評価についても、各大学が行うこととなった[62]。ただし、教員の採用、評価、職務内容の決定を各大学が行うことは、大学内での教員間の協働を阻害し無用の競争を誘発し、これが大学の教育・研究の質の低下につながる恐れがあるとの反発も招いた。このような反発に対しては、教員の職務内容の決定は当該教員の同意を経なければ確定されないこととして、過度に「運営評議会」の恣意性が働くことを回避した。

　また、学生に対する支援として、職業教育に即した実習および採用募集の情報提供を通じた、初職獲得の支援を担う就職支援室の設置が同法に規定された。同法第1条では、高等教育の使命として「職業指導および就職支援（L'orientation et l'insertion professionnelle）」が掲げられている。ここでは「大学は職業に関係のない純粋に学問の場ではなく、学生に対して大学在席中の職業指導および就職支援まで行うべきであるとの考えが示され」[63]たとの見方がある。また、フランスでは、バカロレアまたはこれに相当する資格を有する者は原則すべての者が本人の希望する大学への入学が認められることから、

大学入学前ではなく、入学後の教育課程において選抜されるという側面もあり、大学入学後に学生が希望する学習内容と大学が提供する教育内容との「不適応のため中退する者が多いことが社会問題となっていた」[64]という。同法では、中途退学者縮減のため、大学は、高等学校と協議の上、入学前の学生に情報提供と進路指導を行うこと、学生はこれを入学前に受けることを入学の条件とすることが規定された。

大学改革は、以上を具体化する措置として、同法で以下のような方策が一部期限を明示され要請された[65]。

① 1年以内に行われるべき改革
　a．運営評議会の人数の縮減
　b．学長の任期および再任の変更
　c．人的資源に係る問題を担う調停委員会（Comités techniques paritaires: CTP）の設置
② 新たに大学に付与される権限（期限の定めなし）
　a．学生に対するオリエンテーションの強化、および職業指導の実施の権限
　b．自由な教育・研究のための組織の創設に係る権限
　c．教員の採用をより迅速に行う権限
　d．学生を指導教授および図書館司書補として雇用する権限
　e．大学基金の創設に係る権限
③ 5年以内に行われるべき改革
　a．包括的予算の管理が大学が自律的に行えるようにすること
　b．人的資源に対する管理（採用、教育および研究の職能の調整、給与の管理）を大学が自律的に行えるようにすること

(2) **大学に対する評価と評価を通じた高等教育の質の保証**

大学改革では、各大学の運営に係る裁量範囲を拡大する一方、大学および教員を評価する機関を再編し、これらに対する評価体制も強化した。大学に対する評価は、まず、大学が、学生に学位を授与する権利を得る時点で行われる。大学が学生に学位を授与するには国から学位授与の権限の認証を受けなくては

ならないが、このためには、国が行う審査を受け、これを通過する必要がある。審査項目には、専攻分野の特質性、専攻の目的、教育課程の内容、単位数、教授法、施設整備の程度、成績評価の手法、専攻に関連する就職可能な職業、他の専攻への変更可能性等が含まれる。大学はこれらを国に提出し、国はこれらの項目について、研究活動と教育活動の整合性、専攻に関する他大学との補完性、多様な学生に対応する教育体制の柔軟性、就職に資する専門性、就職支援等を審査する。このように、当該審査が学位の質を保証する裏付けとなっており[66]、ひいては、学位を取得した学生が有する能力・技術の水準が外的に保証されるものとなっているといえる。

　国は、学位授与権認証に係る大学に対する審査の他、定期的に、教育活動・研究活動に係る大学運営に対する評価を実施している。大学が行う教育活動・研究活動は国との契約に基づいているが、これらを一定期間ごとに評価することで契約が更新され、大学は諸活動を継続することが可能である。契約は、1984年の「高等教育に関する法律」(いわゆる「サヴァリ法」)の下で任意なものとしてすでに法定化されていたが、2007年の「大学の自由と責任に関する法律」では義務化された。契約更新の都度、当該契約における教育活動・研究活動に係る目標、計画等が設定され承認されることで、大学教育の質の維持が図られているといえる。高等教育の質の保証は、「ボローニャ宣言」においても各国に制度設計が要請されたところであり、フランスもこれに対処すべく、「高等教育評価規準」の策定を通じた高等教育機関の評価の充実と教育の質の保証の明確化に向け、2007年、大学の評価を行う「研究・高等教育評価機構」を設置した[67]。2006年「研究計画法 (Loi de programme pour la recherche)」第9条は当該機構の役割について、①高等教育機関・研究機関等について、人員の評価に係る手続きの認定および手続き遂行の際の条件に対し意見を提示すること、②これらの機関が行う研究活動を研究単位ごとに評価すること、③これらの機関が行う教育活動・研究活動を包括的に考慮しつつ評価すること、④これらの機関が提供する教育課程および学位を評価することを規定している[68]。以上に則る形で、「研究・高等教育評価機構」の部署は、①人員の評価に対する意見の提示等の機関のあり方に関する評価を行う「機関部門 (Section1: Établissements)」、②単位に依拠して実施される研究活動に対する

評価等の研究・単位に関する評価を行う「研究単位部門（Section2: Unités de recherche)」、③教育体制や学位の評価等の学士教育・学士学位に関する評価、修士教育・修士号学位に関する評価、博士教育・博士号学位に関する（「博士課程教育機関」に対する）評価を行う「教育・学位部門（Section3: Formations et diplômes)」から構成される。

　評価の工程は、事前準備、訪問、事後評価の3段階で進められ、事前準備として、被評価機関が作成する自己評価書の審査および評価対象機関に関するデータ分析を行う。この後、「研究・高等教育評価機構」の「評価委員会」による現地訪問および面談、現地訪問および面談等による情報に基づく「評価報告書（Evaluation Report）」の作成、当該機構内での「評価報告書」の検証、被評価機関への「評価報告書」の通知、「研究・高等教育評価機構」のウェブ・サイトにおける「評価報告書」の公表が行われる[69]。評価対象機関に関するデータ分析は、評価対象機関が行う教育活動・研究活動と国際関係、地域環境との関係、学生との関係について効果や戦略性が検証される。また、研究単位の評価や、教育体制・学位の評価も同様の工程で行われる。学位については学士・修士・博士の教育課程別に評価され、学士課程の評価では特に職業や継続教育との関連について、修士課程の評価では専門分野ごとにその専門性について、博士課程の評価では「博士課程教育機関」に対し、研究単位ごと・学問別の課程ごとにとりわけ教育の質が審査される。全国の被評価対象機関はA、B、C、Dにグループ分けされ、各々5年[70]の期間をかけ、事前準備から「評価報告書」の公表までが行われる。直近では2011年3月に、グループAに属する機関の評価の概要[71]と機関ごとの詳細な「機関評価報告書」[72]が公表されている。以上のように、フランスは、大学の組織体制、教育活動、研究活動に対する国による評価を経て、これらについての国と大学との契約により大学運営を行うこと、また、その評価を契約の更新ごとに定期的に実施することを通じ、大学教育の質の維持を目指している。

　「研究・高等教育評価機構」はまた、高等教育機関に対する評価の適正性について、当該機構自身も、機構内の「運営評議会」から審議・検証を受ける。「運営評議会」による審議・検証は、①評価・認定手続きの質・透明性・公開性、②欧州共通政策および国際性との整合性、③各部門長の任命に係る適正

性、④高等教育機関と国との契約について、契約期間と評価工程の適正性、⑤「評価委員会」への報告のために各部門が準備する報告書の適正性、⑥「研究・高等教育評価機構年次報告書」の適正性、⑦契約職員の雇用・報酬に係る条件の適正性、⑧「研究・高等教育評価機構」内部規則の適正性について行われる[73]。また、教育の質の保証は欧州でも目指されていることから、欧州では「欧州高等教育質保証登録制度（EQAR: European Quality Assurance Register for Higher Education）」が設定されており、「欧州高等教育質保証協会（ENQA: European Association for Quality Assurance in Higher Education）」が策定する「欧州質保証の基準と指針（ESG: European Standards and Guidelines for Quality Assurance）」に基づきEQARへの登録が認められることで、高等教育の質の保証が確保されているとみなされる。

(3) 教員に対する評価を通じた高等教育の質の保証

教育政策に係る枠組みの原点とされる「教育法典」では、大学は「知識の進歩と職業の実践準備のため、学術的・文化的・職業的な教育を保証するために、さまざまな専門を持つ教員、研究者を結集する機関である」とされる。これに加え、高等教育は公的に提供されるものであり、大学は国立であるとの法的根拠[74]に基づき、大学教員の募集は、各大学ではなく国が担うこととして、国の機関である「大学審議会（CNU: Conseil national des Universités）」がこれを行うとされた。「大学審議会」は大学教員に係る募集を毎年行うが、教員を募ることのみならず、応募者が大学教員として各大学に採用される前の段階で、応募者全員を審査している。

「大学審議会」の内部部門は、政治学、経済学等の学問・研究領域別に構成されており、教員は、各々の部門において、応募した学問・研究領域別に審査され、これを通過した者が大学教員の候補者として学問・研究領域別に名簿に記載される[75]。各大学に設置されている「大学審議会」の事務局は、大学へ候補者の審査結果を提供する。大学は、大学内の「審査委員会」において候補者の専攻分野と大学での職務内容との適合等について審査・選考を行う。教員が学問・研究領域別に審査され、審査の結果が各大学での採用にも関連する仕組みに対しては、教員が「大学への帰属意識よりも学問・研究領域への帰属意識

を強く」持ってしまい、「大学が1つの統一体として運営されることを妨げる要因として機能してきた」との指摘も見られる[76]。一方、大学改革により大学の裁量範囲が拡大されたことで、大学にとり、教員採用後も当該教員の職務内容や成果と大学全体の事情とを加味した弾力的な人材配置が可能な、機動的な大学運営を可能とする体制が敷かれたという側面もあろう。

　以上のように、フランスは、教員候補となる前の国による評価、各大学で採用される前の大学による評価、さらには採用後においても、教育活動や研究活動に対する審査を通じた評価により、教員の質の維持を目指している。

(4) 欧州単位互換制度に基づくフランスにおける単位、学位の設定

　フランスの大学改革は、上述のように、「大学の自由と責任に関する法律」を中心に進められているが、同法における規定や具体的政策措置は、欧州における政策協調枠組みに依拠するものである。「ボローニャ宣言」を採択した各国の大学は、欧州全体の大学の競争力強化に向け、教育課程および学位を欧州全体で互換的なものとするために、当該宣言を具現化する最重要項目である、それらの構造の共通化を目指した。国内外で取得した学位の比較を可能なものとすることで学生・研究者の流動性を高め、優秀な学生・研究者の獲得のために大学間競争が促進されることにより、高等教育・研究の質の強化が図られることが期待された。

　これに先立ち、欧州では、学位とこの取得に要する教育課程の単位等を共通化[77]する「欧州単位互換制度」[78]が策定されていたが、フランスもこれに呼応し、2002年、学位を学士号（Licence）、修士号（Maîtrise）、博士号（Doctorat）とする「LMD改革」を実施した。学士号であれば、一般に、高等教育機関入学資格試験である「バカロレア試験」で合格点を超えた者が取得する資格である「Bac＋0」の取得後3年間の教育課程修了で「Bac＋3」の資格とともに取得される。これに2年間の修士課程を修了することで「Bac＋5」の資格と修士号の学位が、さらに3年の博士課程修了で「Bac＋8」の資格と博士号の学位が取得できる[79]。それまでは学士課程3年、博士課程5年という教育課程年数であったが、これを学士課程3年、修士課程2年、博士課程3年とし、博士論文作成のための準備期間として単位取得が不要であった博士課程の当初

２年を修士課程として、修士号の学位が取得できることとなった。各教育課程の修了後には欧州共通の書式による学位授与証により学位が授与され、進学時・就職時に各国比較が可能な外的に保証される学位として評価されることとなった。これに合わせ、フランス特有の高等教育機関における教育課程修了により取得できる資格についても、例えば、「工業技術短期大学」における教育課程修了者に対しては「Bac＋2」、上級技術者養成課程修了者に対しては「Bac＋4」、グランゼコールの教育課程修了者に対しては「Bac＋5」等であるとして明示化された。

なお、「LMD」の導入は各大学に委ねられているが、導入については「大学関係者の中には、国民教育省の強い意思の下で、予算に誘導されつつ、選択の余地がほとんどなかったことを指摘する者も少なくはない」[80]との見方もある。

「LMD」導入後の各高等教育機関における学位の授与の適切性についての検証は、「研究・高等教育評価機構」[81]が行っている。

(5) 大学の地理的配置

フランスでは、高等教育や学位取得に対する需要に対し、国内での均衡的なアクセスを可能とする地理的配置が大学改革以前から目指されてきた。

1990年には、高等教育への進学希望の増加基調を睨み、希望者すべてを大学へ入学させることを主目的として、国と地方政府の協働による大学整備が計画された（「大学2000年計画」）[82]。当該計画では、大学施設の整備と併せ、全国における均衡ある大学の配置、科学技術教育および職業教育の発展等に重点が置かれた。また、1999年には「大学2000年計画」を促進させ、大学施設の地理的配置の達成、高等教育進学人口の安定化を反映し、新規キャンパスの開設だけでなく、図書館や食堂、宿舎の学生の教育・生活環境の改善、産学連携の推進、大学の国際化の推進に重点が置かれた大学の整備が計画された（「大学3000年紀計画」）[83]。

このように、1990年代末までは、学生数の増加といった主に国内要因に基づく大学整備が進められたが、1990年代末以降は、フランスの大学の国際競争力の強化促進を主眼とする大学の多様性が求められ、国と地方政府とが連携して大学整備を行うこととされた。2006年「研究計画法」に高等教育機関と研究機

関が協働して最先端研究を行うとする「主題別先端研究ネットワーク」[84]が盛り込まれ、同年10月には13の研究計画が選定された。また同法には、「研究活動を効率化」し「研究の向上を図る」[85]ために、地理的に近接する大学や研究機関等の協働を促進する「研究・高等教育拠点」[86]計画も盛り込まれ、これに基づき、2009年7月までに15の「研究・高等教育拠点」が設置された。さらに、2008年2月、フランスの大学の認知度を国際的に高めることを企図し、全国12の地域の施設整備を重点化する措置が策定され[87]、既存のキャンパスの再開発による連携の強化、大学の活性化の一層の促進が目指された。

4．大学改革に対する評価

　前項までに見てきたように、フランスの大学改革は2000年代大いに進展したが、こうした一連の改革は、高等教育機関や高等教育政策にどのような影響を与えたのであろうか。教育改革の根源的目標ともいえる教育の質の向上と学生の雇用可能性の拡大にどう奏効したかという人材育成・活用の観点から、以下にフランスの大学改革を評価する。

(1) 大学改革が大学の運営に与えた影響

　大学改革により、各大学は、裁量範囲が拡大する一方で、学生・教員・資金の多寡に影響を与える「研究・高等教育評価機構」による評価に晒されることとなった。大学改革は、大学組織のあり方自体に多大な影響を与えたといえよう。例えば各大学では、次のような大学組織の見直しが学長の主導の下に進んでいる。

　フランスには、アメリカやイギリスの総合大学に比べ小規模な大学が多く、論文引用数や研究成果等の基準[88]に照らし不利であるとの見方がある[89]。これに対処すべく、研究の大規模化・高度化を目指し、地理的に近接する大学・グランゼコール・研究機関が連携して、政府の高等教育・研究投資計画へ応募する動きが活発化している。リヨン地方では、リヨン第1・第2・第3大学が大学院を統合し、グルノーブル地方でも8の大学、研究機関が統合した[90]。グルノーブル地方では、統合の結果、5000名の学生と6000名の研究者が所属する機

関が誕生し、当該機関は年間500に上る特許を登録しているという[91]。当該機関は、今後も研究者と学生を各々1万名まで増加させることを目指している。この他、ストラスブルク地方、マルセイユ地方、ボルドー地方においても、高等教育機関と研究機関との連携が進んでいる。また、地域産業の開発と学生の雇用拡大に向けた、高等教育機関と地域企業との連携も進んでいる。ノルマンディー地方のルーアン大学では、地域の主要産業の1つである化粧品業に関連する学部が創設され、企業の研究開発の深化に寄与している。学生にとっては企業への雇用機会の拡大につながっている。

　さらに、大学改革による大学の裁量範囲の拡大により、各大学では個別事情に応じた教員の機動的配置が可能となったが、予算の使途についても配分額の決定権限が与えられた。外国教員の招聘や大学が予算の重点配分を望む研究分野について、国からの拠出額の範囲内で各大学独自に配分を決定できることとなり、例えば、パリ第7大学はノーベル賞受賞者を外国から教員として招聘した[92]。また、フランスの大学教員は国家公務員で教員資格（Agrégation）の保有を要するが、外国教員や企業の実務家等大学外から招聘する教員についても当該資格が必要であった。しかしながら、改革によりこれを不要として教員の招聘を容易なものとした。また、外国での教授・研究の実績を持つ者を教員として採用する手続きも簡素化して、例えば法学部の授業に弁護士が教員として参加することを柔軟にして、実務を加味した教育課程の提供を拡充した。さらに、教員の採用を審査する、大学の「審査委員会」は当該大学の教職員のみで構成されていたが、改革により半数程度は大学外の者とすることとされた。これにより、大学外からの教職員の採用の拡大に伴う人材の流動化が期待された。以上のような措置は、高等教育機関・研究機関における教育・研究活動の多様化・専門性の深化と、ひいては大学教育の質の向上に寄与するといえよう。

　このような種々の対応により、大学の運営費は大学全体で2007年に比し25％上昇したとも指摘される[93]。これに対処し、大学では、企業との協働による研究開発や、改革前は認められなかった、企業と共同での財団の創設による民間資金の活用が進められている。

　大学改革により国から大学への権限委譲が進んだことで大学の意思決定に係

る裁量余地が拡大し、各大学は、以上のようなさまざまな改革策を具現化している。一連の大学改革を眺めると、改革は、大学が提供する大学教育の質の向上、学生の雇用機会の拡大という改革目的の実現のために、持続的な改善を進める変革を各大学に促しているように見受けられる。

(2) 「研究・高等教育評価機構」の評価が大学の運営に与えた影響

　大学に対する評価を実効性あるものとする担い手は、評価を認容し実践する大学自身である。大学改革の一環として設置された「研究・高等教育評価機構」による大学に対する評価の有効性について、当該機構による「評価報告書」の事例と被評価大学における改善策から俯瞰すると、例えば、2010年4月に公表されたパリ第1大学の評価では、「機関評価報告書」において、「教育カリキュラムが過度に広範である」ことが指摘され、「教育カリキュラムの範囲を絞り、明示的なものとすべき」とされた[94]。また、「学士課程評価報告書」においては、「学位取得に関する情報を強化すること」、「学生に対する学術的支援を促進すること」、「学生に対する成績評価手順を簡素化すること」、「職業に関する教育課程の目的を明確化すること」等の勧告がなされた[95]。さらに、法律・社会政治学分野に属する「公共管理」の課程に関しては、管理運営能力の欠如等が指摘された。大学は、これらに対する返書[96]において、組織の改変、刷新を行うとともに、当該勧告に基づく改善策を講じるとしている。

　「研究・高等教育評価機構」による大学評価の結果は強制力はないものの、国による学位授与権の付与に係る審査や予算額の決定の判断材料とされ、また、評価結果は公表もされていることから、企業との提携や企業からの資金提供、大学進学希望者の進学先選定の際に参考とされている。大学進学希望者にとっては、評価が実施される5年ごとに、大学に対する評価結果とともに大学の自己評価の結果も公表されていることから、進学後の大学運営の改善見通しを把握することが可能である。高評価を得た大学は資金や人材の獲得が容易となる一方、低評価の大学は学位授与権を喪失する可能性もある。評価は大学の学科ごと、研究室ごとにも行われることから、例えば、低評価の学科の廃止やこれを高評価の学科と統合するというような是正策も講じられているという[97]。

なお、評価は、全国共通の基準に拠るものの他、大学ごとの独自性、所在地に応じた地域性が加味される。独自性・地域性を加味した評価においては、大学から「研究・高等教育評価機構」に対し、研究開発の独自性や地域産業の特性に応える教育・研究活動の実施について意見提示の機会が設けられており、画一的な基準にのみ依拠する偏差的な評価は回避されている。

　以上のように、大学改革の一環としての、大学に対する評価体制の拡充措置により、大学には常時その運営の検討と改善の実施が迫られることとなり、評価結果による勧告に基づく改善は、大学にとり不可避なものとなった。大学側が大学に対する評価体制の強化を「ダモクレスの剣」[98]と比喩する[99]ように、各大学は、評価を強く意識しつつ諸施策を実行し大学運営に臨んでいるように見受けられ、大学改革は、高等教育機関に対する厳格な評価体制という検証と諸施策の試行の反復により、大学における自律性の促進と改善の強力な動機付けとして機能しているといえよう。

(3)　大学改革全般に対する評価

　大学改革は、2007年の「大学の自由と責任に関する法律」を嚆矢とし、当該法関連政令等の成立が2011年にその大方を終えた段階であることから、これらの適用に基づく改革の効果の見極めは時期尚早であるとの見方[100]や、大学改革の実施と世界的な金融危機とが同時期であったために、大学改革の効果を雇用面等から定量的に分析することは容易ではないとの見方[101]もある。事実、「研究・高等教育評価機構」による評価は、2012年2月現在、すべての大学の評価が一巡したばかりである上、教員に対する評価も、昇進希望者に対する評価が実施されているのみで、すべての教員に対する評価は5月の大統領選挙後に開始見込みであり、2012年2月時点は「大学審議会」による教員への周知が進められている段階である。

　改革は途上であり、改革の評価を仔細に行うことは未だ叶わないながら、フランスは、教育を強化策の中枢に据え、大学改革を次の2つの潮流の中で実施している。その一は、「ボローニャ・プロセス」に代表されるように、教育の質の保証および国際競争力向上のため、世界に通用する高等教育を確立しようとする欧州による枠組み共通化を目指す潮流であり、その二は、グローバル化

の進展に伴う産業社会の専門化、技術の高度化、産業構造の多様化に対応する人材を育成する必要性の高まりという潮流である。その中で、フランスは、欧州基準に依拠しつつも同国独自の大学運営と、人材育成を実践する教育現場に優先度を置いた、権限委譲を伴う中央集権的教育体制からの脱却を実現した。

こうした高等教育の強化を企図する改革について、フランス国内では、野党（2012年２月時点、社会党）や改革を実践する大学も賛同している[102]ことに加え、大学の経営的精神の醸成を促し[103]、かつ教育は経済とは分断されて提供されるものであるとされていたこれまでの意識を、教育は職業に係る能力・技術の形成・向上による雇用機会の拡大が加味されるものであると変容させた[104]として評価されている。概して、一連の改革策は、学長を中心とする大学の教職員の意識を含む、大学のあり方に変化をもたらし、これまでの同国の教育体制を飛躍的に変革させていることは相違ないといえよう。

(4) 大学改革が雇用へ与えた影響

高等教育改革の根源的目的は、学術研究の深化に加え、主に学生の雇用可能性の拡大、産業社会への寄与であろう。欧州委員会は、雇用可能性、すなわち職を得る能力の会得の度合いは、個人の技能、知識、性質に依存するが、各国・地域の制度や慣例がこうした個人の能力に大きく影響を与えるとして、技術の高度化が進む社会では、低技能ではなく高技能の労働力が要請され、戦後、要請されていた中等教育よりも、現在は高等教育の充実が求められているとする。その上で、高等教育の役割は、学生の性格、行動のような資質と技能、知識の醸成であり、これを通じ個々の学生の就職をかなえることであるとして[105]雇用可能性の拡大を目指してきた。事実、教育水準ごとの修了者数の変化と就業率との関係についての2000年と2007年との比較において、教育水準の高まりと同時期に就業率が上昇していることについて、欧州委員会は、教育水準の高度化という就学構造の変化が、明らかに就業率の改善に影響を与えたことを示していると評価した[106]。いわゆる「リーマン・ショック」を経た2011年と2000年とを比較しても、高等教育修了者割合が上昇する中、中学校・高等学校等・高等教育修了レベルを合わせた全体の就業率は上昇している。フランスにおいても、高等教育修了者割合が上昇する中で中学校・高等学校等・

高等教育修了レベルを合わせた全体の就業率は上昇し、欧州委員会の評価と矛盾ない状況が示唆される（図表2-2）。（図表2-2を見ると、2000年から2007年にEU27カ国の高等教育修了者割合は3.5％ポイント上昇し、中学校・高等学校等・高等教育修了レベルを合わせた就業率は3.2％ポイント上昇している。2000年から2011年を見ても、高等教育修了者割合は6.5％ポイント上昇し、高等教育修了レベルの就業率は0.4％ポイント低下しているものの、中学校・高等学校等・高等教育修了レベルを合わせた就業率は2.2％ポイント上昇している。フランスも、2000年から2007年に高等教育修了者割合は4.6％ポイント上

図表2-2　各教育水準の修了者割合および就業率

EU27カ国　　　　　　　　　　　　　　　　　　　　　　　　　　　　　　　　　　（％）

	教育水準別修了者割合					就業率				
	2000年 a	2007年 b	2011年 c	b-a	c-a	2000年 a	2007年 b	2011年 c	b-a	c-a
中学校修了レベル	37.8	32.9	30.0	▲4.9	▲7.8	48.8	48.6	44.8	▲0.2	▲4.0
高等学校等修了レベル	45.1	46.5	46.4	1.4	1.3	68.3	70.1	68.3	1.8	0.0
高等教育修了レベル	17.1	20.6	23.6	3.5	6.5	82.4	83.7	82.0	1.3	▲0.4
全体	100.0	100.0	100.0	n.a.	n.a.	62.1	65.3	64.3	3.2	2.2

フランス　　　　　　　　　　　　　　　　　　　　　　　　　　　　　　　　　　（％）

	教育水準別修了者割合					就業率				
	2000年 a	2007年 b	2011年 c	b-a	c-a	2000年 a	2007年 b	2011年 c	b-a	c-a
中学校修了レベル	40.1	34.0	31.1	▲6.1	▲9.0	46.1	47.5	45.0	1.4	▲1.1
高等学校等修了レベル	40.1	41.6	42.1	1.5	2.0	69.0	69.2	67.1	0.2	▲1.9
高等教育修了レベル	19.8	24.4	26.8	4.6	7.0	78.7	79.2	80.4	0.5	1.7
全体	100.0	100.0	100.0	n.a.	n.a.	61.7	64.3	63.8	2.6	2.1

（注）　15歳から64歳を対象。各「修了レベル」は「国際標準教育分類1997年版（略称：ISCED 1997)」（UNESCO（1997））に拠る。「中学校修了レベル」は同分類におけるレベル0、1および2、「高等学校等修了レベル」はレベル3および4、「高等教育修了レベル」はレベル5および6を指す。レベル0は日本における小学校入学前の幼稚園・保育所（保育園）・認定こども園、1は小学校、2は中学校、3は高等学校、4は短期大学、5は大学、6は大学院の各々に相当する教育水準に対応している。
（出所）　Eurostat.

昇し、中学校・高等学校等・高等教育修了レベルを合わせた就業率は2.6％ポイント上昇しており、また、2000年から2011年を見ても、高等教育修了者割合は7.0％ポイント上昇し、中学校・高等学校等・高等教育修了レベルを合わせた就業率は2.1％ポイント上昇している。）

ただし、フランスの博士課程に関しては、「LMD」導入により「博士課程教育機関」の整備を進め博士教育の充実が図られたものの、博士課程への進学者数が拡大する中で、学位取得の困難さによる中途退学者の増加や、博士号取得者が労働市場で評価されるとは限らず、大学・研究機関以外での雇用拡大が大きな課題となったとの指摘[107]も散見される。博士号の学位の取得が雇用可能性の拡大やひいては産業社会に必ずしも寄与しているとはいえない事実も窺える。

5．結び

人材を効果的に育成し活躍の場を確保するためには、高等教育を受ける学生のみならず、高等教育卒業後も就職が困難な者や中等教育卒業者に対しても、相応の教育・訓練が行われ、学業生活から職業生活への円滑な移行を図る必要がある。以下に、高等教育卒業後も就職が困難な者向け、中等教育卒業後就職希望者等の若年層向けの雇用支援に係るフランスの取り組みについて紹介する。

フランスでは、高等教育課程において単位取得のために企業での研修が義務付けされており、研修生を企業が正社員として採用するということが行われている。しかしながら、研修生に正社員と同様の労働に従事させつつ、その後、正式に雇用しない企業も散見される[108]ことから、政府は、2011年7月、①学生の研修内容は企業の通常業務であってはならないこと、②同一企業における研修期間は6カ月を超えてはならないことを法制化し[109]、学生の安易な労働力としての利用を制限するとともに、学生に対し、多様な研修の機会を提供できるようにした。

中等教育卒業後就職希望者等の若年層向けの雇用支援としては、従業員数が250人以上の企業は、従業員数に応じ一定割合の若年者と「見習い契約

(Contrat d'Apprentissage)」を結び、「見習い訓練生」として受け入れることが義務付けられている。当該契約に基づく「見習い訓練」を通じて取得が可能な職業資格は1400、職種は450に上る。なお、当該訓練は、中等教育卒業者の他、大学院修士課程相当までの学修履歴を有する者も受けることが可能で、各々のレベルに対応する広範な職業関連教育・訓練内容が用意され、「見習い訓練生」は期限付きの短時間社員として法定最低賃金を基準に給与が支給される[110]。対象企業は総従業員数の3％の人数を「見習い訓練生」として受け入れることが義務付けられているが、受け入れ割合は2011年3月現在1.7％に留まると試算された。同月、受け入れを義務とする割合は4％へ引き上げられ、新たに年間13万5000人の「見習い訓練生」の雇用が見込めるとされた[111]。さらに、「見習い訓練生」の受け入れ割合が未達成の（従業員数250人以上の）企業は、賃金総額の0.1％の一律の税率で「見習い追加税」が課されていたが、2011年7月制定の「2011年第1次補正予算法」において、「見習い訓練生」の受け入れ人数が総従業員数の3～4％の企業は課税率0.05％に軽減される一方、同1～3％の企業は課税率0.1％、同1％未満の企業は課税率0.2％（従業員2000人以上の企業は課税率0.3％）が課されることとなった。また、総従業員数50人以下の企業に対しては、1名の「見習い訓練生」の受け入れにつき1800ユーロの奨励金が支給され、当該訓練生の社会保険料についても全額が免除されることとなった。

　さらに、2011年7月、若年層に対する企業内での実習と訓練機関での職業教育を並行して行う職業教育・訓練体制（「交互教育」）の拡充も法制化され[112]、それまで「見習い訓練生」を受け入れる契約を締結できる主体は企業に限られていたが、個人も契約締結が可能となった。また、「見習い訓練生」の要件は中等教育修了後の15歳であるとされていたが、中等教育を修了していれば14歳であっても当該契約を締結し訓練を受けることが可能となった。さらに「見習い訓練生」の身分についても、訓練期間中も安定的生活を営むことができるよう、学生証と同程度の権利が付与されている、身分を保証する「職業学生証」が訓練機関から交付され、住居・食事等の費用に対し学生割引が適用されることとなった。

本章では、フランスの大学改革による教育の質の保証を通じた若年層を中心とする育成策を取り上げた。フランス国内では、大学改革に対し、総じて、教育の質の維持や学生の知識・能力・技術の水準の伸長、雇用可能性の向上に奏効しているとして一定の評価が見られる。とりわけ教育活動・研究活動を効果的なものとすることを目的とした、大学の機動的な意思決定を可能とする裁量範囲の拡大、教育機能・研究機能を実効性あるものとするための、大学や教員に対する評価体制の強化、学部や研究分野の統廃合による教育機能・研究機能の効率化を含む、評価結果に対する改善を大学に促す仕組み、互換可能な学位・単位の設定は、人材の能力・技術の形成・開発を支援する教育の、特に高等教育の人材育成に対する貢献の度合いの向上を期待させる。さらに、学卒後の就職困難者に対する、多種の職業に関連する教育・訓練の提供や企業に対する中等教育卒業者等の受け入れ義務、職業教育・訓練期間中の身分保証の取り組みは注目される。

　以上の、高等教育の質の保証を通じた人材育成の実効性を高める試みと、中等教育卒業者に対しても労働市場において活用に資する人材として活躍機会を与える具体的試みは、わが国における人材育成に示唆を与える取り組みとして有用であろう。

注

1）　25歳以上の失業率が、2000年以降、6〜8％台で推移しているのに対し、25歳未満のそれは16〜24％台で推移している。また、例えばイギリス、ユーロ圏（通貨ユーロを導入する国）17カ国の25歳未満の失業率よりも高水準にある。

2）　当該機関は、高等教育段階において専門的な教育を行う機関であることから本章ではこのように邦訳した。他の文献等における邦訳とは一致しないことに留意されたい。なお、グランゼコールは、「大学よりレベルの高い学校が多い（在日フランス大使館）」との見方もある。

3）　グランゼコール修了により取得する学位の非国際通用性の解消を企図し、フランスでは、EUの共通枠組みである学士、修士、博士の学位に沿う改定が実施された（詳細は「3．(4)欧州単位互換制度に基づくフランスにおける単位、学位の設定」を参照されたい）。

4）　「世界大学ランキング（"Times Higher Education World University Rankings 2011-2012"）」によれば、1位はアメリカ・カリフォルニア工科大学、2位は同・ハーバード大学、4位はイギリス・オックスフォード大学である。フランスは59位の

École Normale Supérieure が最上位、次いで63位の École Polytechnique、84位の Université Pierre et Marie Curie と、100位内に位置するのはアメリカの51の大学、イギリスの12の大学に対し、3の大学である（Thomson Reuters（2012））。

フランスの大学がアメリカ、イギリスに比べ低位にある所以として、教育の質が劣るというよりも、「1968年の『高等教育基本法（いわゆる「フォール法」）』において、それまでの１大学区１大学の原則を改め、従来の学部よりも小規模な『教育研究単位』ごとに大学を細分化した構造的な事由の可能性もある」と指摘される（船守（2007））。

なお、日本は東京大学の30位が最上位で、100位内に位置するのは京都大学（52位）と、２つの大学。

同ランキングは、トムソン・ロイターが論文引用数、大学教員の Ph. D. 取得割合等に基づき順位付けしたもので、毎年発表される。直近は2011年10月６日発表。大学を順位付けしたものは、同ランキングの他、上海交通大学が順位付けしたものが有名である。

5) 鈴木（2011）。
6) 当該改革は、大学だけに限らないグランゼコール等を含む高等教育機関や高等教育政策等の高等教育全般に係る改革であるが、とりわけ大学を中心に進められていることからこのように表記する。
7) 詳細は「２．(3)欧州における高等教育強化に向けた動き」を参照されたい。
8) サルコジ大統領は、大統領就任後の組閣において、高等教育・研究大臣を閣外大臣から格上げとなる閣内大臣とした。フランスには、閣議に出席する閣内大臣の他、閣議に出席しない閣外大臣と担当大臣が存在する。閣外大臣および担当大臣は、「閣内大臣の指揮の下で特定の分野を担当する」とされる（人事院『公務員白書（年次報告書）平成15年度版』）。
9) Loi relative aux libertés et responsabilités des universités.（詳細は「３．大学改革の概要」を参照されたい。)
10) 「高等教育質保証機関国際ネットワーク（International Network for Quality Assurance Agencies in Higher Education, 略称：INQAAHE）」のウェブ・サイトより。http://www.inqaahe.org/main/about-inqaahe（本章の内容および本章におけるインターネットのアドレスは2012年２月現在のものである。）
11) 1997年の教育大臣諮問に対する1998年の報告書、「高等教育の欧州モデルに向けて（Pour un modèle européen d'enseignement supérieur, 通称、アタリ報告（Attali et al.（1998））」は、フランスの学位・資格の構造が国際的な学位・資格の構造と一致しないと指摘した。
12) フランス大統領府、大学改革（La réforme de l'université）ウェブ・サイトより。http://www.elysee.fr/president/les-dossiers/enseignement-superieur/recherche/fiches-techniques/la-reforme-de-l-universite.5466.html
13) 修士課程修了により取得できる資格には Bac + 4 や Bac + 5 がある。日本では、就職時の採用等の判断基準となる学生の技能の水準は、中学校卒、高等学校卒、大学

卒、大学院修士卒等のように最終に修了した教育課程で表されることが多い。一方、フランスでは、高等教育への進学を認められるための試験（バカロレア（Baccalauréat）試験）において合格点を超えた時点でBac＋0の水準の資格を得る（当該試験の不合格者または不受験の者はsans Bacとして資格を保有しない者となる）。高等教育進学者はBac＋0の水準の資格取得後、例えば大学進学者の場合、一般教育課程、修士課程、博士課程を修了し取得する学士号、修士号、博士号の学位が、Bac＋3（学部卒）、Bac＋4等（修士相当）、Bac＋8（文系の博士相当）、Bac＋11（専門医の博士相当）等のどの水準に相当するかで表され、これが就職時等において外的に保証される資格となる。バカロレア試験で合格点を超え大学に入学したとしても、一般教育課程等の課程を修了し学位を取得しなければBac＋0の水準の資格保有者として職業生活に入ることになる。フランスの企業等組織は、最終の学校教育課程ではなく、学生が有する資格の水準がBacのどのレベルであるかで当該学生の技能の水準を見極め、採用等の判断基準とする。

14) 高等教育・研究省ウェブ・サイト「Les chiffres clés 2008 de l'Enseignement supérieur」より。
15) 「教育法典（Code de l'éducation）」L.731-14条。なお、私立の高等教育機関は、その名称に私立であることを明示する旨、規定されている（「教育法典」L.471-2条）。
16) 1984年「高等教育法」8第17条（「教育法典」L.613-1条）第1項。
17) 国民教育省によれば、バカロレア試験に合格したBac＋0資格保有者の8割は高等教育機関へ進学するという。バカロレア試験合格者数の推移を見ると、1988年は31.3万人、1989年は34.8万人、1990年は38.4万人と1989年、1990年ともに前年比10%超の伸びを示した。また、直近では52万人（前年比3.8%増、2009年）がバカロレア試験に合格している。当該合格者数は18歳人口の6割強を占めるという（Ministère de l'éducation nationale, de la jeunesse et de la vie associative (2010) より）。

なお、フランス下院文化・家族・社会保障委員会に提出された報告書によれば、大学生の数は1960年の228万人から2006年に1446万人と7倍弱に増加し、6人に1人が大学に在籍するようになったという（Assemblée Nationale (2007)）。（当該期間の総人口は1.3倍（4569万人から6138万人）、15歳から19歳の人口は1.4倍（278万人から391万人）に増加した（UN (2010))）。
18) Attali et al. (1998)
19) Assemblée Nationale (2007)
20) 日本の文部科学省によれば、フランスでは、「小学校では約4割の児童が1回以上留年」するという。また、「中学校でも6人に1人が留年という年」があるという（文部科学省 (2002a)）。
21) United Nations Educational, Scientific and Cultural Organization (UNESCO), Institute for Statistics, Data Centre. http://www.uis.unesco.org/Pages/default.aspx
22) 高等教育進学率を見ると、フランスは2000年の53.8%から2009年に54.5%へ上昇

した。また、アメリカは同68.7％から同89.1％へ、イギリスは同58.3％から同58.5％へ上昇した（UNESCO, Institute for Statistics, Data Centre より）。
23) Comité national d'évaluation.
24) La Technologie et l'innovation. 1997年の3大臣（国民教育・研究・技術大臣、経済・財政・産業大臣、経済・財政・産業省産業担当閣外大臣）の諮問に対する答申。1999年法制化（「イノベーションと研究に関する1999年7月12日の法律第99-587号」）（伊地知（2011））。
25) 「２．(3)欧州における高等教育強化に向けた動き」を参照されたい。以下、本項における欧州に係る政策措置については当該項を参照のこと。
26) Loi n 99-587 du 12 juillet 1999 sur l'innovation et la recherche.
27) Loi de programme pour la recherche.
28) Agence d'évaluation de la recherché et de l'enseignement supérieur.
29) Pôles de recherche et d'enseignement supérieur.
30) Réseaux thématiques de recherche avancée.
31) 「大統領・首相命令」（いわゆる「デクレ（Decret）」）第2009-293号。
32) Le Haut Conceil de la. Science de la Technologie.
33) 詳細は「２．(3)欧州における高等教育強化に向けた動き」を参照されたい。
34) "Bologna makes for a meatier degree," The Economist, February 15, 2005 (The Economist (2005))．
35) "The EU contribution to the European Higher Education Area," EU, March, 2010 (EU (2010))．
36) 当該憲章において、「大学が主導的に文化の継承を担うとは、すなわち、高等教育改革を意図するものである」とされた。当該憲章は欧州各国の大学学長等388名により署名された。
37) 「ソルボンヌ宣言」では次のように記されている。"today here in the Sorbonne,（略）a solemn opportunity to engage in the endeavour to create a European area of higher education"
38) 1999年に29カ国が署名。2001年プラハ会合にて4カ国、2003年ベルリン会合にて7カ国、2005年ノルウェー、ベルゲン会合にて5カ国、2007年ロンドン会合、2010年ブダペスト－ウィーン会合にて各々1カ国が加わり、2012年2月現在、47カ国が、「ボローニャ宣言」に基づく一連の教育改革である「ボローニャ・プロセス」に参加している。http://www.ond.vlaanderen.be/hogeronderwijs/bologna/
39) 2001年チェコのプラハ、2003年ドイツのベルリン、2005年ノルウェーのベルゲン、2007年イギリスのロンドン、2009年ベルギーのルーヴェン－ルーヴァン・ラ・ヌーヴ、2010年ハンガリーのブダペストおよびオーストリアのウィーンにて開催された。また、2012年4月にはルーマニアのブカレストにて開催予定である。
40) "The Bologna Declaration of 19 June 1999, Joint declaration of the European Ministers of Education."
41) EC (2000)．

42）「ボローニャ・プロセス」参加各国により、2001年から2009年までの2年おきに報告書が公表されている。http://www.ehea.info/article-details.aspx?ArticleId＝86
43）"Bologna Process Stocktaking Report 2007," Bologna Process, London 2007, May 2007.
44）「雇用可能性（Employability）」は「欧州高等教育圏構想を実現するための主要目的の1つ」とされている（欧州高等教育圏ウェブ・サイト（http://www.ehea.info/article-details.aspx?ArticleId＝16）より）。
45）"Bologna Follow-Up Group, Working Group". http://www.ehea.info
46）"The official Bologna Process website 2010-2012," http://www.ehea.info/article-details.aspx?ArticleId＝3
47）"Europe 2020 indicators（"Eorope 2020 targets"より。）http://epp.eurostat.ec.europa.eu/portal/page/portal/europe_2020_indicators/headline_indicators
　　http://ec.europa.eu/europe2020/pdf/targets_en.pdf
48）http://www.legifrance.gouv.fr/affichTexte.do?cidTexte＝JORFTEXT000000824315&dateTexte＝vig
49）白鳥（2010）。
50）鈴木（2011）によれば、1968年「高等教育の進路指導に関する法律」（通称：エドガー・フォール法）において初めて大学の自律性が規定され、また、1984年「高等教育に関する法律」（通称：サヴァリ法）では、高等教育は公的なものであるとの概念が示されたという。白鳥（2010）によれば、「教育法典（Code de l'éducation）」において、大学は「学術的・文化的・専門的性格を有する公共施設」であり、「法人格ならびに教育的・学術的・行政的・財政的自律性を享有する、高等教育および研究のための国家機関である」とされる。
51）鈴木（2011）。
52）鈴木（2011）。
53）日本学術振興会（2007b）。
54）日本学術振興会（2007b）。
55）30～60人から20～30人へ縮減することが規定された（同法第7条）。
56）学長選出選挙について、同法施行前は、運営評議会、学術評議会、研究・大学生活評議会の合同の選挙において過半数の票を得ることが必要であったが、同法第6条において、運営評議会のみの選挙において選出されることとなった。
57）学長は定年年齢が65歳である教授・准教授から選出されていたことから、学長の定年年齢も65歳とされていた。同法施行後は、教授・准教授の定年年齢は65歳に据え置くものの、学長の定年年齢は68歳とされた。
58）同法施行前は不可であった再選を、同法第6条において1回に限り可能とした。
59）学長候補者はフランス国籍を有する当該大学の教授または准教授に限られていたが、同法第6条において、国籍不問、教授、准教授に加え、研究員、客員、外部から招聘された教授・准教授、これらと同等をみなされる者と規定された。
60）「運営評議会」の委員の任期の4年に合わせ、学長の任期を5年から4年とした。

61) 「大学の自由と責任に関する法律」第19条第1項に、当該定めを「教育法典」L.954-1条として追加するとされた。
62) 詳細は「(3)教員に対する評価を通じた高等教育の質の保証」を参照されたい。
63) 鈴木（2011）。
64) 鈴木（2011）。
65) 日本学術振興会（2007b）。
66) 大場（2007）。
67) 「研究・高等教育評価機構（Agence d'évaluation de la recherché et de l'enseignement supérieur: AERES）」は、2006年「研究計画法（Loi de programme pour la recherche）」に基づき、2007年に設置された。それまでの、高等教育機関における活動全般の評価を担っていた大統領直属機関であった「大学評価委員会（Comité national d'évaluation: CNE）」、大学の研究活動、修士課程、博士課程の評価を担っていた国民教育省の機関である「科学技術教育調査室（Mission scientifique, technique et pédagogique: MSTP）」および「研究評価委員会（Conseil national de la recherché: CNR）」が統合したもの。
68) 白鳥（2010）より。なお、教員の評価は全国大学審議会（Conseil national des universités: CNU）が行っている。
69) AERESのウェブ・サイトより。
70) 2011年までは4年の期間ごとに評価が行われていた。しかしながら、4年目に評価が行われる場合、被評価機関は自己報告書の作成を3年目に行わなければならず、先の評価に基づく改善期間が実質2年間しかないことから、次の評価までの改善期間をより長期とするよう2012年から延長された。
71) "Synthèse de l'évaluation des établissements de la vague A," AERES web site, Publications, Documents about the agency, Evaluation summaries.
72) AERES web site, Publications, Evaluation Reports, Reports: access by list of evaluated institutions/organizations.
73) 白鳥（2010）より。
74) 「教育法典」L711-1条に追加された。
75) 例えば、2010-2011年に行われた応募者に対する審査では、2万1409件（複数の学問・研究領域へ応募する者があるため、人数は1万2675名）の応募に対し、1万718件（同8031名）が教授・准教授の候補者となった（高等教育・研究省（Ministère de l'enseignement supérieur et de la recherche（2011）））。
76) 大場（2003）。
77) 例えば、①1年間の学修期間で60単位（1単位は25～30時間）が取得できることを標準とする、②学生の評価に際し、単位数だけでなく評点を記録する等の基準が定められた。
78) 「欧州単位互換制度（European Credit Transfer System: ECTS）」は1988年に策定された。ECTSは、EU加盟国間の大学の連携強化等による人材育成・人材交流の枠組みである「大学生流動化欧州行動計画（いわゆる「エラスムス（ERASMUS:

第 2 章　フランスにおける高等教育の質の保証を通じた人材育成・活用　101

The European Community Action Scheme for the Mobility of University Students）計画」）」の一環として策定された。1987年に決定された当該計画は、欧州の経済力強化および加盟国間の緊密化の目標の下、①欧州における人的資源の確保、②欧州の競争力の向上、③大学間の協力関係の強化、④「欧州市民」との意識の醸成よる結束感の深化、⑤学卒者に対する欧州域内での協力事業への参加経験の蓄積を掲げた（文部科学省（2002b））。

79) 医学、歯学は 4 年から 6 年までの教育課程修了を要するものがあり、修了により「Bac＋9」から「Bac＋11」の資格を取得する。
80) 大場（2005a）。
81) 「研究・高等教育評価機構」の「LMD」実践に係る検証外の役割については、本章「3．(2)大学に対する評価と評価を通じた高等教育の質の保証」で先述した。
82) 大場（2005b）より。"Plan Université 2000."
83) 大場（2005b）より。1999年の「大学2000年計画」の終了に伴い2006年までの計画として策定された。"Plan Université du Troisième Millénaire."
84) Réseaux thématiques de recherche avancée（略称：RTRA）。
85) 日本学術振興会（2007a）。
86) Les pôles de recherche et d'enseignement supérieur（略称：PRES）。
87) Opération Campus.
88) 例えば、注 4 に先述したように、トムソン・ロイターが発表する「世界大学ランキング」は、論文引用数、大学教員の Ph. D. 取得割合等に基づき順位付けされる。他に、上海交通大学（Shanghai Jiao Tong University）が発表する「世界大学ランキング（"Academic Ranking of World Universities: ARWU"）」は、論文引用数に加え、自然科学系発表文献の革新性、ノーベル賞受賞数等に基づき順位付けされている。ちなみに、ARWU では、第 1 位はアメリカ・ハーバード大学。イギリスはケンブリッジ大学の第 5 位が最高位。フランスはパリ第11大学の第40位が最高位。日本は東京大学が第10位で最高位（Shanghai Jiao Tong University（2011））。
89) 注 4 に先述したように、フランスの大学がアメリカ、イギリスに比べ低位にある所以として、教育の質が劣るというよりも、「1968年の『高等教育基本法（いわゆる「フォール法」）』において、それまでの 1 大学区 1 大学の原則を改め、従来の学部よりも小規模な『教育研究単位』ごとに大学を細分化した構造的な事由の可能性もある」と指摘される（船守（2007））。
90) "The GIANT Innovation Campus (Grenoble Innovation for Advanced New Technologies Innovation Campus)" と称される。
91) "GIANT Innovation Campus" ウェブ・サイトより。http://www.giant-grenoble.org/
92) ノーベル物理学賞を受賞した George Smoot 氏（アメリカ・カリフォルニア大学教授）が、2010年以降、パリ第 7 大学で物理学を教授している。
93) 高等教育政策担当大統領補佐官 Bernard Belloc 氏からの聴取による。
94) AERES (2010), "Rapport d'évaluation de l'Université Paris 1 Panthéon-Sorbonne,"

p.11。
95) AERES (2009), "Evaluation des licences de l'Université Paris 1-Panthéon-Sorbonne," pp.3-5。
96) 被評価大学による AERES に対する返書は、「機関報告書」、「学士課程報告書」の各々の AERES 評価報告部分の後部に記されている。
97) 「大学学長会議（Conférence des présidents d'université: CPU）」副会長 Jean-Luc Nahel 氏（元ルーアン大学学長）からの聴取による。CPU は全国83の大学およびグランゼコール17校の学長が会員の組織（事務局は会長・副会長・理事長の執行委員3名、運営委員20名）。
98) 「ダモクレスの剣」とは、繁華を極めていると見られるものの中にあっても慢心してはいけないことの意味に用いられる。廷臣ダモクレスが王ディオニシオスに対しその幸福を称えたところ、王は天井から髪の毛1本で吊るされた剣の真下に置いた王座にダモクレスを座らせ、一見、栄耀と見える王位にも、その身辺にはつねに危険が潜んでいることを悟らせたという故事からの譬え（『大辞林』第3版より一部引用）。
99) 注97に同じ。
100) 大学教員の評価を担う「大学審議会（Conseil national des universités: CNU）」高等教育・人材サービス調査課長 Jean-pascal Bonhotal 氏、同人材募集・指導教育研究者管理部長 Claudine Mesclon 氏からの聴取による。
101) OECD 経済総局政策分析局マクロ経済政策課エコノミスト神陽介氏からの聴取による。
102) 高等教育政策担当大統領補佐官 Bernard Belloc 氏および CPU 副会長 Jean-Luc Nahel 氏（元ルーアン大学学長）からの聴取による。
103) 高等教育政策担当大統領補佐官 Bernard Belloc 氏からの聴取による。
104) CPU 副会長 Jean-Luc Nahel 氏（元ルーアン大学学長）からの聴取による。
105) European Commission (2008)、p.148。
106) European Commission (2008)、p.149。
107) 大場 (2009)。
108) 日本貿易振興機構 (2011b)。
109) 「交互教育の発展と経歴の保護のための法律」。公布は2011年7月28日、施行は同年7月31日。
110) 例えば、17歳以下1年目の者に対する月収313.57ユーロから21歳以上3年目の者に対する月収978.34ユーロまで、年齢・訓練従事年数に応じた額が支給される（日本貿易振興機構 (2007) より一部引用）。
111) 日本貿易振興機構 (2011a)。
112) 注109に同じ。

参考文献

伊地知寛博 (2011)「解説：イノベーションと研究に関する1999年7月12日の法律第

99-587号」国立国会図書館調査及び立法考査局「科学技術に関する調査プロジェクト　調査報告書」「科学技術政策の国際的な動向［資料編］」pp.99-102。
大場淳（2003）「フランスの大学における管理運営の変遷と自律性の発展—日本の国立大学法人化とフランスの契約政策の比較考察—」広島大学高等教育研究開発センター『大学論集』第33集（2002年度）2003年3月発行、pp.37-56。
―――（2005a）「欧州高等教育圏創設とフランスの対応—新しい学位構造（LMD）の導入を巡って—」広島大学高等教育研究開発センター『大学論集』第35集、平成17年3月発行、pp.171-192。
―――（2005b）「フランスの契約政策と全国大学評価委員会（CNE）—日本の国立大学法人化と大学評価との比較—」『日仏教育学会年報』第12号（2005年度版／平成18年発行）pp.18-36。
―――（2007）「世界の教育事情『高等教育機関の評価』～フランス」日本教育新聞社『週刊教育資料』第966号、平成19年1月1-8日付、pp.14-15。
―――（2009）「フランスにおける博士教育制度の改革—LMD導入と博士学院の整備をめぐって—」『広島大学教育学研究科紀要』第3部（教育人間科学関連領域）第58号（平成21年12月25日発行）pp.283-292。
在日フランス大使館「LMD制度とフランスの高等教育機関の紹介」日本語版ウェブ・サイト．http://www.ambafrance-jp.org/spip.php?article3895
白鳥義彦（2010）「フランスの高等教育制度と大学の設置形態」国立大学財務・経営センター『研究報告』第13号（平成22年9月）「大学の設置形態に関する調査研究」第4章、pp.91-110。
人事院『公務員白書（年次報告書）平成15年度版』。
鈴木尊紘（2011）「フランスにおける大学自由責任法」国立国会図書館調査及び立法考査局『外国の立法』247（2011.3）pp.30-53。
日本学術振興会（2007a）「研究・高等教育拠点（PRES: Les pôles de recherche et d'enseignement superieur）（2007年2月22日）」『海外ニュース』2006年度、ストラスブール研究連絡センター。
―――（2007b）「大学の自由と責任法（Loi Libertes et responsabilites des universites）の国民議会における採択について（2007年8月14日）」『海外ニュース』2007年度、ストラスブール研究連絡センター。
―――（2008）「フランス国立大学改革の進展について（第1期自治独立20大学の採択）（2008年8月4日）」『海外ニュース』2008年度、ストラスブール研究連絡センター。
日本貿易振興機構（2007）「企業の自主的な取り組みが奏功～フランスの『実践型人材養成システム』」『ユーロトレンド』2007年7月号、Report 5。
―――（2011a）「サルコジ大統領、若年失業者の雇用促進策を発表」『通商弘報』フランス、2011年3月11日。
―――（2011b）「若年失業者の雇用促進策を強化」『通商弘報』フランス、2011年8月19日。

船守美穂（2007）「フランス『研究・高等教育拠点（PRES）』形成の動向」東京大学国際連携本部国際企画部調査報告書『世界の有力大学の国際化の動向』pp. 246-255．
文部科学省（2002a）「平成14年度　文部科学白書」第1部第5章第4節．
―――（2002b）「エラスムス計画」中央教育審議会大学分科会留学生部会（第1回）「留学生交流関係施策の現状等について（資料編）」資料2-7．
Agence d'évaluation de la recherché et de l'enseignement supérieur（AERES），Web site.
――― (2009) "Evaluation des licences de l'Université Paris 1-Panthéon-Sorbonne."
――― (2010) "Rapport d'évaluation de l'Université Paris 1 Panthéon-Sorbonne."
Assemblée Nationale (2007) "Au nom de la Commission des affaires culturelles, familiales et sociales sur le projet de loi, adopté par le sénat aprés déclaration d'urgence, relatif aux libertés et responsabilités des universités," Assemblée Nationale Rappot, No. 80.
Attali, J., et al. (1998)"Pour un modèle européen d'enseignement supérieur."
Eurofound (2010) "Working poor in Europe," p. 30.
European Commission (EC) (2000) "Towards a European research area," Brussels, 18. 1. 2000, COM (2000) 6 final.
――― (2008) "PROGRESS TOWARDS THE LISBON OBJECTIVES IN EDUCATION AND TRANING," Indicators and benchmarks, Commission staff working document.
European Union (EU) (1999) "The Bologna Declaration of 19 June 1999, Joint declaration of the European Ministers of Education."
――― (2007) "Bologna Process Stocktaking Report 2007," Bologna Process, London 2007.
――― (2010) "The EU contribution to the European Higher Education Area," March 2010, European Union, Education and Culture DG(Directorate-General).
Eurostat, Web site.
Ministère de l'éducation nationale, de la jeunesse et de la vie associative (2010) "Baccalauréat 2010."
Ministère de l'enseignement supérieur et de la recherche (2008) "Les chiffres clés 2008 de l'Enseignement supérieur," Web site.
――― (2011) "Etude de la promotion 2011 des qualifiés aux fonctions de maître de conférences et de professeur des universités."
Présidence de la republique, Web site, La réforme de l'université.
Shanghai Jiao Tong University (2011) "Academic Ranking of World Universities."
The Economist (2005) "Bologna makes for a meatier degree," February 15, 2005.
Thomson Reuters (2012) "Times Higher Education World University Rankings 2011-2012."
United Nations (UN) (2010) "World Population Prospects, the 2010 Revision," Data Online.

United Nations Educational, Scientific and Cultural Organization (UNESCO) (1997)
　"International Standard Classification of Education: ISCED 1997."
　――――, Institute for Statistics, Data Centre.

第3章　韓国における「グローバル化に対応した人材」の育成政策とその枠組み：教育政策の考察を中心に

有田　伸

1．はじめに

　韓国では近年、「グローバル化に対応した人材」の育成のために、特徴的な教育政策が矢継ぎ早に立案され、施行されている。これらの教育政策の基本方針は1990年代半ばに形作られたものではあるが、それが非常に特徴的、かつ大胆な形で実現されはじめたのは、やはり韓国が通貨危機を経験した1997年以降であったと言えるだろう。通貨危機により、大手財閥企業の倒産や大量失業など、それまで経験したことのない国家経済の「激震」を経験した後の韓国は、グローバル化による激しい国際競争の中で自国がいかにして生き残っていくか、その道を必死で模索せざるを得なかった。そしてこの目的のために、人材の育成に関してもこれまで以上にラディカルで大胆な政策がとられるようになった。

　本稿で見ていく政策も、基本的にはこのような流れの中で生み出されたものである。そのためそれらの根底には「熾烈な国際競争における国家の生き残り」を賭けた強い危機感が見て取れる。しかしその一方、本稿で確認していくように、これらの人材育成政策の具体的な中身は、韓国の教育システムの基本構造や、さまざまな社会経済的背景条件に規定されつつ形作られている部分が大きい。またそれらの政策がもたらしている帰結に対しても、韓国独自の文脈が少なからぬ影響を及ぼしている。韓国におけるグローバル化人材育成のための諸政策を1つの参考事例として眺める際には、これらの背景条件に対しても十分な注意を払うことが必要となるだろう。

本稿ではこのような観点から、1990年代以降の韓国における「グローバル化に対応した人材の育成」のための諸政策とそれらの枠組みを、背景となる教育システムのあり方や社会経済的条件をも考慮しつつ概観していく。グローバル化人材育成に関連する政策は、社会のさまざまな領域において立案・施行されているものの、本稿では主に教育政策にその焦点を絞る。具体的にはまず、これらの諸政策の基調となっている「5.31教育改革方案」について確認した後、経済危機後に履行された諸政策のうち特徴的なものをいくつか取り上げ、その内容を詳細に検討する。

2．人材育成政策の基調としての「5.31教育改革方案」

国土が小さく、天然資源にもさほど恵まれていない韓国は、1960年代に本格的な経済開発に乗り出して以来、唯一保有する資源とも言い得る「人的資源」の開発に大きく力を注いできた。このため歴代の政権はいずれも教育政策に強い関心を払ってきたのであるが、その中でも韓国におけるグローバル化と人材育成の問題を論じる上で特に重要であるのが、金泳三政権期の1995年に発表された「世界化・情報化時代を主導する新教育体制樹立のための教育改革方案」である。発表日にちなんで「5.31教育改革方案」と称されるこの文書は、大統領諮問の教育改革委員会の手により作成されたものであり、グローバル化と情報化という２つの新時代の潮流に対応し得る人材を育成していくための教育体制改革がその主たる内容となっている。まずは、その後の教育政策の基調となったこの報告書の内容を簡単に検討することで、韓国がいかなる方向においてグローバル化に対応した人材育成を目指しているのかを確認しておこう。

新教育体制構築の背景が説明される本報告書の冒頭節では、これまでの、そして目前の産業構造の変化とそこにおける韓国のポジションについてきわめて大きな枠組みから、以下のように論じられる。

> 現在われわれの目前に近づいている変化は、20世紀から21世紀へと移り行く単純な世紀の変化ではない。この変化は文明史的な変化なのである。われわれがこれまで経験してきた文明は「産業文明」であった。農耕文明

に続いて出現したこの産業文明の挑戦に、適切に対応できず、歴史の敗者となってしまったつらい経験をわれわれは持っている。今徐々にその姿を現し始めている新しい文明は「情報化社会」「知識社会」という言葉で表現されるものである。われわれがこれから緊褌一番、全力で対処しなければならないのが、まさにこの新しい形の文明なのである[1]。

そしてこの「情報化」とともに、国家的な対処が必要なもう1つの重要な時代の潮流が「グローバル化（世界化）」である。この報告書では続いて「(韓国の)世界化戦略は、このような歴史的な大転換に対応して設計された国家生存戦略であり、発展戦略である。このような新しい文明と時代の挑戦に適合する対応策を準備できなければ、われわれは歴史の落後者となるほかないのである[2]」と述べられるのである。

この報告書が世に出されたのは、韓国が1997年の通貨危機を迎える前の時期である。当時の韓国はアジアNIESの一員として持続的な経済成長を果たしており、その翌年にはOECDに加盟するなど、国際社会におけるポジションはそれほどネガティブなものではなかったといえる。にもかかわらず、この報告書では「歴史の敗者」という表現が使われるほどに厳しい自己認識がなされているのである。このような自己認識は、単に数年、あるいは十数年来の韓国のポジションに対するものではなく、産業革命以後、さらには帝国主義と植民地獲得競争以後今日に至るまでの国際関係における自国の位置づけを百年単位の長いスパンにおいて「総括」した結果であるものと位置づけられよう。そのような長いスパンで見た場合、目前の情報化とグローバル化という時代の変化は、産業化が遅れ「歴史の敗者」となってしまった、というこれまでの競争の結果を一気に挽回できるほどに大きな変化なのであり、まさに現在姿を現そうとしている新たな体制に一刻も早く順応し、「新たな競争のラウンド」において有利な立場に立つ、というのがこの「5.31教育改革方案」、そして韓国におけるその後の人材育成政策の根底に存在する世界観であり、国家戦略だと言える。

このような目的のために、当然ながら、教育は非常に重要な役割を果たすこととなる。この報告書では引き続き以下のように述べられる。

情報化社会、知識社会は情報と知識が社会を動かす原動力となる社会である。したがって、新しい科学技術、新しい知識、そして新しい文化の創造力こそが、到来する未来社会においてもっとも決定的な要素とならざるを得ない。社会と国家の力と富、個人の生活水準は、技術、情報、知識、文化など知的資産の水準によって決定される。そして、このような国民の知的能力を開発するのが、まさに教育なのである[3]。

国家の競争力を高めるためには、教育を通じて国民の知的能力を高めねばならず、このために適切な教育体制を構築することが必要である、というのがそのロジックである。

　この報告書では、もちろんながら、グローバル化と教育との関係についても多くの記述と提言がなされている。グローバル化が進むとともに「今や国境という保護膜の中に安住して形成されたこれまでの発想、制度的枠組み、慣行をもってしては生存が難しい新たな世界がやってきた[4]」と述べられる。そしてこのような新たな時代に対処するために教育体制も、①暗記中心の教育から創意性中心の教育へと転換することで世界的水準への質的跳躍を果たし、②自分らしさを忘れずに他国の人々と調和的に暮らしていくために、韓国固有の伝統文化に対する教育的関心と努力を高め、③国際的な意志疎通能力を高めるため、全国民が少なくとも１つの外国語を駆使できるよう外国語教育、ならびに国際理解教育を強化し、④中央から地方への権限の移譲を通じて教育の場において自律と分権の原理を実践するよう改編されなければならない、と述べられるのである[5]。

　これらの目的を達成するために、教育改革委員会が提示した改革の具体的な方策の内容は多岐に渡る。その内容を項目別に簡単にまとめたものが図表３－１である。これらの多くはその後実行に移されていくが、次に述べるように、通貨危機という大きなショックを経て、きわめてラディカルな形で実現されたものもある。以降、通貨危機後に策定された「国家人的資源開発基本計画」について概観した後、英才教育、外国語教育、生涯職業教育の３つの領域に焦点を絞り、それらの具体的なあり方をみていくこととしたい。

図表3-1 「5.31教育改革方案」に示された具体的な改革策

	課題	具体的方策
1	<u>開かれた教育社会、生涯学習社会基盤の構築</u>	単位銀行制、学校の生涯教育機能拡大、パートタイム学生登録、教育プログラムの多様化、大学・高校の転・編入学許容、最少専攻認定単位制（複数専攻）、農漁村の「教育の場」化、女性・老人の再教育機会拡大、成人学習者の多様な教育欲求受容、遠隔教育支援体制構築、新しい大学のモデル運営、国家マルチメディア教育支援センター設立、教育情報化推進委員会構成
2	大学の多様化と特性化	大学モデルの多様化と特性化、世界化・情報化専門要員養成のための単科専門大学院設置、大学設立認可制から準則主義への転換、大学定員・学事運営の自律化、研究の世界化、先端学術情報センター設立、大学評価・財政支援連携強化、国際関係専門マンパワー養成、外国人留学生政策改善、高等教育機関の海外進出支援、韓国文化アイデンティティ確立
3	初・中等教育の自律的運営のための「学校共同体」構築	「学校運営委員会」設置、「学校長招聘制」モデル設置、「教師招聘制」モデル実施
4	人性・創意性を涵養する教育課程	学校級別人性教育実施、人性教育方法の改善、青少年修練活動と奉仕活動の「総合生活記録簿」への反映強化、幼児教育における人性教育強化、家庭教育との連携強化、マスコミの教育的機能強化、教育課程の改善、「教育課程特別委員会」設置、教育課程運営の多様化、基礎学力教育強化、教科書政策改善、自己主導的学習能力向上、個別化学習の強化、個人の興味と適性を考慮した教育、放課後教育活動活性化、<u>特殊教育と英才教育の強化</u>、世界化教育実施、<u>外国語教育の強化</u>
5	国民の苦痛を減らす大学入学制度	国・公立大学の学生選抜制度改善、私立大学の学生選抜制度改善、進学情報センター運営、「総合生活記録簿制」導入
6	学習者の多様な個性を尊重する初・中等教育運営	高校類型の多様化、芸術教育の特性化、教育条件の改善と上方均質化、評価と行財政支援連携による教育の質向上、小学校入学年齢の弾力的運営、中学選択権付与、特殊目的学校学生選抜方式改善
7	教育供給者に対する評価と支援体制構築	「規制緩和委員会」設置運営、「教育課程評価院」設置運営
8	品位あり有能な教員育成	教員養成機関教育課程改編、教員任用制度の改善、教員研修強化、教員の研修機関選択権付与、能力中心の昇進体系準備、仕事の量と困難さに応じた報酬の差異化、特別研究教師制導入、教科別または学年別研究室拡充、教務室事務自動化、フレックス出退勤制、校長名誉退職制の実施
9	教育財政GNP5％確保	教育財政GNP5％確保、教育投資所要額推定

(注) 下線は本稿でとりあげる個別課題。
(出所) 教育改革委員会（1995）p.12-27より作成。

3．英才教育の推進

(1) 通貨危機による混乱と人的資源開発計画

　1997年に発生したアジア通貨危機は、韓国の経済と社会にきわめて大きな混乱をもたらした。外貨の急激な流出と通貨安は、企業の大量倒産と大量失業を招き、ついには IMF による緊急融資を受け入れるまでに至った。韓国経済は破綻寸前の状態にまで陥ったのであり、これはまさに「朝鮮戦争以来の国難」と位置づけられる事態であった。またその後も IMF のコンディショナリティを実施する過程で、「整理解雇の法制化」をはじめとする労働市場の流動化政策や、企業の統廃合やそれに伴う大胆なリストラが実行され、雇用の安定性は大きく低下し、人々の生活にも甚大な影響が生じた。特に企業における壮年社員に対する退職圧力は強く、「通貨危機によって『生涯の職場』という観念は消え失せてしまった」と嘆かれるほどであった。

　このような未曾有の経済危機は、人々の社会・経済認識にも大きな影響を与えた。石川が指摘するように、「経済発展がこれまでどおり続くものと信じていた韓国国民は、それがもはや世界との激しい競争なしには成し遂げられないものであることを理解するに至った」のであり、同時に「この出来事は、自分たちが世界に伍していくために有する資源は唯一、人的資源のみであることを国民に強く再認識させる契機となった[6]」のである。

　実際、通貨危機後の韓国政府は、人的資源の開発に一層の努力を傾けた。これを象徴的に示すのが、「教育部」の「教育人的資源部」への改編であろう。それまでの教育政策の担当省庁であった教育部（さらに以前は文教部）が、2001年に教育人的資源部へと改編され、各省庁に分散していた人的資源開発政策の企画・総括・統制機能を一括して担うこととなり、さらに教育部の長官は、自動的に副総理を兼ねることとされたのである（キムヨンチョル(2007)）。

　このような流れの中で、2001年12月、韓国政府によって「国家人的資源開発基本計画」が発表された。この計画の副題は「人、知識、そして跳躍」となっており、その序文には次のように述べられている。

第3章　韓国における「グローバル化に対応した人材」の育成政策とその枠組み：教育政策の考察を中心に　113

　　21世紀の知識基盤社会において、国家の競争力はその国が保有する人的資源の水準にかかっています。知識を創意的に習得し、活用できる有能な人的資源をどれだけ効率的に開発し、活用するかによって私たちの未来が決定されるのです。(中略) 人と知識の開発と活用を通じた新たな跳躍を目標とする本計画が成功的に実施されるならば、わが国は21世紀をリードする人的資源強国、知識強国としてそびえ立つことでしょう[7]。

このような序文からも、人的資源開発政策の主要な目的が国家競争力強化にあることが容易に理解できる。またこのような努力が必要な理由として「世界のすべての国々がこのような（著者注：知識基盤社会の）変化の波に対応するために全力を尽くしている[8]」と、国家間競争の激化という背景条件の重要性が指摘されるのである。

　この報告書において特徴的であるのは、このような人的資源の開発と活用のために、政府自身が国家的次元でのビジョンの提示と戦略の樹立を行っていくことの必要性が強く意識されている点である。実際、この報告書では人的資源開発とそれを通じた国家競争力の強化のビジョンが、韓国政府によって、かなり踏み込んだ形で示されている。その一例が、重点的な産業育成分野の提示であろう。この計画では、情報技術（IT）、バイオテクノロジー（BT）、ナノテクノロジー（NT）などの「国家戦略分野[9]」に対する国家的な次元における戦略的投資の重要性が指摘され、これらの「21世紀の韓国経済の成長と発展を牽引する戦略分野の知識・技術開発およびこれを支える人的資源の体系的な要請と管理のための国家的次元における政策推進と支援体制確立[10]」が追求されているのである。また、これらの国家戦略分野における優秀な人材の育成のために、当該分野の大学生に対する奨学金制度の導入・拡充や、この分野のマンパワーに対する兵役免除措置の拡大が提言されており、さらにこれらの国家戦略分野における中・長期的なマンパワー需給の展望を科学技術部（当時）が統括して行う、という方針も示されている。このように、政府が人的資源開発を通じた国家競争力強化の方針を打ち出すのみならず、具体的な産業分野まで指定してビジョンを描き、その実現のためにさまざまな政策的関与を行っていることがうかがえるのである[11]。

(2) 英才教育の推進

　通貨危機後の韓国における人的資源開発政策の内、もっとも特徴的なものの1つが「英才教育の推進」である。情報化・グローバル化が進む国際社会における国家競争力の強化のために、韓国では、ごく一部の優秀な「英才」を国家的に育成し、それによって自国の科学技術水準の向上を狙う、という戦略がとられ始めたのである。前述の「5.31教育改革方案」(1995年) にも確かに「特殊教育と英才教育の強化」という項目が存在していたものの（図表3‐1参照）、英才教育に対する記述は、全38ページの報告書において「各分野別の英才を判別し得る科学的なメソッドを開発・適用し、英才を早期に発見するようにし、英才が英才としての教育を受けられるよう正規の学校内の英才教育と英才教育機関を通じた英才教育を活性化し、研究所または大学における『英才研究センター』の設置・運営を支援する[12]」とわずか3行程度にとどまっていた。それが通貨危機後に出された「国家人的資源開発基本計画」(2001年) においては、「成長のための知識とマンパワー開発」と題された節において2ページにわたり英才教育の必要性とその具体的な推進方策について論じられており、その比重が大きく上昇していることがわかる。通貨危機とその後の経済社会的混乱を経る中で、「1人の英才が数百万の人々を養っていくことができる[13]」という国家経済にとっての英才の意義がより切実に認識されるようになった結果と考えられる。

　このような英才教育の推進のために、「英才教育振興法」という法律まで定められた (2000年制定、2002年実施)。確かに韓国は、以前より初等・中等教育における「飛び級」を認めるなど、すぐれた素質をもった児童・生徒の特別教育には熱心な社会であった。そのような素地の上に、この「英才教育振興法」が正式に定められたことにより、一層体系的、かつ集中的に英才教育が行われるようになったのである。この法の第1条は次のように目的を定めているが、ここからも英才教育の目的が、人的資源開発による国家競争力の強化にあることが容易にみてとれる。

　　この法は（中略）才能の優れたものを早期に発掘し、能力と素質に合った教育を実施することで、個人の生まれつきの潜在力を開発し、個人の自

己実現をはかるとともに、国家と社会の発展に貢献することを目的とする。(英才教育振興法第１条)

本法の施行後、英才教育を行うための具体的な枠組みが急ピッチで整備された。今日の韓国において英才教育を実際に担っているのは、「英才学校」「英才学級」「英才教育院」の３つの機関である（図表３-２参照）。基本的には、小学生から教育対象となり、機関数も多い（ただし放課後や長期休業中など正規の授業時間外に教育を行う）「英才学級」と「英才教育院」においてより幅広く英才教育を行い、その後さらに選りすぐられた者を高校段階の独立した英才教育機関である「英才学校」に入学させ、より特化した英才教育を行う、という体系となっている。

英才学校は、現在韓国全土に４校が存在する。2012年度の募集定員は４校合わせて480名ほどである[14]。今日の韓国では、中高生世代の１学年の人口規模が約30万名程度であることから、対象学齢人口のわずか0.01～0.02％のみが英才学校に進学することになる。これら４校の英才学校は、以前よりエリート教育を行っていた科学高校から転換されたものであるが、英才学校として認められたことにより、「初・中等教育法」の規定の対象外となり、入学生の選抜や入学後の教育課程編成などをより自由に行うことが可能となっている。

韓国の英才教育は、基本的には理工系分野に集中して行われている。これは

図表３-２　英才教育の体系

区分	英才学校	英才学級	英才教育院
運営主体	教育科学技術部、市・道教育庁	各学校	関連部署、市・道教育庁、地域教育庁など
対象学生	高校生	小学生・中学生・高校生	小学生・中学生・高校生
教育期間	全日制	放課後、長期休業中	放課後、長期休業中
特徴	・正規教育課程 ・全国に４校 ・専門分野の教育に特化	・主に各学校が運営 ・週２～４時間程度の授業	・市・道教育庁や大学等が運営 ・年間授業時間は多様だが、概して70～150時間程度

(出所)　コヒョンイル（2007）p.15、石川（2011）p.152より作成。

前述の国家戦略分野における競争力の強化という目的が英才教育の裏面に存在しているためでもあるが、さらには、韓国では学生の理工系離れが進んでおり、優秀な学生は法学や医学などの分野に進みがちであることも、その背景状況として作用している（大韓民国政府（2001））。

　実際の英才学校における教育課程も、理工系科目を中心としたものとなっている。韓国初の英才学校である「韓国科学英才学校」のカリキュラムをみると[15]、「全人格教育」のための普通教科にこそ国語や社会のような文系科目が含まれているものの、「潜在能力の開発」を目的とする専門教科は、数学、物理、科学、生物、地球科学、情報科学の理工系科目のみとなっている。これらの専門教科では大学水準の内容まで教えられ、さらにグループ単位で行う自主研究や卒業研究論文までカリキュラムには含まれる。また同校では徹底した少人数教育が行われており、外部の大学教授の指導を受けながら研究を進める「R&E（Research & Education）プログラム」などが実施されるなど、高校水準においてすでに大学レベルの教育体制が準備されている。同校の卒業生は、これも理工系分野の研究拡充のために国策として設立されたKAIST（韓国科学技術院）の学士課程に優先的に進学できるが、これ以外にもソウル大学などの有名大学に多数の卒業生が進学している。

　以上のように、通常の高校では考えられないほどの恵まれた教育環境を享受することができ、また卒業生の進学実績も華々しい英才学校への進学機会は、当然ながら、教育熱・進学熱の高い韓国社会において垂涎の的となる。英才学校の入学者選抜[16]の競争率は毎年十数倍にのぼっており、また事実上英才学校入学のための準備コースともなりつつある英才教育院への入学競争も熾烈になってきている。新聞記事によれば最近では「子どもを英才教育院に入れるための月100〜200万ウォン（7万円〜14万円）ほどの個人家庭教師が存在するほど」であるという[17]。英才教育の本来の趣旨が、社会の側の高い教育熱によってゆがめられている事例ととらえられるだろう。

　韓国社会の高い教育熱が英才教育実施体制に及ぼしている同種の影響は、各学校における「英才学級」の運営にも認められる。各学校における英才教育は、本来ならば放課後や長期休業中ではなく、通常の正規授業の一環として行われてもよいはずである。しかし通常の小・中・高校の正規授業において能力

差に基づいたクラス編成を行い、一部の優秀な児童・生徒のみに恵まれた教育を施す場合、わが子が英才学級に振り分けられることを強く望む父母らの間で「誰が、どのような方法を通じて英才学級に振り分けられるか」をめぐって激しい騒動が生じるのは必定である[18]。各学校での英才学級を正規の授業外に行わざるを得ないのは、このような騒動を避けるための苦肉の策ともいえる。

4．外国語教育の拡充と英語教育熱

　今日の韓国における「グローバル化に対応した人材育成」のための重要な教育政策として、さらに、外国語教育の拡充政策を挙げることができる。前述の「5.31教育改革方案」においても「外国語教育の強化」という方針が示され、具体的には「外国語教育内容の改善」（文法中心から会話中心へ、英語による英語授業の実施など）、「外国語支援体制の改善」（外国人教員の積極的活用、外国語教員の研修機会拡大など）、「外国語教育機会の拡大」（小学校における英語授業開始、高校における第2外国語授業拡大など）という目標が提示された[19]。韓国では、プラクティカルな英語運用能力の涵養という方向に外国語教育の舵が切られ始めたと言えるだろう。このような方針を受け、実際1997年度より小学校（3年生以上）での英語教育が開始され[20]、ネイティブ教員による授業も一貫して拡充され続けている。

　2001年の「国家人的資源開発基本計画」においても外国語教育の強化が重要目標として示されている。この計画では、初・中等教育段階において「すべての学生の外国語・情報化能力が、少なくとも国家の求める最低限の水準に到達するよう学校の責任を強化し、国家による支援を拡大すること」が課題として示され、さらに「外国語・情報化に対する知識格差が縮小するよう、低所得層地域の学生に対する支援の強化」も打ち出されている[21]。英才教育がごく少数の生徒のみを対象としたものであるのに対して、外国語教育は対象学年の全生徒が受講し、あまねくその能力を向上されることが期待されており、生徒間での能力格差の縮小までもが重要な政策課題として想定されているのである。

　このような外国語能力育成に対する政府の積極的な姿勢は、韓国は国内市場が小さく、成長のために企業が否応なく国際市場を視野に入れた事業展開を行

わざるを得ないこと、さらに通貨危機後、国内企業が外国資本に売却され、外国語（特に英語）による意志疎通の必要性が急増したこと、などを背景とするものと言えよう。また特に外国語能力の格差縮小にまで言及しているのは、今日の韓国社会において「英語能力」が企業の採用過程等でも重視されており、人々の英語能力の水準が職業的な地位達成をも左右してしまう、という認識の反映であろう。実際、同計画の「専門大学および大学の職業教育力量強化」という項目においては、「就業斡旋および支援体制の拡充」の重要性が指摘されているが、その具体的な方策の1つが「外国語・情報化教育など学生の就業能力向上のための教育課程および教育プログラム設置・運営を誘導すること」とされている。外国語能力を高めることが卒業生の就業可能性を高める、という認識を韓国政府自身も持っているのである。

　実際、韓国では大学生の新卒採用過程において、TOEIC等の英語能力試験の点数が重視されるものと一般に考えられており、将来の就職や地位達成のため英語学習にきわめて多くの時間と努力が費やされるケースが多い。また「英語漬け」の環境において英語コミュニケーション能力を高めるために、海外で長・短期の語学研修を受ける学生数も急増している。このような海外での語学学習熱は、近年では大学生のみならず高校生や中学生、さらには小学生にまで及んでおり、教育科学技術部の調査によれば2010年度には15万名余りが留学のために、また10万名ほどが語学研修のために韓国を出国したという[22]。韓国の人口が5000万人弱であることを考えると、老若男女を合わせ、国民の約200人に1人が留学・語学研修のために毎年海外へ出国している計算となる。

　しかし当然ながら、海外への留学・語学研修には多大な費用が必要となり、すべての学生・生徒がその機会を享受できるわけではない。英語習得が将来の地位達成にとって重要だと広く認識されている韓国社会において、このような出身家庭の費用負担能力の差による英語学習機会の格差、さらには英語能力の格差は、深刻な社会問題の素地となりかねない。

　このような観点から、英語学習機会の格差縮小を狙う韓国政府は、韓国内においてネイティブスピーカーらとの英語によるコミュニケーション機会を集中的に持つことのできる「英語体験プログラム」の実施を推進している。2005年に教育人的資源部によって発表された「英語教育活性化5カ年総合対策

（2006-2010）」では、英語教育の拡充のためのさまざまな対策が立てられているが、この内の1つが「英語体験プログラムの拡大」であり、地方教育庁や地方自治体に「生活体験中心の経験や活動を通して英語活用能力を伸長させる教育の場」としての英語体験学習センターの設置や、地方教育庁・学校単位での英語キャンプの実施拡大を求めている。またこれらの英語体験プログラムは、これまで同種の英語学習経験のない学生、あるいは低所得層子女の比率が高い学校を優先的に参加させることが求められており、英語学習機会格差の縮小がその目標として重視されていることがわかる（教育人的資源部（2005））。

「京畿英語村パジュキャンプ」はこのような政策目標に従い、2006年4月に京畿道がオープンさせたテーマパーク型の英語体験学習施設である（図表3-3参照）。西洋風の街路と建物で構成されたこのキャンプでは、「入国審査（入園手続き）」をはじめ、買い物、食事、体験型ワークショップなどすべてのアクティビティが主にネイティブスピーカーとの間で英語によってなされ、英語圏における生活の体験とともに、英語によるコミュニケーション能力の向上が目指されている。また同キャンプは小学生から高校生までを対象とした数日間

図表3-3　京畿英語村パジュキャンプHP

（出所）　http://www.english-village.or.kr/eng/engintro/engoverview/engoverview.cms

の滞在型の英語教育プログラムを実施しており、さらには1カ月間の中学・高校英語教員の再教育や、大学・民間企業からの委託教育プログラムなども設けている。

同キャンプのホームページでは、「世界の中の京畿道―グローバル人材の養成」というキャッチフレーズとともに、「海外に行かずとも多様な英語圏文化を体験・習得することができ、海外英語研修と早期留学に伴う外貨浪費の抑制と、私教育費の節減に貢献しています[23]」と同キャンプの意義がうたわれている。「グローバル化に対応した人材の養成」のため国民の外国語能力涵養が課題となっていると同時に、その一方で社会の側の英語学習熱が過熱し、海外英語研修と早期留学の急増がさまざまな副作用を生んでいる韓国の現状がうかがえよう。

5．生涯職業教育実施の試み

グローバル化・情報化時代への対応を目指した「5.31教育改革方案」においては、青少年に対する教育のみならず、成人の再教育機会の必要性も強調されている。この方案では「情報と知識の生産と消滅が急速な情報化社会においては、新しい情報と知識を絶え間なく再充填することなしに、一度受けた教育だけで十分に成功的な人生を歩むことはできない。したがって成人のための再教育は切実な要求事項とならざるを得ない[24]」と、生産活動に必要な知識や技能が急速に変化する時代において、すでに労働市場に参入している労働力も継続的に職業教育を受ける必要があるものとされている。

韓国では、このような「リカレント職業教育」を行う上で、専門大学や4年制大学など正規の高等教育機関に対する期待が大きい（チョンテファ他（2009））。「国家人的資源開発基本計画」においては、「成人職業教育機会の画期的拡充」のために専門大学・4年制大学において週単位・月単位の成人職業教育課程を設置し、技術系専門学校、職業訓練施設、企業などと共同で運営することが求められており（大韓民国政府（2001））、また現在の生涯教育政策の指針となっている「生涯教育振興基本計画（2008-2012）」でも、「生涯学習中心大学を通じた成人前期・成人中期における生涯学習の内実化推進」ととも

に、「専門大学を活用した仕事場＝学習の連携強化」という方針が挙げられ、専門大学学生の成人（26歳以上）比率の向上が目指されている（教育科学技術部（2008））。

　元来、韓国では職業系高校のみならず、高等教育機関においても実践的な職業教育が行われてきた。その中心的役割を果たしたのが2-3年制の専門大学である。専門大学は実務と直結した教育・訓練を行う正規の高等教育機関であり、従来中堅技能マンパワーの育成を目的としたものであったが、産業技術の高度化の流れを受け、近年ではより技能・技術水準の高い専門職業人の育成へと力点をシフトしはじめている。専門大学が4年制大学へと転換するケースなどのため、専門大学の学生数は近年やや減少しはじめているとはいえ、それでも2011年の専門大学への入学者数は25万人程に達しており、通常の大学（4年制）入学者の36万人と比べてもかなりの規模にあると言える[25]。

　専門大学では、以前より産学間での連携が重視されており、企業からの委託を受けて従業員の再教育を行う「産業体委託教育」プログラムが実施されてきた。企業在職者の継続的教育（From Work to School）の活性化を目的として1994年に開始されたこのプログラムは、個別企業と専門大学との間の契約に基づいて、専門大学が昼・夜間の企業委託教育向けプログラムを編成し、一定数の契約企業の従業員を受け入れ、再教育を施すものである。年によって差はあるものの、このプログラムによって近年では毎年1万数千人から3万人程度の企業在職者が専門大学に入学し、技能・技術をさらに高めるための職業教育を受けている[26]。

　このほか専門大学では、社会人に対するより高度な職業教育を行うため、1～2年間の「専攻深化課程」を開設してもいる。これは専門大学卒業程度の学歴を持ち、企業等で1年以上の勤務経験を持つものを対象として、職務能力をさらに向上させるための再教育機会を提供するプログラムである。この専攻深化課程は1998年より運営されていたが、2007年の高等教育法改正に伴って、この専攻深化課程を修了したものは4年制大学卒業者と同等の学士学位を取得できるようになった。韓国では一般に学歴主義が強く、個々の企業においても専門大学卒業者と4年制卒業者との間で、報酬や処遇に大きな格差が存在していることが多い。このため、高校生が高等教育機関に進学する場合でも、職業教

育を中心とした専門大学よりもアカデミックな4年制大学の方が選好される傾向が強く、また専門大学に進学した場合でも、学士学位取得のため卒業後に4年制大学に編入し直すケースが見られる。専門大学において学士学位を取得できる専攻深化課程の設置は、専門大学に対する選好を高めることによる職業教育の強化と、またすでに就業している専門大卒者のリカレント職業教育の促進を狙ったものと位置づけられよう。

さらに専門大学における職業教育機能のさらなる強化の試みは、教育科学技術部が近年開始した「世界的水準の専門大学（WCC: World Class College）」育成プロジェクトにも認められる。これは4年制大学を対象に、韓国国内大学の研究・教育力を世界的水準に向上させることを目的として数年前より実施されていた「世界的水準の研究拠点大学（WCU: World Class University）」育成プロジェクトの専門大学版であり、「国内・外の企業の要求と技術変化を受容し得る教育条件を備え、継続的な成長可能性とグローバルな職業教育力量を備えた先導的な専門大学[27]」を育成することが目指されている。この事業では、各大学の教育条件や教育成果、財政の健全度、産学連携の水準などを基準として支援対象大学を選定し、対象大学に対して資金援助（さらには学生に対する奨学金支給枠の拡大）を行うことで、特定の専門大学における職業教育水準の大幅な向上が目指されている。

このWCC事業対象として選ばれた専門大学の総長らは、「専門大学が、青年就業問題のみならず、人生二毛作・三毛作への準備を手助けする生涯職業教育機関として生まれ変わらなければならない」と強調したという[28]。韓国において「人生二毛作」とは一般に、退職後にそれまでとは異なる活動に積極的に携わることでの第2の人生の充実を試みる姿勢を意味するが[29]、通貨危機以降の韓国では、一般に中高年社員に対する企業の退職圧力が強く、実際の退職者も多いことから、定年を待たずに退社した人々がその後それまでのキャリアとは異なる仕事に就く場合にもこの言葉が使われるようになっている。専門大学総長の前述の発言は、このような中途退職者が増えているという韓国社会の現状をふまえた上で、専門大学が中途退職者に対して職業教育を新たに授け直し、第2、第3の職業へとスムーズに移行できるよう支援していくことで、専門大学の役割を果たそうという意図として理解できる。この点で韓国の専門大

学が担っている生涯職業教育機能は、「情報化社会・知識基盤社会において職務遂行に必要な技能・技術が急速に変化していくためにそのキャッチアップが必要である」というだけでなく、雇用の不安定化が進み、職業キャリアの途中においてそれまでとは関連の薄い職種につくことが増えているために、より一層重要視されつつあるものと言えるだろう。

6．おわりに

　以上、韓国における「グローバル化に対応した人材育成」の基本方針といくつかの具体的な政策の内容について検討を加えてきた。この結果を日本の事例などと比較してみると、韓国の人材育成政策には、いくつかの重要な特徴を見出すことができるだろう。

　第1に、韓国におけるグローバル人材の育成が徹底した国家主導によってなされている、という点である。これは韓国では大統領制の下、大統領が強いリーダーシップを発揮しやすいためでもあり、「政府が青写真を描き、その実現のために集中的に予算を投じる」というスタイルは、朴正煕政権の経済開発政策以降引き継がれたものともいえる。ただ注意しなければならないのは、大統領の強いリーダーシップに基づく政策運営は、大統領の任期が終わり新しい大統領が就任すると政策内容が一変してしまいやすい、という点である。しかしながら5.31教育改革方案に示された「情報化・グローバル化時代に適合した人材育成」という政策の方向性は、その具体的なあり方には若干の変動があったものの、金泳三政権から金大中政権、盧武鉉政権、李明博政権へと政権自体の性格も大きく変化してきたにもかかわらず、基本的にはそのまま引き継がれてきた。「人的資源開発を通じた国家競争力の強化」という課題はこの間の韓国にとって疑う余地のないほど自明の課題であったため、と考えることもできるだろう。しかしこのように、韓国の教育政策は「国家競争力の強化」という政府目標に強くのっとったものとなっており、その代償として教育の「手段化」が進みがちであるという側面には留意する必要がある。

　第2に、韓国のグローバル人材育成は国家主導であると同時に、社会の側にも政府の政策に呼応する形で能力開発に積極的に取り組もうとする姿勢が広く

みられる、という点である。これは通貨危機とその後の社会経済的混乱を経る中で、国民の側もグローバル競争の激しさを痛感したためでもあるだろう。ただし、だからといってグローバル人材育成政策への社会の側の積極的対応は、政府側の「国家競争力の強化」という目的と必ずしも一致するものではないという点には注意したい。外国語教育を例にとってみると、韓国社会における人々の高い外国語学習熱は、将来韓国の企業に入社し、グローバル展開を通じてその競争力の強化に貢献しようとしてのものでは必ずしもない。例えば子女への、あるいは生徒・学生本人の高い英語学習熱は、将来欧米の大学や大学院に留学し、そのまま現地で就職し、場合によっては現地国の永住権や市民権を取得する、といった将来設計も少なからず意識されてのものと考えられるのである。この点で、韓国におけるグローバル化に向けた人材育成は、一見政府と国民の双方が同じ方向に走っているように見えるが、政府が国家の競争力強化を狙っているのに対し、国民の側は韓国という国家からの離脱自体をも視野に入れている可能性があり、この点で「同床異夢」の場合もあるものと考えられる。

　またもう1つ、政府が主導する人材育成政策に対する社会の側の積極的な対応は、韓国においてきわめて強い「教育を通じた地位達成意欲」のために、本来の趣旨からは形を変えてなされがちである点にも注意しておきたい。韓国政府が推進する「英才教育」も、本来は生まれついての優れた才能をもった児童・生徒の早期特別教育を目的とするものであるが、子女に少しでも良質の教育を受けさせようとする父母の熱意は、英才教育を受ける機会をめぐって熾烈な競争を生み出しており、そのための準備教育までなされるようになってきている。また大学生の英語教育も、大企業に入社するための英語能力試験の点数獲得競争へと形を変えつつあり、結局は試験対策に多くの時間が注がれる結果となっている。このように、グローバル化人材育成のための新たな試みも、人々の「地位達成のための努力」という回路を経由することで、結局は従来の入試競争、就職競争と同じ構図で展開されてしまいがちであり、はたしてそれが本当に「グローバル化に対応した人材育成」という当初の目的に合った結果を生み出しているのかについては、十分な検証が必要であろう。

　第3に、韓国における人材育成政策が、これまで韓国という国家がたどって

きた経路の「肯定」よりも、その「否定」により強く立脚したものであるという点である。このような傾向は通貨危機のショックを経ることで一層強まったものと考えられるが、このために今日韓国で追求されている人材育成政策は、基本的には、従来の政策の「継ぎ穂」というよりも、まったく新しい枠組みの上に立ったドラスティックなものとなっている。

　もちろんこのような性格をもった韓国の人材育成政策は、過去の実績に依拠することができないという点でその基盤が弱まらざるを得ず、さらにそれは政策の実現可能性に関してある種の「危うさ」を生みもする。例えば、数年前に世間をにぎわせた韓国人研究者によるES細胞論文捏造事件は、バイオテクノロジーという国家的戦略分野をリードし、世界的水準にまで韓国の研究水準を向上させることができる（そしてそれによって韓国の国家競争力を飛躍的に高めることができる）と信じられた一研究者に対する過剰な期待と過剰な投資が、その背景には存在していたのである。

　ただしその一方で、韓国の人材育成政策には「過去のしがらみ」を一切持たないために、非常に大胆な政策を追求することができる、という利点がある。また「これまでの否定」の上に立つ人材育成政策は、単に現在の体制を充足させるための人材育成ではなく、新たな体制を築き、それをリードしていく人材の育成が目指されるため、時代の一歩先を読んだ方向での立案が試みられることになる。このような方向での政策は、時代の変化に関する「読み」がうまく当たりさえすれば、その効果も非常に大きなものとなることが期待できる。

　以上のような特徴を持つ韓国の人材育成政策は、日本の人材育成政策の今後を考える上で、多くの示唆を与えてくれるものと思われる。もちろん背景状況がかなり異なっているために、まったく同じ政策を機械的に導入することには限界があるが、具体的な人材育成政策の基調やその枠組みに関しては、参考とすべき点が少なからずあるものと言えるだろう。

注
1）　教育改革委員会（1995）p.3。
2）　同上、p.3。
3）　同上、p.3。
4）　同上、p.5。

5） 同上、p.5。
6） 石川（2011）p.139。
7） 大韓民国政府（2001）p.i。
8） このような競争状況において知識の創出・活用に成功した国として、フィンランド、シンガポール、アイルランド、オランダなどが挙げられている（大韓民国政府（2001）p.1）。
9） このほか、航空宇宙技術（ST）、環境技術（ET）、文化技術（CT）が国家戦略分野と指定されている。このような重点的な育成分野の指定は「選択と集中」の原理にのっとったものと言えよう。
10） 大韓民国政府（2001）p.54。
11） またこの計画では個別領域ごとに主管部署と関連部署が定められており、各省庁が緊密な連携をとりながらこの「国家人的資源開発」という最重要課題に取り組むことが求められている。
12） 教育改革委員会（1995）p.20。
13） コヒョンイル（2007）p.13。
14） 『中央日報』2011年5月31日付記事。http://article.joinsmsn.com/news/article/article.asp?ctg＝12&Total_ID＝5566355/
15） 以下、韓国科学英才学校の学校運営に関する記述は、チョンチョンス（2007）、石川（2011）、ならびに同校ホームページ http://www.ksa.hs.kr/ を基にしている。
16） 韓国科学英才学校では、内申書・推薦書・自己紹介書などの書類審査、「創造的問題解決能力検査」、3泊4日の「キャンプ」を通じた生徒の能力・資質の総合評価の3段階からなる。
17） 『中央日報』2011年5月31日付記事。http://article.joinsmsn.com/news/article/article.asp?ctg＝12&Total_ID＝5566355/
18） その背景として、韓国では中学無試験入学制や人文系高校平準化措置などによって、中等教育修了段階に至るまで「できる限り生徒間で教育機会の差をつけないことが『教育の平等』である」という特徴的な教育機会の平等観がはぐくまれた点があげられる（有田（2006））。
19） 教育改革委員会（1995）p.20。
20） 開始時は3・4年生で週1時間、5・6年生で週2時間。近年の改正により、現在ではそれぞれ週1時間ずつ増えている。
21） 大韓民国政府（2001）p.34。
22） 『中央日報』2012年1月10日付記事。http://article.joinsmsn.com/brandnews/article/article.asp?total_id＝7101651&ctg＝2300
23） 同キャンプホームページより。http://www.english-village.or.kr/www/campintroduction/introduction/greeting/greeting.cms
24） 教育改革委員会（1995）p.4。
25） 『教育統計年報』2011年版より。
26） この産業体委託教育プログラムは、一社の従業員のために独自の教育課程を編成

する場合もあれば、複数の企業の従業員が合同で1つの教育課程に参加する場合もある（教育科学技術部（2010））。
27) 韓国専門大学協議会ホームページより。http://haksa.kcce.or.kr/bbs/board.php?bo_table = ad&wr_id = 16/
28) 『韓国経済新聞』2011年12月27日付記事。http://www.hankyung.com/news/app/newsview.php?aid = 2011122723391/
29) 高齢化社会の到来を迎え、崔ジェチョン・ソウル大教授が2005年に刊行した『あなたの人生を二毛作しなさい』（三星経済研究所）を受けて、韓国社会の流行語となった。

参考文献

有田伸（2006）『韓国の教育と社会階層―「学歴社会」への実証的アプローチ』東京大学出版会。
石川裕之（2011）『韓国の才能教育制度―その構造と機能』東信堂。
キムヨンチョル（김영철）（2007）「국가인적 자원정책 추진체제 개편과 향후 계획（国家人的資源政策推進体制改編と今後の計画）」『직업과 인력개발（職業とマンパワー開発）』2007年夏号、pp.34-43。
教育改革委員会（1995）『세계화 정보화 시대를 주도하는 신교육체제 수립을 위한 교육 개혁 방안（世界化・情報化時代を主導する新教育体制樹立のための教育改革方案）』教育改革委員会。
教育科学技術部（2008）『평생교육진흥기본계획（2008-2012）（生涯教育振興基本計画（2008-2012））』教育科学技術部。
─── （2010）『2011 학년도 전문대학 산업체 위탁교육 시행계획（2011学年度専門大学産業体委託教育試行計画）』教育科学技術部。
教育人的資源部（2005）「영어교육 활성화 5개년 종합대책（英語教育活性化5カ年総合対策）」教育人的資源部。
コヒョンイル（고형일）（2007）『영재교육 연계성 강화 방안 연구: 영재교육기관, 학교, 대학（英才教育連携性強化方案研究：英才教育機関、学校、大学）』韓国教育開発院。
大韓民国政府（2001）『국가인적자원개발기본계획: 사람, 지식 그리고 도약（国家人的資源開発基本計画：人、知識そして跳躍』大韓民国政府。
チョンチョンス（정천수）（2007）「한국과학영재학교의 교육과정은 어떨까?（韓国科学英才学校の教育課程はどうなっているのか?）」『교육정책포럼（教育政策フォーラム）』158、pp.12-15。
チョンテファ・チャンミョンヒ・パクドンヨル・キムヒョンス・キムチョルヒ・チェドンソン・ホヨンジュン（정태화・장명희・박동열・김현수・김철희・최동선・허영준）（2009）「평생직업교육-평생취업체제 구축（生涯職業教育－生涯就業体制の構築）」『직업과 인력개발（職業とマンパワー開発）』2009年春号、pp.31-54。

第Ⅱ部　職業教育・訓練のあり方

第4章 職業教育・専門教育の国際比較の視点からみた日本の人材育成の現状と課題

寺田盛紀

1. はじめに

　筆者は1990年代以降に限れば、「デュアルシステム」と呼ばれるドイツの中等教育段階の職業教育に関する研究[1]からはじめ、その後ドイツ人や欧米人との交流の必要からも日本の高校職業教育におけるカリキュラムや就職問題に関する実証的研究[2]に転じることになった。ここ数年はアメリカ、中国、韓国などの諸国を含めた多国間比較の視点からキャリア教育や高等職業教育を含め、主として学校・大学の人材育成全般の調査を行っている。

　職業教育（主に中等段階のそれをさすものとする）であれ、専門教育（大学における専門課程を含む広義の職業教育とする）であれ、それらはいずれも企業社会・労働市場と直に接する学校教育段階の人材育成であり、また多かれ少なかれ企業社会の関与なしには成立しない事柄でもある。本章では、就職前の職業教育や専門教育に絞って、わが国の人材育成のやや長い、10年間、20年間のスパンでみた現状（むしろ構造と言うべき側面）と課題について、一定の分析枠組みに従って明らかにしたい。

2. 職業教育の高等教育化と専門教育化

(1) 職業教育・専門教育の評価の指標

　筆者はかねてより、日独米中など諸外国の職業教育訓練の発展状況や制度構造を評価する指標として、「2つの歴史軸と4つの構造次元」なる枠組みを提

案している[3)]。まず、2つの歴史軸は、産業構造の変化・発展に対応した養成人材の業種・職種構成（農業・小規模商工業、工業化、情報化・サービス化）の軸であり、もう1つは職業教育の主要な教育機関（初等教育段階、中等教育段階、高等教育段階）という軸である。特に後者に関しては職業教育という概念自体が各国で意味内容が異なることに注意しなければならない。日本においてもそうであったが、中等教育前期段階の義務教育の達成自体が問題になっているような途上国（地域）では、中等学校前期段階やときに初等学校の最終段階での職業準備教育が問題になる。他方、後期中等教育から高等教育への進学がメジャーな国（大学のユニバーサル化の時期）には高等教育段階での職業教育（以下、高等職業教育）が1つの焦眉の急的な課題になる。

　職業教育や専門教育が規定されるこの2つの歴史軸からわが国の職業教育・専門教育の発展状況を俯瞰してみると、わが国の職業教育・専門教育は、明らかに産業・職業構造のソフト化・IT化、教育水準の高等教育拡大に反応している。産業・職業構造のソフト化・IT化との関係で言えば、近年の大学専門学部や高校専門学科（職業教育を主とする学科）の増設・改変は環境、福祉、情報、観光などの分野にシフトしつつある。

(2)　中等職業教育と高等職業教育の拡大へ

　では、その2つの歴史軸にかかわる職業教育の発展水準はどうであろうか。わが国の職業教育は中等段階に付着したものがメジャーなのか、あるいは高等教育段階に引き上がりつつあるのかを国際比較上の有用なOECD調査から見てみたい。

　図表4-1が示すように、日本の同一年齢層中の高等学校在籍率や卒業者率はポルトガル、フィンランド等に続き世界トップレベルである。しかし、職業プログラムを受けている者はわずか23％であり、最低レベルに位置する。他方、図表4-2が示すように、2009年だけを見ても、タイプAの高等教育機関（4年制大学）がOECD平均に近く約40.2％、そしてタイプB（短期高等教育機関）が26.2％であり、カナダに次いで世界最高レベルにある。つまり、専修学校・専門課程（いわゆる専門学校）、短期大学、高専などが高等教育の40％程度を占めていることになる。そのうち、タイプBの中では、専門学校が大

第4章　職業教育・専門教育の国際比較の視点からみた日本の人材育成の現状と課題　133

図表4-1　後期中等教育の卒業率（普通教育・職業教育別）

		Total (first-time graduates)				General programmes				Pre-vocational/vocational programmes				ISCED 3A[1]	ISCED 3B[1]	ISCED 3C (long)[1]	ISCED 3C (short)[1]
		M+W	of which <25 years	Men	Women	M+W	of which <25 years	Men	Women	M+W	of which <25 years	Men	Women	M+W	M+W	M+W	M+W
		(1)	(2)	(3)	(4)	(5)	(6)	(7)	(8)	(9)	(10)	(11)	(12)	(13)	(16)	(19)	(22)
OECD	Australia[3]	m	m	m	m	67	67	62	73	44	21	43	45	67	a	44	a
	Austria	m	m	m	m	18	18	14	22	74	69	85	63	18	53	1	20
	Belgium	m	m	m	m	37	m	32	42	70	m	64	77	61	a	20	26
	Canada[3]	79	75	75	83	76	74	72	81	3	1	4	2	76	a	3	a
	Chile	68	68	63	73	38	38	34	42	30	30	30	31	68	a	a	a
	Czech Republic	84	m	81	87	22	m	17	28	61	m	63	59	59	n	24	a
	Denmark	85	75	80	91	55	54	46	64	47	29	45	48	55	a	47	n
	Estonia	m	m	m	m	58	57	46	72	20	20	27	14	58	19	a	1
	Finland	95	84	92	98	48	47	39	56	94	50	89	100	95	a	a	a
	France	m	m	m	m	50	50	43	58	62	55	63	61	50	12	4	46
	Germany	84	m	85	83	39	m	35	44	45	m	50	40	39	44	a	1
	Greece	m	m	m	m	m	m	m	m	m	m	m	m	m	m	m	m
	Hungary	87	81	82	92	71	66	62	80	16	16	20	13	71	a	16	x(19)
	Iceland	89	68	79	98	68	59	56	80	54	32	59	50	64	2	37	19
	Ireland	91	90	89	94	70	68	70	69	62	48	48	76	96	a	6	30
	Israel	89	89	86	93	57	57	51	63	32	32	34	30	87	a	2	a
	Italy	81	m	78	84	35	m	25	46	59	m	66	52	73	1	a	19
	Japan	95	m	94	96	72	m	69	75	23	m	25	21	72	1	22	x(19)
	Korea	89	m	88	89	66	m	65	66	23	m	24	23	66	a	23	a
	Luxembourg	69	68	65	74	28	28	24	34	43	42	44	42	41	9	20	2
	Mexico	45	45	41	49	42	41	38	45	4	3	4	4	42	a	4	a
	Netherlands	m	m	m	m	39	39	36	42	71	58	71	70	66	a	44	a
	New Zealand	90	77	85	95	77	71	72	82	49	19	43	54	66	14	34	11
	Norway	91	78	87	96	60	58	49	72	38	23	46	29	60	a	38	m
	Poland	85	84	80	89	55	52	43	68	35	35	44	27	77	a	13	a
	Portugal	96	63	86	107	65	38	57	74	31	25	29	33	x(1)	x(1)	x(1)	x(1)
	Slovak Republic	81	79	78	84	24	24	19	30	64	60	66	62	72	a	16	1
	Slovenia	96	m	90	102	37	37	28	46	76	m	80	71	40	47	23	2
	Spain	74	m	69	80	46	m	39	53	41	m	40	42	46	19	10	11
	Sweden	74	74	71	76	31	31	26	37	42	42	45	40	73	n	n	n
	Switzerland[3]	90	m	92	88	30	m	25	35	71	m	76	66	26	69	6	x(13)
	Turkey	45	45	42	48	30	30	27	33	15	15	15	15	45	a	a	m
	United Kingdom	92	m	90	94	m	m	m	m	m	m	m	m	m	m	70	22
	United States	76	76	73	80	x(1)	x(2)	x(3)	x(4)	x(1)	x(2)	x(3)	x(4)	x(1)	x(1)	x(1)	x(1)
	OECD average	82	m	79	86	49	m	43	55	45	m	47	44	61	10	17	8
	EU21 average	85	m	81	89	44	m	38	51	52	m	54	51	62	11	16	10
Other G20	Argentina[3]	m	m	m	m	9	8	7	10	35	34	30	40	a	a	a	a
	Brazil	m	m	m	m	65	55	54	77	9	6	7	11	65	9	a	a
	China	65	m	62	67	38	m	38	39	45	m	43	48	40	x(13)	25	19
	India	m	m	m	m	m	m	m	m	m	m	m	m	m	m	m	m
	Indonesia	m	m	m	m	29	29	28	31	17	17	20	13	29	17	a	a
	Russian Federation	m	m	m	m	53	m	x(5)	x(5)	41	m	x(9)	x(9)	53	15	23	4
	Saudi Arabia	m	m	m	m	m	m	m	m	m	m	m	m	m	m	m	m
	South Africa	m	m	m	m	m	m	m	m	m	m	m	m	m	m	m	m
	G20 average	75	m	73	77	48	m	43	52	30	m	30	29	54	8	14	9

1. ISCED3A (designed to prepare for direct entry to tertiary-type A education).
   ISCED3B (designed to prepare for direct entry to tertiary-type B education).
   ISCED3C (long) similar to duration of typical 3A or 3B programmes.
   ISCED3C (short) shorter than duration of typical 3A or 3B programmes
2. Sum of graduation rates for single year of age for men and women until the age of 25.
3. Year of reference 2008 (for Switzerland, only for first-time graduates).

（出典）　OECD "Education at a Glance," 2011, p.54.

図表4-2　タイプ別高等教育機関卒業率（1995年と2009年の比較）

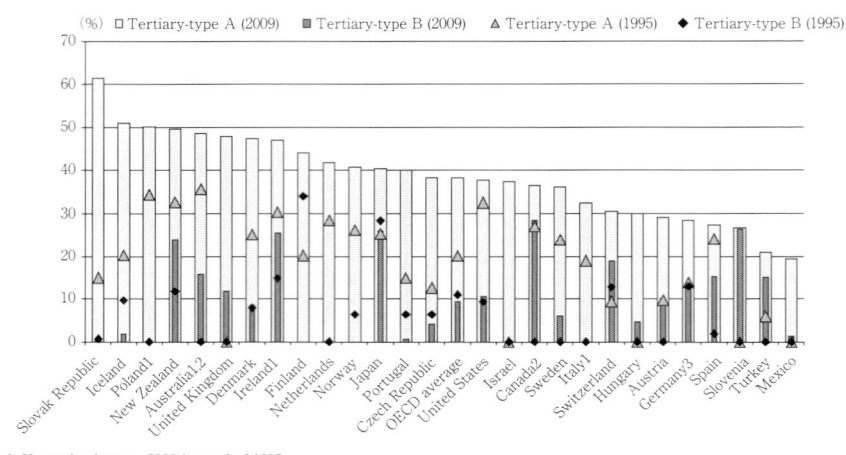

(凡例) □ Tertiary-type A (2009)　■ Tertiary-type B (2009)　△ Tertiary-type A (1995)　◆ Tertiary-type B (1995)

1. Year of reference 2000 instead of 1995.
2. Year of reference 2008 instead of 2009.
3. Break in the series between 2008 and 2009 due to a partial reallocation of vocational programmes into ISCED 2 and ISCED 5B.
Countries are ranked in descending order of first-time graduation rates for tertiary-type A education in 2009.
Source: OECD. Table A3.2. See Annex 3 for notes (www.oecd.org/edu/eag2011).

（出典）　OECD "Education at a Glance," 2011, p. 63.

多数をしめているので、この2つのデータは、専門学校とイコールではないがそこでの職業教育が高等教育セクターや就職前の人材育成においていかに大きな役割を果たしているかを改めて知らしめている。ドイツ、オーストリア、ベルギー、オランダなどドイツ語圏、あるいはそれを含む諸国の中等職業教育依存率が高いのと、わが国や韓国などアジア諸国の高等職業教育依存度が高いのとは対照的である。

(3) 主要国の高等職業教育の制度化・法制化

このように、わが国の就職前人材育成において高等職業教育依存度が高いにもかかわらず、それが法制上の整備、特にもっとも中心的役割を担っている専修・専門学校の整備は必ずしも進んでいない。というよりも、むしろ、欧米諸国ばかりか、アジア諸国の取り組み状況からさえ、周回遅れの現状にある。以下、主に寺田（2011）[4]から主要国の動向を摘記しておこう。まず、アメリカ

は、周知のように1920年代に端を発するコミュニティー・カレッジ（community college[5]）がポスト・セカンダリーの職業教育の役割を担ってきた。

最近では1998年の連邦の改正高等教育法（SEC101a.3）で、「学位を授与するのに必要な十分の単位と認められる2年以上の教育プログラム」[6]、つまりコミュニティー・カレッジの職業プログラムをそれぞれの職業に対応する職業資格だけでなく、准学士（Bachelor associate）の授与に値する高等教育の1つであることを規定している。また、職業教育法制の側では、2006年のカール・D.パーキンス職業・専門教育法[7]第3条第5項が職業教育は「中等教育からカレッジ段階に至る専門的職業のキャリアに準備する教育活動」と定義している。2007年1月時点で、学校数1195校（大学は2533校）、登録学生数は約1160万人（大学生数は約1099万人）に上る。

次に、中・高等教育制度や労働市場がおおいに異なるドイツを取り上げてみよう。ドイツでは、連邦高等教育大綱法[8]の第1条（現行法は2007年改正法）で「本法で言う高等教育機関（Hochschulen）とは大学（Univesitaten）……、専門大学（Fachhochschulen）……」として、後者が位置づけられている。この専門大学はUNESCOやOECDが使っている国際標準教育分類でいうAタイプの高等教育機関である。ノルトライン・ヴェストファーレン州の高等教育法[9]では「大学は、研究、教育、学修、学術の後継者養成、学術の移転（特に学術継続教育、技術移転）を通して……内外の職業活動に準備する」とあるのに対して、専門大学の場合は「専門大学は応用的な教育と学修を通して、……内外の職業活動に準備する」というように教育と学術の応用面が強調されている。2006／2007年度段階で、大学が103校に対して、専門大学は176校、大学生数が30万9000人に対して専門大学生数は約14万人となっている。その修了にあたっては専門大学ディプローム（Diplom（FH））が授与される。

もう1つだけ、隣国であり成長著しい韓国の例を見ておきたい。韓国でもすでに1997年（2007年改正）の高等教育法において、第2条で、高等教育機関として「1．大学、2．産業大学、3．教育大学、4．専門大学、5．放送大学・通信大学、6．技術大学、7．各種学校」[10]が位置づけられている。韓国では、一般に専門大学は職業教育を行う「短期大学」と呼ばれ、法令上の各種学校が「専門学校」と呼ばれている。『2008年 教育統計年報』[11]によると、一般大学

が合計405校（学生数約356万人）に対して専門大学は147校（学生数約77万人）にのぼる。

(4) 日本の「職業教育力」

　諸外国の動向を見るまでもなく、国内に目を転じてみると、特に大学セクター内での職業教育・専門教育の高度化は著しい。2010年の文部科学省の学校基本調査によると、2009年3月卒業の大学学部別の大学院修士課程進学率は人文系学部で5％、社会系で3.5％、理学系で55％、工学系で33％、農学系で25％となっている。都市部の国立大学や大規模私立大学の理工系学部の場合、その数字は数倍に上る。同年の名古屋大学工学部の場合、約85％の卒業生が、理学部の場合約70％の卒業生が大学院に進学している。

　今や、エンジニアや自然科学分野の専門家の養成は修士・博士レベルに引き上がっている。EU（ヨーロッパ連合）における欧州共通職業資格枠組み（European Qualifications Framework）の構築と高等教育学位との比較対照化（相互浸透）の試み[12]の動向なども考慮に入れると、従来高等学校や高等学校後の短期職業教育機関で養成していた人材育成は、現在では内容と水準の高度化が求められている。そのような制度の整備は、一国の人材育成力、職業教育力にかかわる問題であると言えよう。筆者の知見から、わが国の個々の高等職業教育機関を法・財政制度の整備状況と専門学術性の程度・年限の長短という2軸で国際比較すると、図表4-3のような状況になる。わが国の場合、大学との互換性があり、大学教育としての位置づけを与えられているのは職業能力開発大学校をはじめとしたいわゆる「省庁大学校」に限られ、短期高等教育機関（国際分類で言う5B）がメインになっている。しかも、高等職業教育機関としてはメジャーである専修学校では、一部で4年制の課程がすでに誕生しているけれども、なお大学や短期大学の枠外にある。

　文部科学省の『2011（平成23）年度　学校基本調査』（確定値）によると、専修学校における全設置学科（昼間8291）のうち、3年以上の修業年限の課程は2046（24.7％）であり、4年制課程もすでに509（6.1％）となっている。

第4章 職業教育・専門教育の国際比較の視点からみた日本の人材育成の現状と課題 137

図表 4-3　各国の高等職業教育の布置状況

高等職業教育の法・財政整備

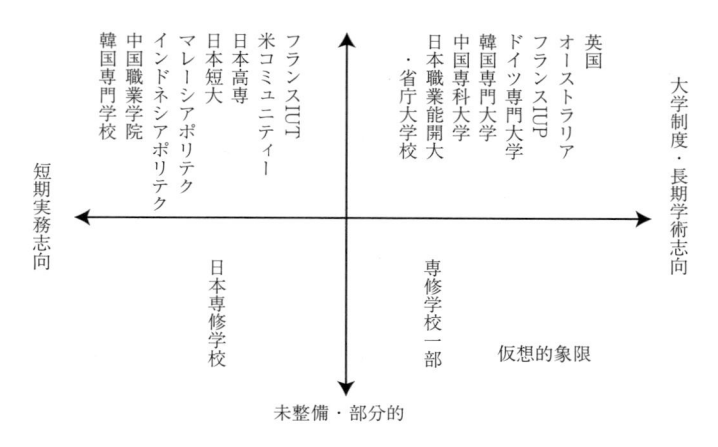

```
            │
韓国専門学校  │  英国
中国職業学院  │  オーストラリア
インドネシアポリテク │ フランスIUP
マレーシアポリテク  │  ドイツ専門大学
日本短大   │  韓国専門大学
日本高専   │  中国専科大学
米コミュニティー │  日本職業能力開発大学校
フランスIUT  │  ・省庁大学校
─────────────┼─────────────
短期実務志向 │        大学制度・長期学術志向
            │
  日本専修学校 │  専修学校一部
            │      仮想的象限
            │
       未整備・部分的
```

3. 日本の職業教育のカリキュラム・方法による職業能力の形成

(1) 職業教育・専門教育比較（評価）の4次元

次に、職業教育の4つの構造次元に即して、わが国の職業教育・専門教育を摘出してみよう。図表4-4は、中等職業教育ばかりか大学等における専門（職業）教育の比較や評価のための構造格子モデルである[13]。第1次元は職業・専門教育の行財政の側面であり、官僚制（行政的規制）志向・市場志向・パートナーシップ志向という下位概念が評価の基準になる。第2次元は職業・専門教育の養成目的や労働市場への移行特性にかかわる側面であり、一般的職務能力志向・専門的特殊職業資格志向・基礎的な資格志向という下位概念によって評価される。第3次元は教育訓練の中身や方法にかかわる次元であり、技能熟練志向・座学理論志向・両者の結合志向という下位概念によって特徴づけられる。さらに、こうした3次元のそれぞれの基礎に潜んでいる各国・地域のものごとに対する見方、文化、観念の世界である第4次元との関係も押さえて

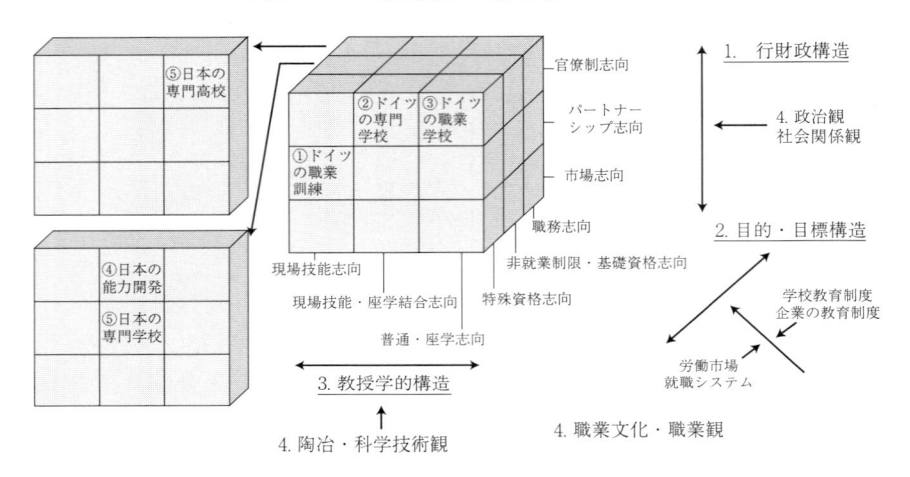

図表 4-4　職業教育・専門教育の 4 次元

［図表：立方体による職業教育・専門教育の 4 次元の概念図。主な要素は以下の通り：
- ①ドイツの職業訓練
- ②ドイツの専門学校
- ③ドイツの職業学校
- ④日本の能力開発
- ⑤日本の専門学校
- ⑤日本の専門高校
- 官僚制志向／パートナーシップ志向／市場志向／職務志向／非就業制限・基礎資格志向／特殊資格志向
- 現場技能志向／現場技能・座学結合志向／普通・座学志向
- 1. 行財政構造
- 2. 目的・目標構造（学校教育制度、企業の教育制度、労働市場、就職システム）
- 3. 教授学的構造
- 4. 政治観 社会関係観
- 4. 陶冶・科学技術観
- 4. 職業文化・職業観］

置く必要がある。

　以下、このうち、職業教育や専門教育のカリキュラム・方法構造（第 3 次元）、職業教育・専門教育から企業社会への移行・就職の問題（第 2 次元）、最近の高校生・大学生の職業観形成の問題（第 4 次元の 1 つ）について述べる。

(2)　**学校と企業との分担関係からみた日本の人材育成方式**
　　　―「移行の架け橋」の欠落―

　日経連が「能力主義管理」[14]を提言した1969年前後から1970年代にかけて日本の企業内教育の体系化、特に「脱集合教育」化[15]、つまり OJT をベースとした新入社員から幹部社員にいたるまでの企業内教育体系の構築が進み、今日までそれが継承されているわけである。

　その日本的人材育成方式は、第 1 に「人格の完成」という教育目的（教育基本法第 1 条）に押され、実利的教育、多かれ少なかれ技能訓練を伴う（はずの）職業・専門教育は戦後の一時期の高等学校職業教育を除き、過半ないし 3 分の 1 程度の普通（教養）教育と並行した専門教育や多少の学校（大学）内での実技教育を含んだ座学志向の教育に終始してきた。第 2 に、それというのも、戦前から戦後にわたり、わが国の労働市場は横断的な職業資格制度や労使

関係が形成されず、人材確保は企業自らの自前確保・養成を伝統としてきたからである。加えて、上述のように1970年代以降、学歴別、職能別の企業ごとの人材採用・育成体系が構築された。職業高校卒業者を含め、学卒新入社員には階層別の Off-JT が施され、その後の職場教育（OJT）による職業訓練により、職務上の知識・スキルの訓練が行われた。就職前の職業教育・専門教育は、ごく一部の技能職や技術・専門職だけで対応し得た。したがって、第3に、通常は就職前に修了しているべき養成教育が入社後に（も）継続され、かつ向上訓練（同一職種での熟練・キャリアアップの訓練）との境界は定かではない。第4に、いつから始まるのか定かではない向上訓練も、欧米のように従業員が有給休暇を使って企業外講習や大学教育を活用して行うという形でなく、企業内の Off-JT ないし OJT、さらに定期的配置転換やジョブ・ローテーションなどに依存する。

　このような日本的人材育成モデルは、結果的に、あるいは気がついてみれば「学校・大学と企業とが特段の連携なしにシリアル（連続的）に分担する関係」（寺田（2004）、p.43、p.56）を形成していた。このような「移行の架け橋」（専門知識や基礎実技の応用場面としての現場実習）を欠いた職業教育や専門教育は国際的にあまり見かけることができない。そもそも、職業的な内面形成（企業社会での就労の精神的準備）や職業能力形成は、実職業社会、本物の職業活動を多少なりとも体験し、学習せずして完結するものでない。日本の企業は自らが好むことであるとはいえ、職業的には不完全な学卒者の実質的な職業訓練や職業観形成を引き受け、学校教育を完結させてきたと言える。

(3) 「スムーズな移行」のために橋架けする諸外国と日本的システムの揺らぎ

　ここでは、もっとも対照的なドイツの例のみあげておく。ドイツのメジャーな中等職業教育はよく知られた「デュアルシステム」（定時制職業学校と企業での公的職業訓練の連携システム）によっている（寺田（2000））。全日制タイプの職業学校もたいていは最終学年に数カ月単位の企業実習を行う。この国の高等教育の場合も例外ではない。連邦高等教育大綱法（Bundesminiserium（2004））の第10条には専門別の試験規程上の標準学習時間に職業実習、ゼメス

ター単位の企業実習を含むことが明記され、常設文部大臣会議（KMK）による各専門別の試験規程で具体的な期間が示される。その上で、大学ごとの学修規程により、例えば経営学の場合は3カ月、理系・工学系の場合は3から6カ月などと定められる[16]。

　諸外国の事情がこうであるのに、日本の職業教育や専門教育が「移行の架け橋」を欠いたままであり続けることができたのは、学校・大学側が産業界や仕事世界に接近することにネガティブであったこと、それと上記のような世界各国から注目を受けた日本的な学卒採用や企業内教育のシステムが、いわば下支えしてきたと言えよう。

　新規学卒者の就職後の教育訓練を引き受ける企業内教育のシステムが有効に機能しているうちは、学校・大学と企業との「シリアルな分担関係」は特段に問題にされることはなく、ヨーロッパ諸国やアジア諸国から強いまなざしを受け続けることができたのである。しかし、バブル経済崩壊後、日本の企業内教育は曲がり角を迎え、教育訓練投資（人件費を除く）は1988年と2002年との間でさえ、抽出5300企業で合計1000億円（1社平均約2000万円）の減少となった[17]。それにつれて、日本企業の「お家芸」ともいうべき Off-JT や OJT は、年度ごとの増減はあるけれども、毎年のようにそれらの撤退傾向が指摘されている。例えば、2009（平成21）年度の能力開発基本調査において、2007年から2008年にかけて、Off-JT の実施率が77.0％から68.5％へ、計画的 OJT のそれは59.6％から57.2％に低下したという[18]。

4．職業・専門教育と労働市場の接続：教育の目標とアウトプット

(1)「移行の架け橋」の欠落を補う学卒就職システム

　次に、第2の職業教育・専門教育の仕上げ目標、労働市場との接続の次元の問題である。上述のような「移行の架け橋」を欠いた職業教育や専門教育のカリキュラム・方法は、就職後の企業内教育ばかりか、就学期間内に行われる学校・大学と企業との間で行われる緊密な「組織間移行」のメカニズム、就職活動や学校・大学の就職指導（支援）によって補われてきた。このいわば日本的

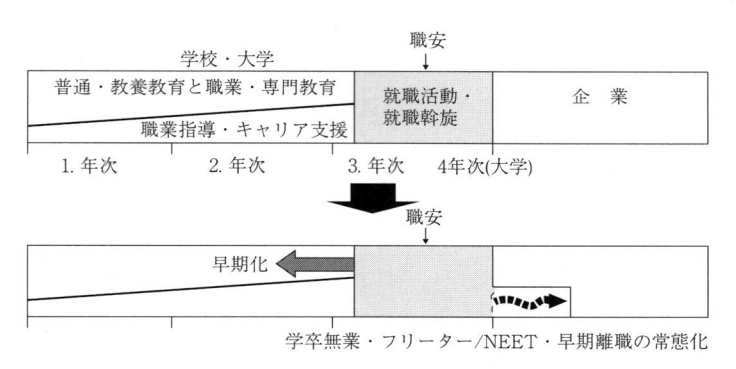

第4章　職業教育・専門教育の国際比較の視点からみた日本の人材育成の現状と課題　141

図表4-5　変化する組織間移行の日本的モデル

```
                              職安
                               ↓
         学校・大学
   ┌──────────────────────┬────────┬──────────┐
   │ 普通・教養教育と職業・専門教育 │就職活動・│          │
   ├──────────────────────┤就職斡旋 │  企　業  │
   │ 職業指導・キャリア支援        │        │          │
   └──────────────────────┴────────┴──────────┘
     1.年次    2.年次    3.年次   4年次(大学)

                               職安
                                ↓
   ┌──────────────────────┬────────┬──────────┐
   │         早期化 ←              │        │   ⇢⇢    │
   └──────────────────────┴────────┴──────────┘
                    学卒無業・フリーター/NEET・早期離職の常態化
```

学卒就職の移行メカニズムは天野他（1983）、Rosenbaum／Kariya（1989）、苅谷（1991）、らによって繰り返し明らかにされてきた。

　この高卒就職の日本的メカニズムは、つぎの6点にまとめられる。特定企業による特定高校への求人あるいは推薦依頼、一人一社主義、学校による候補者の推薦、校内選抜における成績・品行・出席状況の重視、全国一斉入社試験、特定企業と特定校の送り出し・受け入れの実績関係の形成の6つである。もちろん、その実績関係の程度や採用にあたって重視される事柄の相互関係については、小杉他（1998）や寺田他（1998）の議論もある。他方、大学生の就職活動は、学校自身が候補者を選抜するという点で高卒就職とはかなり異なるけれども、就学期間内からの就職支援やリクルート活動によって学生がある意味で「円滑に」組織間の移行を遂げていくので、この場合も求職者個人（の職業能力）よりも学校や大学という組織が重きをなす日本的メカニズムに従っていると言える。しかし、能力形成面での「移行の架け橋」の欠落を補ってきた日本の就職メカニズム、学卒者のほとんどが卒業と同時に就職先が決まるシステムに変調が起こっている。1990年代以降、学卒無業、いわゆるフリーターが常態化している。そうなると、図表4-5のように、学校・大学と企業との間のシームレスな関係に断絶が生じることになる。

(2) 就職活動と初期キャリアの比較

　大卒就職だけに関していえば、問題は、企業側が大量の大卒者を早期に選

別・確保しようとし、また大学生自身が雇用市場の逼迫や学卒無業に対して不安感を強める中で、職業指導・キャリア支援や就職活動が就学期間に食い込んできていることである。そのことは現在さまざまに議論され、一定の改善の兆しも見えるけれども、大学教育と大卒者の資質形成に相当の問題を引き起こしつつある。大学3年次の後期（10月）から学生の服装や生活は一変し、学生は就職活動に専念する。それは、早くて4年次の夏ころまで続き、長くかかる学生の場合、9月、10月ころまで継続する。多くの大学では、情報処理能力やコミュニケーション能力、分析力、思考力、段取り力などの「社会人基礎力」「就職基礎力」がもっとも身につく卒業論文・研究を課している。早期化した就職活動はそのことをままならなくしている。筆者は大学教員としての臨床経験から、そのような学生たちを「漫ろ卒論生」と呼ぶ。

　海外では、どうなのだろうか。就職活動の具体的なプロセスや中身に触れた研究を見出すのは困難である。そこで、筆者の数少ない、アメリカとドイツでの取材経験（2008年）を紹介しておく。1つはアメリカ・オハイオ州都・コロンバス市にある大規模機械メーカーでの人事インタビューの経験である。そこで学卒者（新入社員）の教育システムを尋ねたのであるが、同社では学卒者と途中入社とを区別せず、教育訓練のニーズにしたがって初級レベル、中級レベルなどとプログラムを組んでいるという。新人レベルの教育には、もちろんOJT が用いられる。その他、専門的能力の開発にはカレッジや大学のプログラム受講も奨励される。採用にあたっては技能職の場合は最低ハイスクール卒業資格、科学技術者やエンジニアの場合は Bachelor か Master の学位取得が前提になり、また当該職業経験を必ずしも求めないが、評価はされる。ドイツのボーフム市にある著名な自動車製造企業の工場での人事インタビューの際に、何人かの Diplom を取得した大卒者に出くわした。彼らはいわゆるTeilzeitangestellte（パート職員）である。一定期間、時には数年間非常勤仕事を経験して、正規職員のポストを確保する。

　欧米では、一般に、日本のような学卒直後に採用される者は「急行組」（Express group）と呼ばれ、通常 "Hopping group" がメジャーである。つまり、パートタイム仕事であっても、それは職務経験としてみなされる。欧米型の労働市場があり得べき事であるならば、このような大卒後の初期キャリアの

形成のしかたも考慮されてよい。

5．生徒・学生の職業観形成

(1) 職業観教育の難しさ

　さらに、職業教育や専門教育の質にかかわって、生徒・学生の仕事世界への内面形成の問題に注目したい。戦前の勤労主義・態度主義的教育に対する反省があったためであるか、あるいは個人の内面形成にかかわることの難しさのためであるのか、第2次大戦後、学校教育や大学教育において、仕事や職業に対する見方、考え方、価値観（労働観・職業観）は脇に置かれてきた。職業の専門家を育成する職業教育や専門教育においても、である。

　職業観の問題は、生徒・大学生の場合だけでなく、一般成人についても経済発展や余暇生活の拡大とともに、社会貢献や企業貢献型の職業観に対する個人本位の職業観の凌駕に注目する立場から、尾高（1970）、陣内（1975）らが繰り返し提起してきたことがらであった。1980年代末以降、「フリーター」なる用語が普及し、また1990年代以降になると、学卒無業者やアルバイト就労者の拡大の中で、「フリーター志向」[19]とか職業忌避志向や余暇生き甲斐志向を内容とする「脱近代的職業観」[20]とかの精神的現象が指摘されるに至り、職業観形成の問題は「端的には……キャリア教育」の課題[21]とされてきた。しかし、生徒・学生の職業観の問題はキャリア教育という枠組みの中だけでなく、それにもっとも直接ふれる可能性がある職業教育や専門教育はいうまでもなく、学校・大学、企業現場、家庭等のあらゆる領域で取り組むべき事態に至っているというのが、筆者のここ数年間の調査研究を通した実感である。

(2) いくつかの職業観調査から

　まず、ほぼ5年ごとに行われている『世界青年意識調査』[22]によると、18歳から24歳までの韓・米・英・仏・日の各1000人程度の青年の中で、日本の青年は他国と比較して職業選択の重視点として「収入」や「労働時間」の項目より「仕事内容」や「職場の雰囲気」で高得点を記録している。この傾向は前回の第7回でも同様であった。

また、2006年に筆者らが行った大学生と高校生に対する意識調査(人生で最も大切なことはという質問)に対して、じつに大学生の内69.8%は「家族の幸せ」と、43.4%は「よい人間関係」と、39.4%は「余暇」と答えたのに対して、「職業」と答えたのはわずか7.0%であった[23]。

この結果を見て、筆者はわが国の生徒・学生の職業観を他国のそれと比較するとどのようなことになるのかと考え、高校生に絞って職業観の国際比較アンケート調査を実施してみた。規則的なサンプリングによるものではないが、

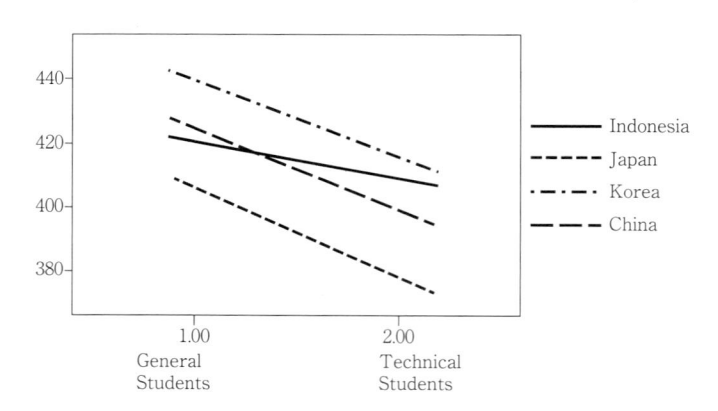

図表4-6　自己実現尺度による比較（2008年寺田調査）

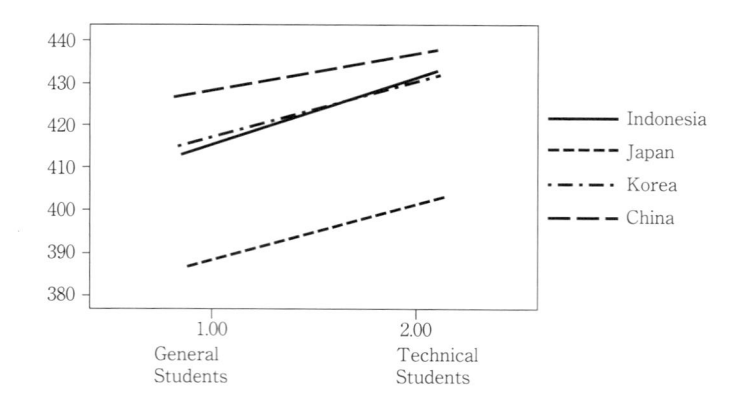

図表4-7　リーダー志向尺度による比較（2008年寺田調査）

日・中・韓・インドネシアの4カ国、13の高校（普通校と職業校は各半数程度）、いずれも3年次（12年次）生、合計1402名に対してである。22の質問項目に対する回答結果に因子分析をかけ、それから得られた5つの尺度を国別と学科別（普通系と職業系）に分けて比較してみた。そのうち2尺度だけの比較結果を示すと図表4-6、図表4-7のようなことであった[24]。自己実現尺度くらいはわが国の生徒の意識は高くなると予測したが、それを含め、5つの尺度のすべてにおいて、一番低かった。

　この結果は、成長途上にあるか、あるいは勢いのある国の生徒の意識は強く出るのではないかという疑問を当然のように惹起する。そこで、2009年に、今度はアメリカ、ドイツの高校生を含め、またすべての国の調査地点（都市）と対象者（第10年次生）にかえて、やや改善された質問紙にもとづきアンケート調査を実施した。分析手順は2008年のときと同様ではあるが、日本の高校生の回答・分析結果はやはり同じであった。自己実現尺度（図表4-8）では日本の高校生はドイツに次いで低く、リーダー志向（図表4-9）ではアメリカの高校生が断然高く、ここでも日本の高校生は後塵を拝している。

　次の課題として、職業能力形成の比較を計画中であるが、同種の傾向がでて

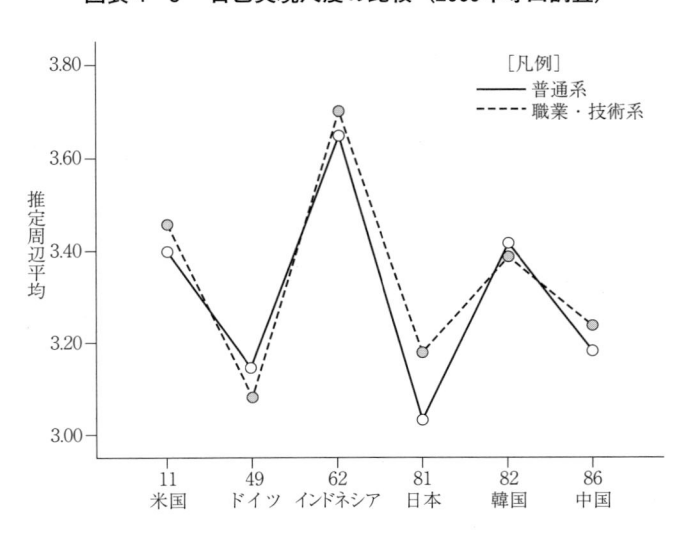

図表4-8　自己実現尺度の比較（2009年寺田調査）

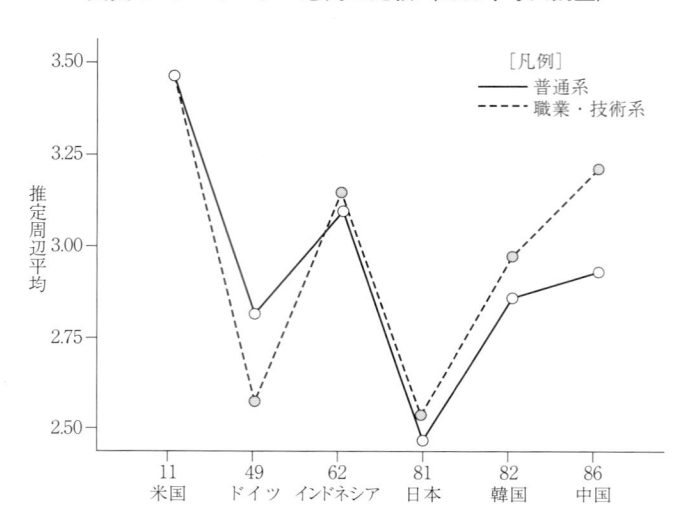

図表 4-9　リーダー志向の比較（2009年寺田調査）

［凡例］
―――　普通系
------　職業・技術系

縦軸：推定周辺平均
横軸：11 米国／49 ドイツ／62 インドネシア／81 日本／82 韓国／86 中国

こないことを祈るばかりである。少子化がいわれ、これまでの日本的な人材育成に綻(ほころ)びが生じ始めているとき、職業能力にすぐれ、しっかりした職業観を有する次世代を育成することは、持続可能な経済成長や国の発展の基礎的要件であろう。

6．提言

　このように見てくると、日本の人材育成システムは明らかに曲がり角にきている。しかも、経済のグローバル化に対応して労働力の流動化も現に進行しており、職業教育や大学教育のグローバル化という課題を果たすことが求められている。ことに、雇用人材の育成の前段階をなす職業教育や専門教育に関していえば、かなり抜本的な改造が必要になってきている。以下、高校教育制度、職業教育体系、就職問題とキャリア教育に関して提言し、まとめとする。

(1) 高等学校全体における職業教育
　まず、高等学校における職業教育についてである。本章で強調したように、

職業教育は長く中等教育の枠内の問題であった。しかしながら、諸外国でも、そしてわが国においても、それはすでに高等教育段階にシフトしている。職業教育はポスト・セカンダリーの段階のみで行ってもよさそうな状況ではある。しかしながら、わが国の高卒就職率は長期逓減傾向にあるとはいえ、就職者は依然として多数にのぼる。大卒就職者約34万人のちょうど半分の約17万人を占めている。しかも、高卒就職者の学科別内訳を見ると、普通科が最大の5万8000人である。また、多数の普通科生徒が進学する大学が文系志向、理系離れの様相を呈し、キャリア教育・職業指導の実施を義務づけざるをえなくなっている（2010年2月の大学設置基準改訂により導入）状況では、ことは普通科を含めた高等学校全体の職業準備教育を検討する必要がある。

　普通科は進学、職業学科は就職という硬直した高校教育制度は生徒の進路行動に適合しなくなり、1994（平成6）年度から、総合学科が設置された。設置当初には「高等学校の6割程度を総合学科に」という当時の文部省担当者の構想[25]もあったけれども、2000年の文部省内の調査研究協力者会議は「当面、総合学科を設置する公立高等学校が高等学校の通学範囲（全国で500程度）に少なくとも1校整備される」[26]という整備目標を掲げた。それ以来12年が経過したが、なお、設置校数は346（平成23年度）にとどまっている。すべての生徒が「普通教育及び専門教育を……総合的に」選択履修できる制度ができたものの、全学校数の約6.7％、全高校生の約5％と低調である。普通科、職業科をそのままにして、新たな学科を積みます方式には限界があるとみてよい。

　とすれば、すべての高校生が、どの学科に属そうとも、あるいは学科の区別をなくした、戦後の新制高等学校の初期段階に掲げられた総合制高校の理念、どの学校にいても普通科目・進学科目ばかりか、希望すればだれもが職業科目を選択履修できるアメリカのハイスクール（Complehensive high school）の形が再度模索されてよい。まずは、普通科高校にキャリア科目（一般的職業基礎科目・進路指導的科目）だけでなく、多くの職業科目を配置すること、あるいは、アメリカのキャリア・センターやキャリア・アカデミーと呼ばれるいくつかの高校生の共同職業教育校（センター）の創設が考えられる。

(2) 中等教育段階から高等教育段階に至る職業教育システムの構築

次に、本章の主要課題である職業教育システムの問題である。すでに明らかなように、わが国には職業教育全体を司る独自の立法が、高等学校の行財政整備に関する産業教育振興法（1951年成立）を除いて存在しない。また、高等教育単独の立法もなく、学校教育法の中で、職業教育（機関）が個々に規定されているに過ぎない。職業教育法とは言わないまでも、人材育成全般を所管する法整備があってよい。特に、職業構造の変化、より高度の職業や業務の人材確保への対応を可能にする「職業教育の高度化・高等教育化」を推進する必要があろう。こういう産業構造や職業構造の変化へのスピーディーで細かな対応をしてきたのが、またその可能性があるのが、専修学校・専門学校であろう。他方、学科・学部改組等に手間取る短期大学や高等専門学校も4年制大学化やそれへの通過機関化を強めている。これらをまとめて、高等職業教育機関の再整備を行い、かつ高等学校段階の職業教育と連結を図っていく必要がある。

そのような組織整備の前提ともなり、社会的基盤となるのが、中等教育段階であれ、高等教育段階であれ、また大学院段階であれ、職業教育や専門教育の質の担保と保証を行い、修了者・人材の質の透明化を図っていくことである。上記のように、経済のグローバル化、人材の頻繁な相互移動が進む社会にあって、欧州諸国は域内の国間での教育資格と職業資格の相互対照と段階的再編の試み（EQF）をすでに終えているが、わが国とアジア地域においても同種の試みが考慮されるべき状況にある。それなくして、国内での人材資質の透明化ばかりか、欧米諸国との旺盛な人材交流も困難となる。この点、すでに韓国、中国もこの作業を始めていることに注目すべきであろう。

(3) キャリア教育と就職問題

グローバル人材の育成という点では、さしあたり一般大学における専門教育の見直しが必要である。その場合、キャリア教育の考え方が有用である。1999年の中教審の「接続答申」[27]以降、キャリア教育というと、まずインターンシップ、就職支援、社会人との連携型キャリア科目などが企図されてきた。しかし、今や問題は大学教育の根幹である専門課程で育成される質にあるのであり、社会で生かされうる能力・資質の形成という点からもキャリア教育・ガイ

ダンスをとらえる必要がある。「社会人基礎力」とか「就職基礎力」という問い自体にネガティブであり続けてきたが、キャリア発達を促す専門課程でのキャリア教育」[28)]にも焦点をあてねばならない時期に来ている。

　大学の専門教育や学生のキャリア発達を促進する上で、学生の就職活動と企業のリクルートの超早期化は、大学教育を危機に貶めている。大学教育の年限は実質2年半であると言っても過言ではない。特に学生の社会的資質や思考力、分析力、段取り力などキャリア教育の目標とされる基礎力は4年生を通して行われる卒業論文・研究で集中的に養われる。この期間、時間を社会全体で保証しないで、グローバルに活躍しうる優秀な人材を輩出することはできない。

　さらに、キャリア教育の1つの中核として取り組まれてきたインターンシップについて、その再点検が必要である。比較的短期間（せいぜい2週間程度）で、就業体験というより企業現場の見学的な実習（ドイツでは「臭い嗅ぎ実習Schnupperpraktikum」とよび、主としてエリート育成の高校Gymnasiumの生徒の企業実習をさすもの）から、より深い専門課程にかかわるものへと展開していくことが早晩求められる。就職活動・リクルートの早期化によって、今や海外留学さえ困難となり、グローバル人材の育成も心許ないけれども、そのインターンシップの視点を変えて、海外でのそれを計画することを是非とも考えたい。

注
1） 寺田（2000）。
2） 寺田編（2004）。
3） 寺田（2009、2011）第4章。
4） 寺田（2011）第8章。
5） 井口（2006）。
6） Higher Education Amendments of 1998, P. L. 105-244.
7） Carl D. Perkins Career and Technical Education Act of 2006, P. L. 109-270.
8） Bundesministrium für Bildung und Forschung (Germany) (2004).
9） Gesetzt über die Hochschulen des Landes Nordrhein Westfalen, Hochschulegesetz vom 2007.
10） 고등교육법（2007）李正連東京大学准教授の訳。
11） 2008년 교육통계연보、訳者同上。

12) European Commission（2008）.
13) 寺田（2011）p.58。
14) 日本経済団体連合会編（1969）。
15) 日本産業訓練協会（1971）。
16) Georg（2002）.寺田編（代表）「中・高等教育における「インターンシップ」―職業・専門教育と雇用・就職の関連構造に関する日・独・中比較研究（科学研究費基盤研究（A）（2）、国際共同研究中間報告書）―」p.135。
17) 経済産業省（2004）。
18) 厚生労働省（2010）。http://www.mhlw.go.jp/stf/houdou/2r9852000000525e.html
19) 小杉他（2000）。
20) 轟（2001）。
21) 文部科学省（2004）。
22) 内閣府政策統括官（2009）。
23) 寺田（2011）、p.193。
24) Terada（2009）.
25) 寺脇（1997）。
26) 文部省「初等中等教育局・総合学科の今後の在り方について―個性と創造の時代に答える総合学科の充実方策―（報告）」。
27) 文部省、中央教育審議会（1999）。
28) 名古屋大学平成18年度採択　現代GP「現代的教育ニーズ取組支援プログラム」専門教育型キャリア教育体系の構築。

参考文献

天野郁夫他（1983）「高等学校の就職指導と生徒進路の形成」『東京大学教育学部紀要』第23巻。
井口千鶴（2006）「コミュニティー・カレッジにおけるコープ（CO-OP）教育―アメリカ短期高等教育における産・学・社の協力―」『国立教育政策研究所紀要』第135集、p.45。
尾高邦雄（1970）『職業の倫理』中央公論社。
苅谷剛彦（1991）『学校・職業・選抜の社会学―高卒就職の日本的メカニズム』東京大学出版会。
経済産業省（2004）「草の根eラーニング研究会中間報告書」参考資料、p.2。
厚生労働省（2010）「平成21年度能力開発基本調査結果の概要」。http://www.mhlw.go.jp/stf/houdou/2r9852000000525e.html
小杉礼子他（1998）『新規高卒労働市場の変化と職業への移行の支援』日本労働研究機構。
――――（2000）「高卒労働市場とフリーター志向―首都圏高校生の進路決定に関する調査より―」日本教育社会学会大会発表要旨集録（52）、pp.48-49。
陣内晴彦（1975）「職業観の変容と形成」岩内亮一編『職業生活の社会学』学文社。

寺田盛紀（2000）『ドイツの職業教育・労働教育―インターンシップ教育の1つの源流―』大学教育出版。
―――編（2002）「中・高等教育における「インターンシップ」―職業・専門教育と雇用・就職の関連構造に関する日・独・中比較研究（科学研究費基盤研究（A）（2）、国際共同研究中間報告書）―』p.135。
―――編（2004）『キャリア形成・就職メカニズムの国際比較―日独米中の学校から職業への移行過程―』晃洋書房。
―――（2009、2011）『日本の職業教育―移行と比較の視点に基づく職業教育学―』晃洋書房（2011、2刷）。
―――・吉留久晴（1998）「高校職業教育課程と生徒進路の関連構造に関する実証的研究―愛知県の職業科・専門学科と求人・就職実績の関連分析―」『名古屋大学教育学部紀要　教育学』第44巻第2号。
寺脇研（1997）『21世紀へ教育は変わる　競争の時代はもうおしまい』近代文芸社。
轟亮（2001）「職業観と学校生活感」尾嶋史章編『現代高校生の計量社会学―進路・生活・世代』ミネルヴァ書房。
内閣府政策統括官（2009）「世界青年意識調査」（HTML）図表3-4-1-1。http://www8.cao.go.jp/youth/kenkyu/worldyouth8/html/mokuji.html
名古屋大学平成18年度採択　現代GP「現代的教育ニーズ取組支援プログラム」専門教育型キャリア教育体系の構築。http://syusyoku.jimu.nagoya-u.ac.jp/sead/index.html
日本経済団体連合会編（1969）『能力主義管理―その理論と実践』日経連出版部。
日本産業訓練協会（1971）『産業訓練百年史―日本の経済成長と産業訓練―』p.420。
文部科学省（2004）「キャリア教育の推進に関する総合的調査研究協力者会議報告書」p.7。
―――『2011（平成23）年度　学校基本調査』（確定値）。
文部省「初等中等教育局・総合学科の今後の在り方について―個性と創造の時代に答える総合学科の充実方策―（報告）」。
―――、中央教育審議会（1999）「今後の初等中等教育と高等教育の接続の改善について（答申）」第6章（1）。
Bundesministerium für Bildung und Forschung (Germany) (2004). Hochschulrahmengesetz http://www.bmbf.de/pub/HRG_20050126.pdf.
Carl D. Perkins Career and Technical Education Act of 2006, P. L. 109-270.
European Commission (2008) The European Qualifications Framework for Lifelong Learning (EQF). http://europa.eu/educaton/pdf/general/eqf/broch_en.pdf (2011. 06. 03)
Georg, W. (2002) Berufspraktische Elemente in der Hochschulausbildung in Deutschland. 寺田編（2002）所収。
Gesetzt über die Hochschulen des Landes Nordrhein Westfalen, Hochschulegesetz vom 2007.

Higher Education Amendments of 1998, P. L. 105-244.
OECD. Education at a Glance, 2011.
Rosenbaum, J. E. and Kariya, T. (1989) From High School to Work: Market and Institutional Mechanisms in Japan, *American Journal of Sociology*, Vol. 94, No.6: 1334-1365.
Terada, M. (2009) Comparative Education-Cultural Research on the Formation of Vocational Views and Values as a Challenge of Vocational Education: Analyses of Vocational Aspiration and Vocational Values for 12th Grade Students in Japan, China, Korea and Indonesia, *Journal of Asian Vocational Education and Training*, Vol. 2, No. 1, pp. 54-56.
2008년 교육통계연보.。
고등교육법、2007。

第5章 グローバル化の下でのわが国の人材育成の課題―非グローバル人材に着目して―

小杉礼子

1．はじめに

　グローバル経済化が進む中で、それを牽引する高度人材の育成はもちろん重要だが、一方で残されていく層、すなわち非グローバル人材を対象とした人材育成施策を講ずることもまた重要である。人材の底上げを図っていくことは、わが国の経済社会の維持・発展のための基本的な条件整備である。
　OECD（2010）では、2008年から2009年にかけて失われた雇用、すなわち、

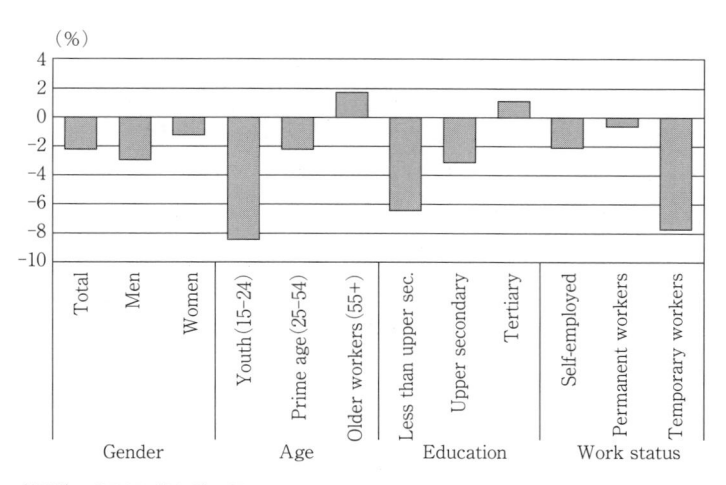

図表5-1　OECD諸国における2008-2009年間の雇用喪失

（出所）　OECD（2010）p27.

いわゆるリーマン・ショックの影響で失われた雇用の特徴として、若年層、低学歴層、そして非正規（臨時）雇用であることを挙げている（図表5-1）。わが国について、同じ期間の雇用喪失をみると（図表5-2）、日本の場合は若年層には30代前半層まで含めて考えることが一般的であるとか、非正規雇用の定義が異なるなどの違いがあるものの、基本的には同じ特徴を持つことは明らかである。ここには、わが国を含む多くの先進諸国に共通の背景があると考えられる。

その1つといえるのは、やはりOECD（2010）の指摘であるが、この10年間（1999年から2009年）に若者雇用の中に非正規（臨時）雇用の比率が高まった国が多いということである（図表5-3）。グローバル化の下で、多くの国の経済は、頻繁なそして、大きな変動にさらされる。変動に対応するためには産業構造も企業活動も柔軟性が必要である。雇用にも柔軟性が求められ、それは、特に新たに労働市場に登場する若年者に求められることが少なくない。その結果として、若くて学歴の低い非正規雇用者に雇用の危機は集中する。グローバル化は非グローバル人材に危機をもたらすといえる。それだけにこうした層にどう能力開発機会を提供し、その高度化を図るかは重要な政策課題となろ

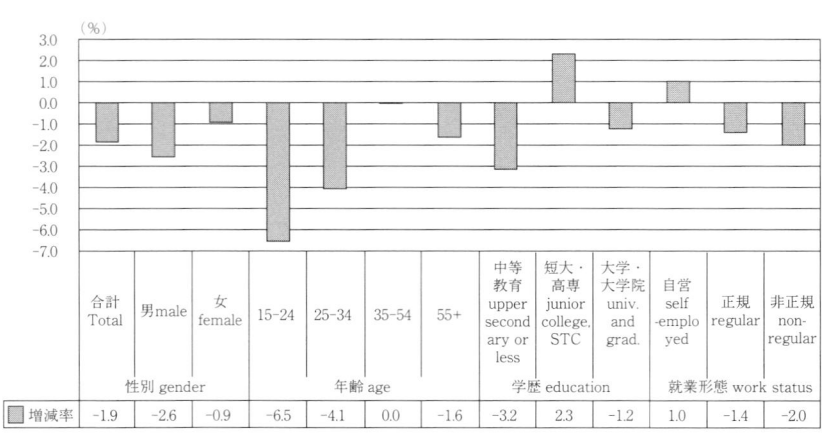

図表5-2　わが国における2008-2009年間の雇用喪失

	合計 Total	男 male	女 female	15-24	25-34	35-54	55+	中等教育 upper secondary or less	短大・高専 junior college, STC	大学・大学院 univ. and grad.	自営 self-employed	正規 regular	非正規 non-regular
		性別 gender			年齢 age				学歴 education			就業形態 work status	
増減率	-1.9	-2.6	-0.9	-6.5	-4.1	0.0	-1.6	-3.2	2.3	-1.2	1.0	-1.4	-2.0

（出所）　総務省統計局「労働力調査四半期詳細集計」（2008年10-12月および2009年10-12月）より作成。

う。

図表 5-4 には、OECD 諸国平均といくつかの先進諸国の若年失業率を示した。2008年から2009年にかけてはどの国の若年失業率も上昇しているが、その上昇率は国によりかなり異なる。わが国は、もともと若年失業率の水準は低い

図表 5-3 若年雇用者（15-24歳）に占める臨時雇用比率の変化

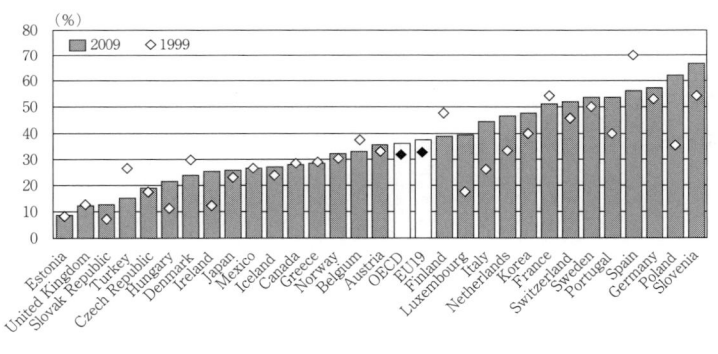

(出所) OECD (2010) p. 110.

図表 5-4 諸外国の若年（15-24歳）失業率の推移

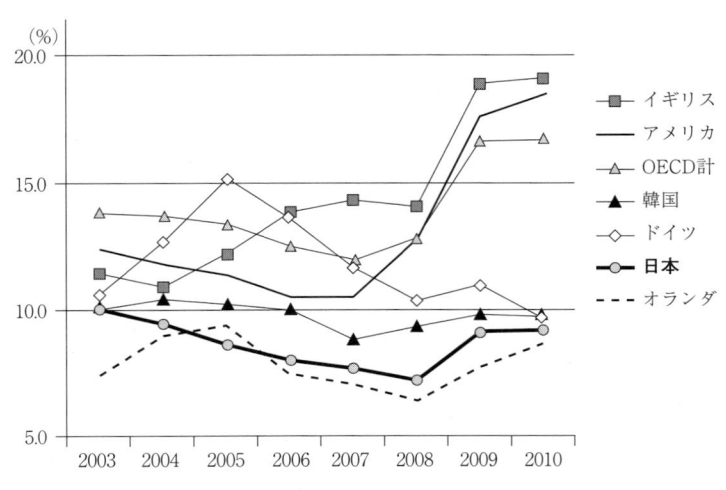

(出所) OECD database（2011年8月最終更新）

ほうであったが、2008年から2009年にかけての悪化の程度も相対的には小さい。世界的な規模の経済変動に対して、若年者の雇用が失われがちな点は共通だが、その程度は大きく異なる。その理由の1つは、各国の社会システムの違い、特に若者の労働市場への参入プロセス（学校から就業への移行）の違いであろう。

わが国は、国際的には若者の就業への移行を円滑にする仕組みを持つ国といわれてきた（OECD（1999））。それは、学校卒業と同時に正社員として雇用する「新卒採用・就職」の仕組みである。国際的に評価が高い仕組みとしては、もう1つ、ドイツなどが持つデュアルシステムがそういわれてきた。学校での職業教育と企業での職業訓練を並行して行う仕組みで、やはり多くの若者を就業へと円滑に移行させてきたとされる。2008年から2009年にかけて、多くのOECD諸国が若年失業率の大幅な上昇を経験したのに対して、両国の上昇率が小さいのはこうした仕組みの効果も指摘できるだろう。

ただし、日本の新卒採用・就職の仕組みは、近年、その仕組みに乗りそこなう者の増加が指摘されている。新卒就職に乗れなければ、円滑な移行は損なわれる。また、国際的に評価されてきたのは、学校が斡旋に大きな役割を果たす高校生の就職の仕組みである。高学歴化の進展とともに、今の新規学卒就職者の多くは高等教育卒業者になった。職業への参入プロセスは異なる。

以下では、まず、日本の強みとされてきた新卒採用・就職システムの特徴と課題を整理したうえで、非グローバル人材の人材養成のうえでの課題として、近年の大卒就職における未就職卒業者を排出する構造と対応、デュアルシステムのような「訓練生」制度の導入の現状、また、学校中退者などもともと新卒採用の仕組みから外れてきた層に対する能力開発の課題の3点について検討する。

2．新規学卒採用・就職システムの特徴と課題

(1) 新卒採用後の企業内訓練

わが国の新卒採用・就職という仕組みは、4月に一斉に採用する慣行であるとともに、採用した新人を企業が集中的に訓練する仕組みでもある。その企業

内訓練について、近年は減少傾向にあることが指摘されている。その際によく引かれるのが図表5-5に示した調査である。1980年代末から1990年代は確かに減少が明らかであるが、その後2006年にはいったん上昇しており、一方的に減少しているわけではない。筆者としては、むしろ景気変動に対応した増減とみたほうがいいと思っている。景気後退期に多くの企業は経営の引き締めを行うだろうが、その際に縮減しやすいものの1つが教育訓練費だということである。経営環境の好転がみえれば、多くの企業は再び能力開発に投資するのではないかと期待できる。さらに加えれば、この統計は新卒社員への教育訓練に限定したものではない。これをもって、企業が新規学卒就職者への能力開発をしなくなったとはいえない。

新入社員に的を絞った調査としては、図表5-6、図表5-7がある。図表5

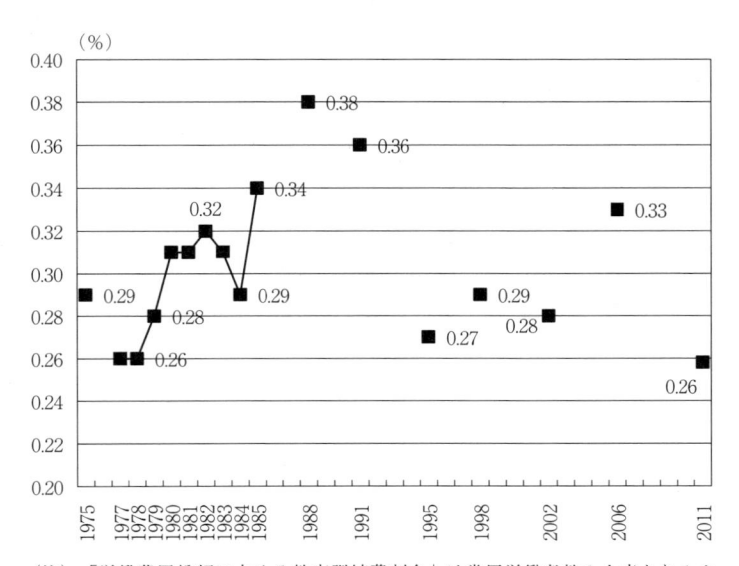

図表5-5 労働費用総額に占める教育訓練費割合

(注)「労働費用総額に占める教育訓練費割合」は常用労働者教1人当たり1カ月の教育訓練費／総労働費用×100
(出所) 労働省大臣官房政策調査部産業労働調査課「賃金労働時間制度等総合調査報告」および厚生労働省大臣官房統計情報部賃金福祉課「就労条件総合調査報告」から作成。

158　第Ⅱ部　職業教育・訓練のあり方

図表5-6　新入社員（入社後3年程度までの者）に対する
能力開発実施状況

事業所規模	計画的なOJTを実施した（％）	計画的OJT平均時間（時間）	Off-JTを実施した（％）	Off-JT平均時間（時間）
30～49人	[33.2]	196.6	[50.3]	80.9
50～99人	[44.4]	179.4	[64.9]	80.3
100～299人	[53.0]	272.1	[74.2]	113.9
300～499人	[60.5]	325.1	[82.7]	135.9
500～999人	[70.5]	406.6	[92.8]	184.0
1000～4999人	[74.5]	536.8	[94.3]	321.3
5000人以上	[80.8]	694.9	[97.4]	506.9

（出所）　厚生労働省「平成19年版能力開発基本調査」。

図表5-7　若年正社員（30歳未満）に実施している育成方法の
3年前との変化（増加・強化－減少・簡素化）

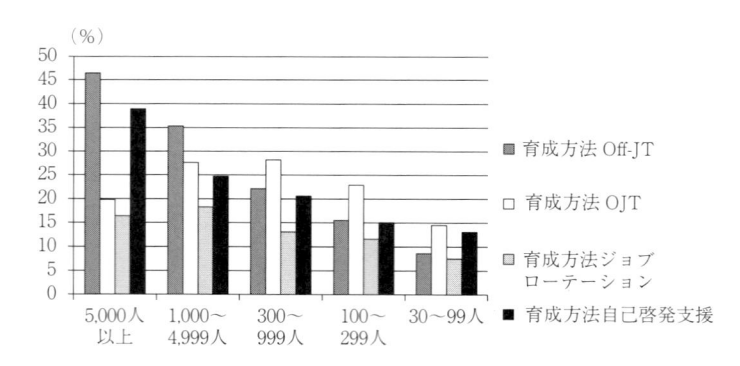

（出所）　厚生労働省「平成17年企業における若年者雇用実態調査」から作成。

-6は新入社員を入社後3年程度までの者と定義したうえで、その新入社員への計画的なOJTとOff-JTの実施の有無、および実施した場合の年間時間数の平均をみたものである。OJTにしろOff-JTにしろ、規模間格差が大きいが、5000人以上、あるいは1000人以上規模の企業についてみれば、ほとんどの企業が新入社員への教育訓練を実施し、その年間平均時間は両訓練を合わせれば、900～1200時間にも達する。入社後1年近くをほとんど訓練だけで過ごすこと

も少なくないといえよう。過去に同種の調査がないので、増減はわからないが、この水準は低いとはいえないだろう。

図表5-7のほうは、若年正社員（30歳未満と定義）の育成方法として図中の4つの育成方法を示し、それぞれについて3年前と比べた時、増加した（強化した）か、減少した（簡素化した）かを問うた設問から作成したものである。すなわちそれぞれの設問に、増加・強化と答えた企業の比率から減少・簡素化と答えた企業の比率を減じた差が図の棒グラフの値である。すべてが正の数値となり、増加・強化と答えた企業のほうが多いことがわかる。特に大企業ほどOff-JTや自己啓発支援により力を入れるようになっていることも明らかである。

こうした統計分析から、企業の新規学卒採用者に対する教育訓練は、少なくとも大企業については継続ないし拡大していることが推測される。近年、企業による若者の職業能力開発の総量が減少しているとすれば、まず、もともと小規模企業ほど能力開発の実施率は低かったところに中小規模企業への就職者が増えたこと、さらに、新卒採用が厳選化する中でその枠から外れて非正規雇用者として就業する若者が増えたこと、などの要因によるところが大きいのではないかと推測される。実際、15-24歳層の雇用者（非在学）に占める非正規雇用者の割合は、女性で4割、男性で3割と1990年代初めに比べて大幅に増えている。正社員として採用した新卒者への教育訓練が行われなくなっているというより、そこに入れない若者たちが増えていることの方が問題を生んでいるのではないかと思われる。

(2) 職業教育の後退・未発達

新規学卒採用・就職という、企業が採用してから集中的に職業能力開発をする仕組みは、一方で学校教育における、あるいは企業の外の社会的なレベルにおける職業教育・職業能力開発への関心を減じさせてきた。

高等学校における職業学科の卒業生は減少を続け、現在では卒業者の2割以下になっている。こうした職業学科の縮小の背景にある要因として、1つには高等教育進学率の上昇が挙げられるが、労働市場との関係から言えば、入職前の職業教育を採用条件としない企業が少なからずあることも指摘できる。実

際、高卒就職者に占める普通科などの職業教育課程以外の卒業者は約4割と多い。

　高校段階での職業教育が縮小する中で、大きな問題となるのは、進学も就職も決まらないまま高校を卒業する「未就職卒業者」の4分の3が、職業教育を受けていない普通課程卒業者であることである。未就職卒業者の多くは、アルバイターになったり無業のままであったりして、彼らのほとんどは企業による新入社員としての教育訓練を受けられる立場にない。彼らは、学校でもまた企業でも職業能力を身に付ける機会を得られないということである。後述するように、こうした未就職卒業者は長く不安定な雇用にとどまることが多いのだが、そこには能力開発の機会が少ないことが影響していよう。

　さて、高学歴化の進行により1997年を境に高卒就職者よりも大卒就職者のほうが多くなっているが、大学卒業者においても、高卒者同様、未就職のまま卒業すると職業能力を獲得する機会はなかなか得られない。

　高校卒業時点でのわが国の高等教育進学率は国際的にみても高く、高等教育機関は発達しているといえるが、そのありようは、新規学卒採用・就職の慣行の浸透と並行して発達してきたという歴史を背景に、独特の形となっている。図表5-8は、欧州11カ国との国際比較調査[1]で、大卒者に対して大学教育の仕事への活用状況を問うた結果である。日本の大卒男女は、高等教育で獲得した知識・技能を職業に使っていると考える比率が欧州諸国に比べて著しく少ない。

　これを出身学部別にみると（図表5-9）、医療系など専門職と直結した分野では活用率は高いが、日本の大学生の約半数を占める人文・社会科学系の場合は、ほとんど活用していないという認識が示されている。この分野の卒業生は企業の事務・営業系の職種に就くことが多いが、企業側も、こうした分野の採用においては、採用後の教育訓練を前提に、専門教育には期待せずむしろ「白紙」で入社してくることを期待するようなメッセージが出されていた。大学教育と職業とが無関係であることを教員も学生も当然と考えるような形でわが国の大学教育は拡大してきたのである。

　人文・社会系の卒業者は未就職卒業者の割合も高い。ここに高校生の場合と同様のキャリア形成の危機がみえる。在学中の教育は職業との関連が薄く、新

第 5 章　グローバル化の下でのわが国の人材育成の課題　161

図表 5-8　大学で獲得した知識・技能の活用度

凡例:
- ■ 頻繁に使っている
- □ かなり使っている
- □ やや使っている
- ▨ あまり使っていない
- ▨ 全く使っていない
- ■ 現在の仕事には高等教育の学習内容は無関係

区分：日本・男性、日本・女性、欧州・男性、欧州・女性

（注）　設問は、「あなたの現在の仕事全体を考えた場合、在学中に獲得した知識や技能をどのくらい使っていますか。」英文：If you take into consideration your current work tasks altogether: To what extent do you use the knowledge and skills acquired in the course of study?
　　　調査対象：大学卒業後　3～4年目の者（日本3,421人；欧州11カ国計34,145人）
（出所）　日本労働研究機構（2001）。

図表 5-9　大学で獲得した知識・技能を「頻繁に使っている」または「かなり使っている」者の比率（日本のみ・出身学部別）

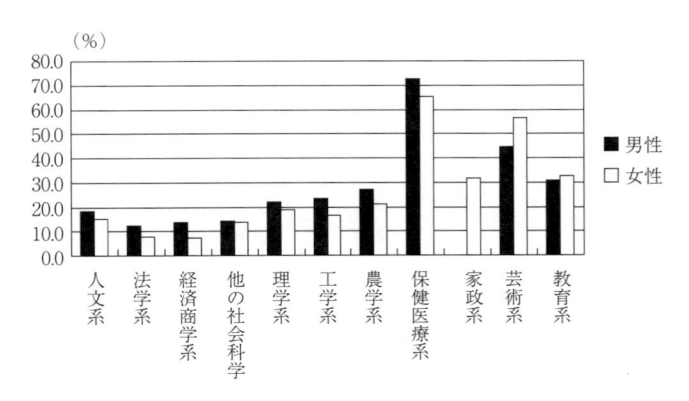

学部別（人文系、法学系、経済商学系、他の社会科学、理学系、工学系、農学系、保健医療系、家政系、芸術系、教育系）・男女別の棒グラフ

（出所）　日本労働研究機構（2001）。

卒採用されなければ企業内での訓練を受ける機会は乏しく、職業能力を高める機会がなかなか得られない事態が起こる。不安定な市場に長く放置される危険性は高い。

さて、企業が新卒採用枠をどのように決めているかといえば、これは景気の影響が大きい。図表 5 -10 には、就職希望の学生・生徒 1 人当たりの求人数（＝求人倍率：図中では丸印の折れ線）の推移に、各年度の卒業者の就職活動時期に合わせて少しずらした景気後退期（網掛け部分）を重ねて示している。景気の先行きの見通しが立たなければ企業は求人数を減らし、求人倍率が低下する関係が明らかである。図表ではこれに、卒業時に一時的な仕事に就いたり無業のままでいたりする者（＝未就職卒業者：四角の折れ線）の割合の推移を重ねて掲載した。未就職卒業者の比率は、求人倍率の増減に相関していることも明らかに見て取れる。

すなわち、学卒時に正社員として就職できないまま非正規雇用や無業状態になる若者たちがどれだけ生まれるかは、景気状況の影響がきわめて大きいということである。いつ卒業するか、言い換えればいつ生まれたかによって、非正規や無業になる可能性の程度が変わる。不運な年に生まれれば卒業時期は不況にあたり、無業になりやすい。新卒一括採用というのはそういう関係を生みや

図表 5 -10　新規学卒求人倍率と未就職率

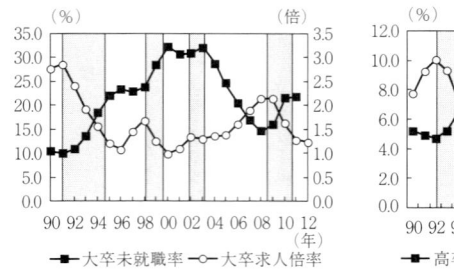

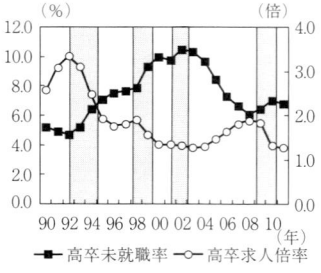

(注)　未就職卒業者は、「学校基本調査」における「一時的な仕事」＋「左記以外」＋「不詳・死亡」。なお、大卒では、2004年から未就職卒業者には専修学校・外国の学校入学者を含まない。卒業者に対する未就職卒業者の比率が未就職率。
(出所)　文部科学省「学校基本調査」、厚生労働省「新規学卒者の職業紹介状況」、リクルートワークス研究所「大卒求人倍率調査」。

第5章　グローバル化の下でのわが国の人材育成の課題　163

図表 5-11　大都市の若者（20〜29歳）の職業キャリア（非在学者）

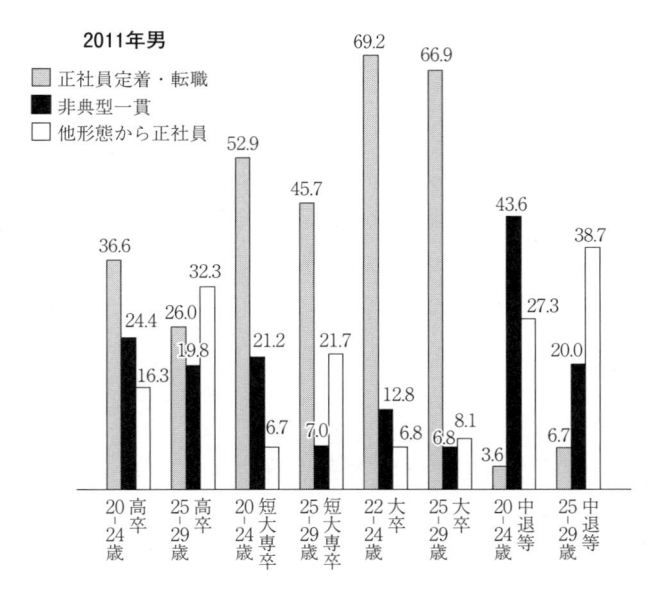

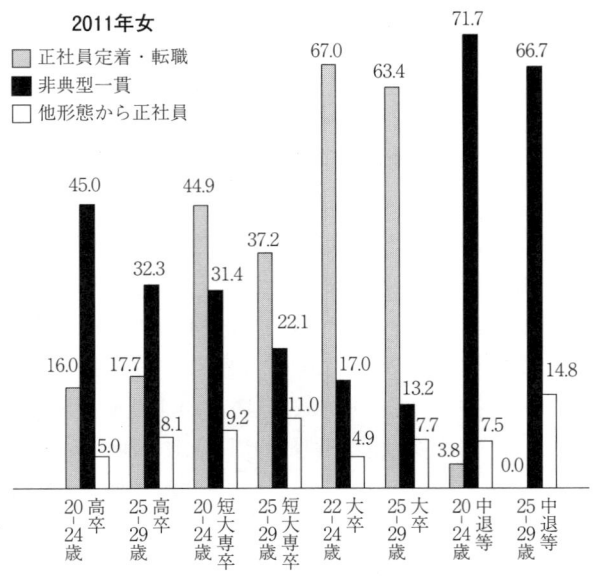

2011年男

凡例：
- 正社員定着・転職
- 非典型一貫
- 他形態から正社員

区分	正社員定着・転職	非典型一貫	他形態から正社員
20-24歳 高卒	36.6	24.4	16.3
25-29歳 高卒	26.0	19.8	32.3
20-24歳 短大専卒	52.9	21.2	6.7
25-29歳 短大専卒	45.7	7.0	21.7
22-24歳 大卒	69.2	12.8	6.8
25-29歳 大卒	66.9	6.8	8.1
20-24歳 中退等	3.6	43.6	27.3
25-29歳 中退等	6.7	20.0	38.7

2011年女

凡例：
- 正社員定着・転職
- 非典型一貫
- 他形態から正社員

区分	正社員定着・転職	非典型一貫	他形態から正社員
20-24歳 高卒	16.0	45.0	5.0
25-29歳 高卒	17.7	32.3	8.1
20-24歳 短大専卒	44.9	31.4	9.2
25-29歳 短大専卒	37.2	22.1	11.0
22-24歳 大卒	67.0	17.0	4.9
25-29歳 大卒	63.4	13.2	7.7
20-24歳 中退等	3.8	71.7	7.5
25-29歳 中退等	0.0	66.7	14.8

（出所）　労働政策研究・研修機構（2012b）『大都市の若者の就業行動と意識の展開―「第3回　若者のワークスタイル調査」から―』。

すい仕組みという側面もある。

　さらに問題は、学卒時に無業のままであったり、正社員以外の雇用形態で働き始めたりすると、その後になかなか正社員に移行できないことである。東京在住の20歳代の男女を対象としたキャリア調査[2]からは、卒業時に無業や非正規雇用であった場合、男性の5割、女性の7割がその後も正社員になっていないことが明らかになった。さらにこの調査からは、学校を中途退学という形で離れると、さらに長期にわたり非正規の市場に居続けることが明らかになっている（図表5-11）。学卒時の不況や中途退学を経験したりすると、新卒採用の枠組みには入れず、そこで外れると、長期にわたって安定的な仕事に就けない。新卒採用・就職という仕組みにはこうした影の部分が伴っているのである。

3. 非グローバル人材育成の課題

(1) 大卒就職システムの変化と課題
未就職卒業者の増加と大学特性

　日本の新卒採用・就職システムで国際的に高く評価されたのは、高校生の就職システムである。高校生の就職は、ハローワークの協力の下、学校が斡旋機関となる非常に組織化された仕組みに支えられてきた。ただし、この数年は、ハローワーク・学校の斡旋を受けない者が増えてきており、高く評価されていた組織的な斡旋力の低下が危惧されるところである。

　大卒については、大学組織が斡旋をする仕組みはあるものの、実質的には広く公開される求人に対して学生が個々に応募する「自由応募」が一般的になっている。大学生の場合、卒業時点で一時的な仕事や無業状態である者の割合は高校生より高く、最近では2割強、2000年代前半には3割を超える高い水準であった。大学生の未就職率が高いのは、就職活動は個人の責任で個々に行うものと認識されており、高校のような組織的な支援を受けないことが多いからでもあろう。先述の通り1990年代後半からは高卒就職者より大卒就職者の数のほうが上回り、現在では大卒就職者数は高卒就職者数のほぼ2倍になっている。こうした事態を考えると、改めて、これだけの未就職卒業者を生んでしまう大

学生の就職プロセスを検討する必要があろう。

そこで、職業への移行が円滑に進まず、無業や非正規雇用になりがちな未就職卒業者の析出メカニズムを実態調査をもとに検討しよう。用いるのは労働政策研究・研修機構が2010年と2005年の2回にわたり、全国の大学（医学・歯学等の単科大学を除く）のキャリアセンター（就職部）を対象に行った調査[3][4]である。

図表5-12では、2005年の調査と2010年の調査から、卒業者に占める未就職率を大学属性別にみている。2005年は不況からの回復過程、2010年はリーマン・ショック後の不況期で、全体としての未就職者比率は「学校基本調査」（文部科学省）によれば、2005年の24.7％に対して2010年は21.7％とやや低い。この2時点の未就職者比率を大学類型別に比べると、国立、公立、そして入学偏差値57以上私立大学（以下、私立A）では、減少が明らかである。これに対して、もともと未就職者比率の高い入学偏差値56以下の私立大学（以下、入学偏差値46〜56を私立B、45以下を私立Cとする）では、増加ないし微増となっており、大学間の差が開いている。

2005年の調査をもとに、大学の設置者と入学偏差値で分けた大学類型別に就職プロセスを検討すると、国公立や私立Aの学生に比べて、私立B、私立C

図表5-12　大学属性別未就職率の変化

		2010年調査			2005年調査	
		平均未就職率（％）	対象大学数（校）		平均未就職率（％）	対象大学数（校）
対象計		23.0	487		23.8	494
設置者・入学難易度（入学偏差値）	国立	11.8	66	<	19.5	75
	公立	14.8	39	<	18.7	47
	私立（〜45）	27.7	141		27.0	135
	私立（46〜56）	26.5	201		25.2	202
	私立（57〜）	15.3	40	<	19.8	35
「学校基本調査」		21.7			24.7	

（注）未就職卒業者は「学校基本調査」の卒業後の状況（に対応させた選択肢）のうち、「一時的な仕事」、「左記以外」「死亡・不詳」の合計。卒業者に対する未就職卒業者の比率が未就職率。
（出所）労働政策研究・研修機構（2012a）。

の学生では、就職活動の情報源や相談相手として学校(職員、教員、カウンセラーなど)を活用した学生のほうが内定獲得率が高いなど、大学の支援を活用することが効果的であることが明らかになった。大学による情報提供や相談対応などの支援は、先に引用した国際比較調査では、日本の大卒者に特徴的な就職活動の資源であった。高卒就職ほど組織的ではないにしろ、他の国に比べれば、大学組織が就職を支援する役割を果たしており、それは特に個々の学生の労働市場における競争力が弱い場合に効果的であるということであろう。

私立B、Cで未就職率が相対的に高まるという事態は、こうした組織的支援が、高校での斡旋力の低下と同じように、弱くなっているということであろうか。2010年調査から、学生の就職活動の変化と未就職の関係を検討してみよ

図表5-13 2〜3年前と比べた就職活動の変化

	私立(〜56)未就職率別				国立 N=65
	計 N=339	20%未満 N=110	20〜30% 未満 N=100	30%以上 N=129	
心理的負担を強く感じる学生が増えた	90.3	87.3	92.0	91.5	81.5[+]
就職活動への取り組み状況の個人差が大きくなった	90.0	86.4	95.0	89.1	76.9**
学生の就職活動への取り組みが早くなった[+]	83.8	87.3	88.0	77.5	84.6
学生の相談が増えた	79.9	80.9	80.0	79.1	84.6
キャリアセンター(就職部)で斡旋できる求人が少なくなった	81.1	76.4	84.0	82.9	50.8***
経済的負担を強く感じる学生が増えた	73.5	72.7	75.0	72.9	64.6
学生がインターネットの情報に頼りすぎるようになった	70.5	63.6	76.0	72.1	61.5
大学主催の就職支援行事への出席率が高くなった[+]	62.8	70.9	60.0	58.1	76.9*
就職活動を途中でやめる学生が増えた**	70.2	58.2	75.0	76.7	23.1***
学生の希望が有名企業に集中するようになった	38.6	30.9	38.0	45.7	52.3*
学生がOB/OG訪問をしなくなった	42.5	37.3	44.0	45.7	20.0**
学生の就職活動状況が把握できなくなった**	30.4	19.1	33.0	38.0	12.3**
学生の授業への出席率が低下した	23.9	20.0	27.0	24.8	20.0

[+]$p<0.1$、*$p<0.05$、**<0.01、***<0.001水準で有意、国立の欄の表示は国立と私立(〜56)の差の検定。
(注) 各設問に「そう思う」または「ややそう思う」と回答した大学の比率。
(出所) 労働政策研究・研修機構(2012a)。

う。

　2010年調査では、リーマン・ショック前後で学生の就職活動がどう変化したかを問うている。図表5-13には、その回答を特に私立B、Cの大学について、未就職者比率別にまとめた。全体に指摘されるのは、やはり学生の就職活動が厳しくなるなかで心理的負担を強く感じる学生が増えたとか、個人差が大きくなったという指摘であるが、就職活動の方法としては、インターネットの情報に頼る傾向が強まり、キャリアセンター（就職部）で斡旋できる求人が減るという、大学が斡旋機関として果たしてきた役割が小さくなる方向にあることがわかる。比較のために国立大学の回答を合わせて載せているが、キャリアセンターで斡旋できる求人の減少は、国立大学ではあまり指摘されず、斡旋機関としての役割の縮小は特にこうした中位以下の私立大学で感じられているということである。

　これらの指摘と未就職率の関係をみると、未就職率が高い大学ほど、学生の就職動向が把握できなくなったとか、就職活動を途中でやめる学生が増えたとしており、未就職率が比較的低い大学で、就職支援行事への出席率が高くなっているとしているのと対照的である。こうした大学では、大学の支援が学生に多く届いているといえよう。また、学生の有名企業志向も指摘されることが多いが、私立BやCの大学での指摘率は低い。これは国公立や私立Aで多く指摘される事項である。ただし、この表でも、未就職者割合が高い大学では有意に指摘率が高い。すなわち、大学の支援が届いている場合は、それほど有名企業への集中的応募は起きないということであろう。

　未就職のまま卒業する学生の特徴をみると（図表5-14）、自分の意見や考えをうまく表現できない、何をしていいかわからない、自信がないなど、さまざまなことができない学生像が指摘されている。これらの「できない」学生層は国立と比較したとき、有意にこうした私立大学での指摘率が高い。大学進学率の上昇が続いているが、その中で、入学難易度の高い大学の学生の変化もあるだろうが、最も学生の質が変化したのは、これらの中位以下の私立大学であろう。そうした学生の質の変化がこれらの指摘の背景にあろう。以下には、こうした大学のキャリアセンターからの自由記述欄への記述の一部を紹介する。

図表 5-14　キャリアセンターからみた進路が決まらないまま卒業する学生の特徴

	私立（～56）未就職率別				国立 N=67
	計 N=344	20%未満 N=111	20～30%未満 N=102	30%以上 N=128	
自分の意見や考えを上手く表現できない	85.8	81.1	87.3	89.8	62.7***
就職活動をスタートするのが遅い	83.7	80.2	83.3	88.3	49.3***
何をしたらいいか分からない	80.5	75.7	84.3	82.8	56.7***
自信がない	77.6	72.1	82.4	79.7	55.2***
教員や職員にほとんど相談しない	78.5	80.2	79.4	76.6	56.7***
エントリーシートが書けない*	74.7	72.1	69.6	82.8	40.3***
こだわりが強い	64.0	64.9	61.8	65.6	56.7
社会人としてのマナーに欠ける+	54.1	45.0	57.8	59.4	25.4***
親から自立していない	52.3	50.5	53.9	53.1	28.4***
友達が少ない	46.8	44.1	48.0	48.4	38.8
生活習慣が身についていない	48.8	43.2	48.0	55.5	25.4***
アルバイトに打ち込む+	35.2	30.6	29.4	43.0	11.9***
まじめに授業に出席する	23.3	18.0	20.6	28.9	14.9
ゼミに所属していない*	13.4	6.3	17.6	15.6	9.0
サークルなどの課外活動に打ち込む	8.7	9.0	8.8	7.8	4.5
成績がよい	5.2	1.8	7.8	6.3	4.5

+p＜0.1, *p＜0.05, **＜0.01, ***＜0.001水準で有意、国立の欄の表示は国立と私立（～56）の差の検定。
(注)　各設問に「そう思う」または「ややそう思う」と回答した大学の比率。
(出所)　労働政策研究・研修機構（2012a）。

・基礎学力の低い学生、基礎学力はあってもコミュニケーション能力の低い学生、職業意識の低い学生、また社会人としての考え方や行動ができない学生等多様な学生の就職支援やキャリア形成支援をするためには、大学全体で支援体制を整備する必要があると考える。
・現状の狭い世界に満足し、将来のことを考えたり、そのために行動する必要性を感じていない学生への動機付けが課題である。
・学生の二極化が進み、従来のキャリア教育・キャリア形成支援では足りない（キャリア教育以前の基礎的学力・社会適応力などが不足した）学生が増えているので、従来のキャリア教育の見直し・修正が必要となっていると思われる。

・新入生時から、大学生活4年間とその先の人生すべてを見据えた「キャリア教育」が重要だと考えます。現在、就職内定をゴールにしがちな「キャリア教育」に偏っているように思えます。大学生活4年間とその先のための「社会人基礎力」を、学生自身が主体的に取り組むようしかけを持ったプログラムが必要。マンツーマンの対応が求められていると思います。
・企業が新卒大学生に求める「社会人即戦力」を限られた大学生活期間の中で「大学教育」として、教育指導する限界を痛感しています。大学で行っている就職支援、キャリア形成支援の中身は、義務教育における「基礎学力」、家庭や地域社会における道徳、マナーに関する指導など本来の大学教育以前の問題なのではないかと疑問を感じながら指導をしています。社会の物質的成熟度が高まり、精神的成熟度が低下している中での「教育」を見直す時期なのかも知れません。

一方で、就職情報がインターネット経由で広く開示され、中堅以下の大学で、これまで効果的であった大学による斡旋・相談が十分活用されない事態が起こり、他方で、こうした大学で学生の質の変化が起きている。未就職卒業者の増加の背景には、求人の減少も大きな要因となっているが、同時に、求職者側、マッチングシステムの側の課題もある。

キャリア教育・キャリア形成支援の効果
　さて、こうした事態はリーマン・ショック後に明示的になっているが、学生の変化やインターネット化は長期的に進んできたことである。これに対して大学では、すでにキャリア教育・キャリア形成支援の導入をすすめてきた。次に、こうした大学の努力が、どの程度未就職卒業者の減少に寄与しているかについて量的な分析を試みる。
　すなわち、2005年と2010年の2時点の調査を接続して、2005年当時に把握された各大学のキャリア教育・支援体制の体制整備が、2005年から2010年にかけての未就職卒業者比率の増減に影響しているかどうかを検討してみる。被説明変数は、各大学の2005年から2010年にかけての未就職者比率の増減であり、説

明変数はキャリア教育・形成支援の程度を示す変数となるが、これは2005年時点で各大学のキャリアセンター（就職部）への財政的、人的投資、また、各キャリアセンターの努力の傾注に対する自己評価、さらに教員と職員との連携度、教員の関与の程度を示す変数としてそれぞれ作成した。入学難易度、所在地域、2005年時の未就職者比率を統制変数として投入したうえで、このキャリア教育・支援にかかわる変数を投入して、これらが未就職者比率を下げる有意な効果があるかどうかを検討した（図表5-15）。その結果、大学全体を対象としても、中位以下の大学のみを対象としても、専任職員を多く配置し、またその努力の傾注度が高いほど未就職者比率を下げる効果がみられた。

図表5-15　未就職率の変化（2010年-2005年）の規定要因
―キャリア教育・形成支援に注目して

		対象大学計		うち偏差値56以下の私立	
		モデル(1) 標準化係数	モデル(2) 標準化係数	モデル(3) 標準化係数	モデル(4) 標準化係数
05年未就職卒業者比率		－0.402***	－0.436***	－0.337***	－0.326***
設置者・入学難易度（基準：私立45以下）	国立	－0.410***	－0.693***		
	公立	－0.248***	－0.376***		
	私立（46〜56）	－0.104	－0.267***	－0.080	－0.257**
	私立（57〜）	－0.279***	－0.410***		
大学所在地（基準：九州・沖縄）	北海道・東北	0.016	0.058	0.033	0.039
	北関東	0.017	0.025	0.051	0.078
	南関東	－0.061	－0.014	－0.070	－0.087
	中部・東海	0.003	0.016	－0.038	－0.023
	近畿	－0.016	0.031	－0.031	－0.030
	中国・四国	－0.054	－0.009	－0.076	－0.004
卒業者100人あたりキャリア支援経費			－0.029		－0.052
卒業者100人あたり専任職員			－0.199*		－0.236*
就職支援自己評価（100点）			－0.176**		－0.233**
就職担当教員との連携（4段階）			0.002		0.009
教員との頻繁な情報交換（4段階）			0.036		0.021
教員関与度			0.004		－0.001
R2乗		0.243	0.358	0.139	0.267
調整済みR2乗		0.220	0.311	0.109	0.196
N		364	250	239	158

（出所）　労働政策研究・研修機構（2012a）。

採用側の行動変化

　大学の役割の変化は、企業側からみれば採用情報・採用経路の変化である。インターネット経由で広く採用情報を公開し、応募もインターネット経由で受け付けるようになって、一人の学生が多くの企業に同時に応募することが多くなった。平野（2011）から、具体的な事例をみると、最終的には30人程度を内定する企業において、第1段階の「エントリー」をした学生数は、1万人から3万人に達していた。これだけの数の学生を面接することはほとんど不可能であることから、多くの企業がターゲット大学を絞ったり、Webテストでプレ選考を行ったりして、面接試験に進む人数を絞っている。

　平野（前掲）によれば、重点的に広報活動を行うターゲット大学を設定する企業はおよそ4割程度だが、その8割は20校以下に絞っているという。大学は、入学難易度の高い大学であることもあるが、当該企業の採用実績人数の多い大学や特定のスキルに対応した学部であることもある。ターゲット大学の学生に対しては、インターンシップの優先的な枠の割り当てや他大学の学生より多くの情報を提供したり、学校別の説明会の予約枠を設けたりする。大学学内での一次選考（オン・キャンパス・リクルート）を行うこともあるという。また、Webテストでは、中学・高校レベルの学力などが問われる。学生の質が多様になったために、こうした絞り込みが必要になっているとの指摘もある。これらによって、面接試験に進む学生を1000人程度にまで絞っているという。

　ターゲット大学以外の学生にとっては、応募の機会を減らされるという不公平感があるが、企業にとっては、面接試験にかかるコストを考えると、現実的にはいたしかたないところがある。ここには、インターネット経由の情報流布がもたらした非効率さがある。新卒採用は事務系、技術系程度の大括りの職種枠で実施されてきただけに、インターネット化によって採用市場が日本全国に広がると、あまりに大きな市場になってしまったのである。そこから企業が扱える程度の量の応募者を絞るために、見方によっては不公平な絞り込みを行わざるを得なくなっている。

　ただし、ターゲット大学は単に有名大学に絞られているわけではない。各企業の採用効率を高めるためのターゲット化であるから、それぞれの企業の判断で多様な絞り方になっている。大学側の調査から、現在、どのくらいの大学が

図表 5-16　大学内に企業を呼んでの選考（オン・キャンパス・リクルート）の実施状況

(％)

	実施している	実施してない	無回答	合計	N
合計	38.7	53.2	8.1	100.0	491
国公立・私立（57〜）	29.5	61.0	9.6	100.0	146
私立（〜56）	42.6	49.9	7.5	100.0	345
20％未満	45.0	45.9	9.0	100.0	111
20〜30％未満	45.1	48.0	6.9	100.0	102
30％以上	38.8	54.3	7.0	100.0	129

（出所）　労働政策研究・研修機構（2012a）。

　キャンパス内で一次面接ぐらいまでを行うオン・キャンパス・リクルートを実施しているかをみると（図表5-16）、むしろ中位以下の大学で多く行われている。

　こうした大学内でとじた「小さな市場」を作ることは、未就職者の多い大学では効果的であろう。実績を重ねることで、学生の大学への信頼が高まり、より大学による支援が届きやすい環境を作ることができるのではないか。組織的な支援につなげることは、途中で就職活動を続けられなくなる事態を防ぎ、未就職卒業者の減少につながるだろう。

(2)　新規学卒採用以外の職業への移行経路──訓練生雇用の仕組みの導入

　一方、卒業年が不況期で就職のハードルが高まり未内定のまま卒業せざるを得なくなったり、何らかの学校時代のつまずきで中途退学をしてしまったりすると、新卒採用の枠組みから抜け落ちてしまう。卒業3年目までを新卒採用対象にするなど、新卒採用の柔軟化を図る政策も重要だが、多くの国で取り入れられている訓練生としての雇用から一般的な雇用に移っていく仕組みの導入も必要だと思われる。訓練生という有期雇用の枠組みがあることは、企業の採用のハードルを下げる効果もあるし、実践的な訓練を受ける機会を未就職の若者たちに提供することもできる。

　2008年から始まったジョブ・カード制度はそういう発想から取り組まれた政

策である。「ジョブ・カード構想委員会」最終報告（内閣府（2007））では、同制度は「正社員就職できずに非正規にとどまる学卒者など職業能力形成機会に恵まれない人が企業現場・教育訓練機関で実践的な職業教育を受け修了証を得て、これらを就職活動など職業キャリア形成に活用する制度」とされている。同制度の特徴は、①企業における実習（OJT）と教育訓練機関等による座学（Off-JT）からなる実践的な職業能力形成プログラム、②訓練成果の企業外にも通用する汎用性（「職業能力評価基準」による受講後の能力評価）、③受講前後のキャリアコンサルティング（この前後のジョブ・カードを作成する）だといえる。

訓練には、雇用型訓練（訓練生を企業が雇用して行う訓練で、国は企業に対して訓練期間中の賃金を助成する、「有期実習型訓練」と新卒対象の「実践型人材養成システム」とに分かれる）と委託型訓練（公共職業能力開発施設や国等から委託された民間教育訓練機関が主体となって、企業実習を組み込んで行う訓練）があるが、ここでは訓練生雇用の仕組みである雇用型訓練（特に有期実習型訓練）に注目する（図表5-17）。

有期実習型訓練は諸外国で取り入れられている訓練生雇用の仕組みに最も近いものだと思われるが、同制度の見直しがあったために、平成23年度からは急激に受講者が減っている。ここでは制度変更前の2010年9月に本訓練制度導入企業に対して行われた調査[5]から、企業からみた同制度の評価を紹介する。

本調査から浮かび上がる有期実習型訓練導入企業は、多くが従業員規模30人

図表5-17 ジョブ・カード制度の訓練受講者数の推移

	平成20年度	平成21年度	平成22年度	平成23年度4-8月	合計	就職率
職業能力形成プログラム受講者数	35,564	48,825	46,485	13,168	144,042	
有期実習型訓練受講者数	505	4,612	10,368	539	16,024	73.0%
実践型人材養成システム受講者数	957	3,133	10,681	7,769	22,540	96.9%
日本版デュアルシステム受講者数	33,902	41,080	25,161	5,376	105,519	71.9%

（注）　平成22年度実績は暫定値。平成23年度実績は8月末時点の値。就職率は、平成22年4月～平成23年3月末までに訓練を修了した者の3ヵ月後の値（暫定値）。
（出所）　内閣府「ジョブ・カード推進協議会・資料（平成23年11月9日）」。

未満の小規模企業で、また、これまで中途採用はしてきたが、新卒採用の経験はほとんどない企業であった。こうした企業の多くが、中途採用では技術を持った経験者でないと採用できなかったが、同制度での助成金を活用することで、未経験者を採用して教育訓練できるようになったと本制度の意義を認めている。

また、訓練プログラムについては、同制度の訓練がOJTとOff-JTを組み合わせた体系的で実践的な訓練プログラムであるという点への評価が高い（図表5-18）。O社の例に示すように、これまでは「何となくOJT」というレベルの訓練しかできていない企業が、体系的な教育プログラムを実施することができるようになり、この教育効果を大変高く評価していた。

> O社：これまでは何となくOJTで教えているから、目の前のものをつくることしかできないなど知識が狭かった。一方、ジョブ・カード制度訓練では、金属がどういうものか、図面の読み方、材料、加工方法、かたさなどの一般的な知識を学んでから製造現場に入るので、訓練を終了すると、自分でプログラムを組んで製品までつくれるまでになる。そのように細か

図表5-18　有期実習型訓練への評価―実践的な訓練内容

（％、太字は実数）

	合計	企業規模（正社員）				導入時期			
		10人未満	10人～30人未満	30人～100人未満	100人以上	終了済みあり（21年中）	終了済みあり（22年中）	実施中（22年8月迄に開始）	実施中（22年9月以降開始）
	225 100.0	**77** 100.0	**76** 100.0	**39** 100.0	**19** 100.0	**55** 100.0	**61** 100.0	**53** 100.0	**56** 100.0
単に能力を見極めるだけでなく、実践力を身につける効果がある	84.4	88.3	84.2	82.1	78.9	87.3	80.3	84.9	85.7
カリキュラムが体系化されていて効果が期待できる	83.1	90.9	72.4	82.1	89.5	81.8	83.6	81.1	85.7
OJTとOff-JTを組み合わせたことで訓練効果が高い	79.1	81.8	76.3	79.5	78.9	83.6	82.0	75.5	75.0
自社にあうカリキュラムに落とし込むのが難しい	39.6	44.2	42.1	20.5	47.4	43.6	41.0	43.4	30.4
適切なOff-JTを組み込むことが難しい	34.2	35.1	40.8	30.8	21.1	38.2	29.5	37.7	32.1

（出所）　労働政策研究・研修機構（2011a）。

く勉強してスタートした人はいままでいなかった。たぶん5年くらいすると、体系だった知識を勉強した者とそうでない者との間に差が出ると思う（金属・精密機械加工、正社員48人）。

H社：従来はやるべきことを口頭で伝えることがほとんどであったため、評価シートがあることで項目ごとの目的が明確になる。それは訓練生ばかりでなく、訓練担当者にとっても意味があった。そのため評価シートがあるのとないのとでは大きく違う（印刷、正社員20人弱）。

G社：ジョブ・カード制度の訓練活用以前に雇用した正社員に対して、これまでに感じていた作業の細かな違いを、どこをチェックすればよいか、どこを間違いやすいか、が明確になった。そしてそれらの細かな差が出ないようにするために、どう説明すればよいかということも整理できた（食品製造、正社員4人）。

図表5-19　有期実習型訓練への評価―基準にそった職業能力評価

(％、太字は実数)

	合計	企業規模（正社員）				導入時期			
		10人未満	10人～30人未満	30人～100人未満	100人以上	終了済みあり(21年中)	終了済みあり(22年中)	実施中(22年8月迄に開始)	実施中(22年9月以降開始)
	225 100.0	**77** 100.0	**76** 100.0	**39** 100.0	**19** 100.0	**55** 100.0	**61** 100.0	**53** 100.0	**56** 100.0
必要な職業能力が明確になり、指導がしやすくなる	81.3	87.0	75.0	87.2	73.7	85.5	75.4	86.8	78.6
能力評価基準の考え方をより上位の職位にも適用したい	60.0	59.7	61.8	64.1	57.9	63.6	55.7	64.2	57.1
能力評価基準は、他の正社員採用の際にも目安として使える	77.8	80.5	75.0	71.8	89.5	81.8	70.5	77.4	82.1
一律の基準で評価するには評価者訓練が欠かせない	59.6	59.7	56.6	61.5	68.4	65.5	54.1	62.3	57.1
現場の指導者に趣旨に沿った指導を行うよう徹底するのが難しい	26.7	20.8	30.3	30.8	26.3	38.2	29.5	26.4	12.5
応募者がジョブ・カードを持っていれば採否の判断がしやすい	56.9	61.0	52.6	53.8	57.9	63.6	47.5	62.3	55.4
ジョブ・カードのキャリアコンサルタント記入欄は注意してみる	70.2	70.1	63.2	74.4	73.7	74.5	72.1	69.8	64.3

(出所)　労働政策研究・研修機構（2011a）。

また、能力評価基準に沿って評価シートが作られ、教育すべき内容が示されることで、指導がしやすくなったことも多くの企業が評価している（図表5-19）。これまで職業訓練をしたいと思いながらも体系的な訓練ができなかった企業が多く、何をどのくらい、どのように教えればいいか企業が理解するようになったことも大きな効果であろう。既存の職業訓練に関する企業調査では、訓練阻害要因として、訓練にかける時間と費用がないということを指摘する結果が多く、訓練の方法がわからないという指摘は少ないのだが、こうした導入企業の反応をみると、むしろ訓練に方法があるということに考えが及んでいなかったのではないか思われる。改めて、訓練方法を企業に普及することも重要であることがわかる。

　ジョブ・カード制度の訓練導入企業が、このように同制度の訓練を高く評価しているということは、訓練生雇用の仕組みが日本にも定着する可能性が高いことを示唆する。新たな仕組みが社会的に認知されるまでには時間が必要である。企業側の認知が進めば、これまで経験者採用しかしてこなかった企業が、未経験者採用と採用者への企業内訓練に取り組むようになることも多いであろう。訓練機会に恵まれず非正規雇用についていた若者たちに、新卒以外の経路を見える形で広げていくには、こうした地道な経路の整備が必要である。

(3)　新規学卒採用に乗れない層への移行支援―社会的企業の可能性

　最後に、より就業能力が低い段階の人に対する施策についても触れたい。グローバル経済化が進むと、先進諸国の労働市場ではより高い能力を持った人への需要が高まり、就業のために必要な能力水準そのものがこれまでより高いものになってくることが推測される。

　一般労働市場で必要とされる能力水準にまで達するには時間がかかったり、なかなかそこまで達しなかったりする人はこれまでも一定数いたが、今後、さらに増える可能性もある。二極化といった社会の分断の方向でなく、社会の一体性を保ち、すべての人に社会のメンバーとしてその力を発揮してもらえるようにすることも重要な政策となってこよう。

　社会のメンバーとして力を発揮する機会を持てないでいる若者の典型は、ニート状態の人である。これまでニート支援機関として、地域若者サポートステ

ーション事業が展開されてきたが、この経験を通じてみえてきたことは、一般労働市場になかなか入れない人が少なくないことである。支援機関での一定期間の相談や訓練を経ても、アルバイトで就業することも難しいことがある。こうした若者たちに、現在、いくつかのNPOや協同組合が、社会参加から部分的な就業へと徐々に機会を増やし、少しずつ自立へ道筋を拓く場を提供している。それは一般的な労働者としての労働の枠には収まらず、「中間的な働き方」とでも呼ぶべき状態である。一方、こうした組織の実態調査[6]をすると、その持続可能性が高いとは言い切れないことが明らかになった。多くの組織が、公的な仕事を自治体から受託することで経営を成り立たせていたが、入札制度のもとその経営状態は厳しいものがあった。また、そのスタッフも報酬が限定的で、キャリアパスに大きな課題を抱えていた。

　こうした組織は「社会的企業」と呼ぶことができよう。社会的企業の議論は、米国とEUとで異なる関心の下で展開されてきているが、ここで考えられている社会的企業は、EU型の概念、なかでも労働市場から排除された就労困難者に就労・訓練機会を提供する目的の事業体である「労働統合型社会的企業」に相当するものである。

　韓国では、「社会的企業育成法」を制定し、こうした組織を持続可能なものとする政策を展開している。社会的な目的を持ったこうした組織を法的に位置づけ、公共サービス契約での社会的条項を導入するなどして、わが国でも持続可能なものにしていくことが必要である。

注
1) 「高等教育と職業に関する12カ国比較調査結果」1998～1999年実施。欧州11カ国と同一調査票で1995年大学卒業者を各国を代表性を担保して3000ケース以上。日本では、バランスを考慮して選ばれた全国45大学106学部の卒業者を卒業者名簿から無作為抽出しての郵送質問紙。回収3421票、回収率32％。
2) 労働政策研究・研修機構が2011年に実施した「第3回若者ワークスタイル調査」。東京在住の20歳代の若者を母集団に、エリアサンプリング法（母集団を反映するよう性・年齢別に層化した目標値を設定）により2058票を回収。報告書は『大都市の若者の就業行動と意識の展開―「第3回　若者のワークスタイル調査」から―』（近刊）。
3) 「学卒未就職者に関する緊急調査・4年制大学調査」2010年5月下旬～6月上旬実

施。調査対象は、全国の4年制大学（医学・歯学・看護学・宗教学の単科大学、および2005年以降に新設された大学を除く）614校のキャリアセンター（就職部）。有効回収票数：493（回収率は80.1％）
4）「大学就職部／キャリアセンター調査」2005年7～8月実施。対象は「学卒未就職者に関する緊急調査・4年制大学調査」に同じ。有効回収票数：510票（回収率82.7％）
5）『ジョブ・カード制度の活用に関する企業調査』（2010）有期実習型訓練実施企業へのアンケート調査（全国の地域ジョブ・カード（サポート）センターを通じて450企業に配布し有効回収数は292、有効回収率は63.5％）、および同センターから紹介を受けた17社へのヒアリング。
6）「若者就業支援組織ヒアリング調査」（2009、2010）若者就業支援を行うNPOやワーカーズ・コレクティブ、ワーカーズ・コープなど社会的企業、計17団体（2009年調査）、直接の支援団体にくわえて、中間支援団体、自治体、株式会社　計21団体（2010年調査）。

参考文献

内閣府（2007）「ジョブ・カード構想委員会」最終報告、平成19年12月12日。
日本労働研究機構（2001）「日欧の大学と職業―高等教育と職業に関する12カ国比較調査結果」調査研究報告書、No.143。
平野恵子（2011）「企業から見た学力問題―新卒採用における学力要素の検証」『日本労働研究雑誌』No.614。
労働政策研究・研修機構（2006）『大学生の就職・募集採用活動等実態調査結果 Ⅱ「大学就職部／キャリアセンター調査」および「大学生のキャリア展望と就職活動に関する実態調査」』調査シリーズ、No.17。
―――（2009）『若年者の就業状況・キャリア・職業能力開発の現状―平成19年版「就業構造基本調査」特別集計より』資料シリーズ、No.61。
―――（2010）『高校・大学における未就職卒業者支援に関する調査』調査シリーズ、No.81。
―――（2011a）『ジョブ・カード制度の現状と普及のための課題―雇用型訓練実施企業に対する調査より―』資料シリーズ、No.87。
―――（2011b）『「若者統合型社会的企業」の可能性と課題』労働政策研究報告書、No.129。
―――（2012a）『学卒未就職者に対する支援の課題』労働政策研究報告書、No.141。
―――（2012b）『大都市の若者の就業行動と意識の展開―「第3回　若者のワークスタイル調査」から―』労働政策研究報告書、No.148。
OECD (1999) Preparing Youth for the 21st Century: The Transition from Education to the Labour Market, Proceedings of the Washington D. C. Conference, Paris.
――― (2010) Off to a Good Start? Jobs for Youth, OECD Publishing. http://dx.doi.org/10.1787/9789264096127-en

第6章　グローバル人材の育成
―製造業を中心とした基盤整備について―

八幡成美

1．はじめに

　事業活動のグローバル化が急速に進展しているが、産業界からその流れに的確に対応できる人材が不足していると強調されている。日本経済団体連合会（2011）によれば、産業界がグローバル人材に求める素質、能力とは、社会人としての基礎的な能力に加え、日々、変化するグローバルビジネスの現場で、さまざまな障害を乗り越え、臨機応変に対応する必要性から「既成概念にとらわれず、チャレンジ精神を持ち続ける」姿勢、さらに、多様な文化・社会的背景を持つ従業員や同僚、顧客、取引先等と意思の疎通が図れる「外国語によるコミュニケーション能力」や、「海外との文化、価値観の差に興味・関心を持ち柔軟に対応する」としている。ここで想定されている人材は入職口の新人から中堅層の若手人材であることが伺われる。そして、平均化すればこのような能力に期待しているともいえよう。

　改めて言うまでもないが、グローバル人材と言っても、どのような経営階層を想定するかによって、求められる能力水準とその内容は大きく異なるであろう。経営層なのか中間管理職層なのか、技術者や営業担当者、あるいは現場監督者など、どのような階層を念頭に置くかによって求められる能力も大いに異なる。また、海外事業所で働くことを想定するなら、業種、業態、進出国、操業年数などの違いやその企業のグローバル経営の発展段階により、経営戦略は異なるし、求める人材の能力も異なるのが当然である。人材需要の中身を念頭に議論すべきであろう。

本稿では製造業の海外進出を念頭においており、そのグローバル人材の育成に注目し、国内的な基盤をどのように整備するべきかを検討する。まず、日本企業の海外進出の歴史を概観して、どのような分野にどのような人材需要があるのかを確認し、階層別の人材ニーズについて検討する。また、米国のグローバル対応にふれ、今後、日本が競争力を維持していく上で米国社会から見習うべき点はどのような点にあり、人材育成面で日本の社会的な基盤整備はどうあるべきかについて検討する。

2．製造業の海外進出と技術移転体制

(1) 戦前の海外進出

日本製造業の海外進出の歴史をたどれば、繊維、肥料、食品などの業界では戦前から海外に進出していた企業は少なくなく、当時の海外事業経営のパフォーマンスも決して悪くなかったことが知られている。桑原（2007）は、内外綿社の中国工場でのオペレーションを事例に取り上げ、戦前戦後を通じた日本企業の海外現地経営の共通性を指摘している。つまり、日本で十分に訓練した人材を大量に派遣して、現地工場の管理者ポストに多数の日本人を配置し、中国人労働者の直接管理体制を敷いて、中国人労働者の勤労意欲を引き出すのに尽力し、必要とする技術を積極的に移転して製品の高付加価値化を実現し、生産性を高めて、現地の民族系企業との棲み分けも実現していたという。

このようなオペレーションを可能としていたのは、技術移転の担い手でもある指導職、中間管理職層の優秀さもさることながら、経営層にグローバルな視点から経営戦略を展開できる人材が蓄積していたからともいえる。

(2) 高度経済成長期に再開された海外進出

日本企業は、戦後の復興期には政府の規制で自由に海外進出ができない時期が続いたが、1960年代に入り、韓国、台湾、香港などへの進出に加えて、特に国内産業保護のために関税の高かったタイ、インドネシアなどの現地市場の確保を狙いとする進出が始まった。とはいえ、当時の日本企業の海外事業の主力は輸出であり、現地生産をする場合は進出先国の規制もあって、合弁形態をと

らざるを得なかった。その際に合弁相手側は主として現地市場開拓を含めた営業を担当し、日本側は日本の進んだ技術を利用した生産面の責任を持つ形が多かった。当時の海外進出企業は、マッチ、地下足袋、飾り付け電球、縫製、ロープなど労働集約的な中小企業性の製品を製造する中小企業もあったが、大手企業では乾電池、家電製品、ファスナー、繊維、金属加工、自動車、同部品、タイヤなどの進出が先行した。しかし、投資規模もそれほど大きなものではなく、「小さく産んで大きく育てる」方式の経営を中長期的に展開する企業が多かったのである。つまり、現地で当時から生き残っている企業は、進出当初の生産品目や事業内容を継続的に見直し、たえず変化させてきた歴史を持つ[1]。進出先国内マーケットの成長が飽和すると事業規模の拡大のためには生産品目を拡大し多角化することが企業成長の方策となるからである。

進出国での出資規制が弱まり過半数以上の出資が可能となると、独自の経営判断でオペレーションが可能なように100％出資に切り替えて、設備を増強した上で生産品目を国際競争力のある商品アイテムに拡大し、国内向けと輸出向けの製品を生産する動きが強まった。

(3) 円高と ASEAN への進出

1970年代から1980年代半ば頃まではニクソンショックによる円高、石油ショックを経た国内人件費の高騰もあり、繊維産業、電子産業、精密機器産業で特恵関税を利用して第三国に輸出するために、ASEAN 諸国の FTZ（自由貿易地域）などに輸出向けの大規模な生産拠点を設ける企業が急増した。生産品目は最初から輸出を狙いとしているのだが、製品グレードとしては中近東向けなど先進国向けに比べるとややレベルの低い中・低級品が中心で、高級品は日本国内で生産する製品別垂直分業関係にあった。

シンガポール、マレーシア、タイなどへの電子産業の進出がその典型であり、ラジカセ、電卓、デジタル時計、タイプライター、ミシン、TV、スピーカー、白物家電などである。しかし、当初は安価な人件費を背景に労働集約的な生産形態であったものを、一方で資本蓄積を進めながら人件費の上昇に合わせて機械化・自動化の水準を高め、基幹部品や金型などの現地調達率を高めるために日系部品メーカー、下請け企業の進出を促し、一方ではローカル企業の

技術水準向上を狙いとして、購買部門に生産技術指導スタッフを配置したり、協力会を組織して現地取引先企業の育成に力を入れるなど、本格的な技術移転を進める企業が増加した[2]。特に白物家電や自動車のキーパーツの国産化が求められ現地調達率を高めるためにそのような活動が強まった。それに合わせて現地企業を支援するために日本側の母工場の機能も強化された。つまり、現地工場への生産移管にあわせて、新製品の立ち上げ時期に現地人スタッフを日本の母工場に受け入れて長期研修をする機会も増加した。

　1980年代後半頃から世界マーケット向けの国際商品を大規模に生産する新鋭工場をタイ、マレーシア、中国などに設ける動きが強まり、それらの工場から第三国に直接輸出するのだが、以前よりもより設備集約的な生産体制となったこともあり、海外派遣要員が増加することになったが、日本人スタッフがなかなか抜けられない傾向も強まった。

(4)　先進国への本格進出

　欧米先進国との貿易摩擦もあり、TV／VTR、自動車、半導体、工作機械など日本からの輸出が難しくなった製品の欧米での現地生産を始める企業が増えてきた。投資規模もかなり大きくなるし、現地社会に与える影響も大きくなったことは言うまでもない。先進国とはいえ、企業誘致に熱心な経済的に落ち込んでいる地域に進出したケースが多いので、地元からはおおむね歓迎されたし、途上国に比べて現地人材の教育水準は高く、生産の立ち上げはスムーズに進んだが、一生懸命に育成した人材でも短期間で転職してしまうとか、ジョブデマケーションが強固でフレキシビリティがないことに戸惑いを感じた日本人出向者が多かった。

　とはいえ、時間をかけて会社へのコミットメントとチームワークの重要さを植え付ける努力が続けられた。例えば、英国への進出では当時の英国労働組合は地域ごとに職業別組合が強固に組織化されており、1つの工場に複数の職業別組合があるのが普通だったが、日系企業は交渉の窓口を一本化（シングル・ユニオン）して、安定的な労使関係を構築することに力を入れ、チームワークを重視すると同時に、貢献度に応じて賃金に反映させる能力主義的な労務管理をブルーカラー層にまで拡大適用するとか、提案・改善活動を通じて従業員の

参加意識を高めるなどの工夫がなされた。つまり、当時のヨーロッパでは硬直的な労使関係から ME 技術革新への適応が遅れ気味であったことなどの要因も加わり、柔軟性（フレキシビリティ）の向上が社会的に重視されたのである[3]。これが対立的な労使関係を基盤としていた英国社会に大きな影響を与えたことは言うまでもない[4]。

　途上国に限らず英国や米国でも、日本企業のブルーもホワイトもなく、社長や工場長が自ら現場に出向いて現地人材と一緒になって働く姿は現地人から歓迎されたことは言うまでもないが、それまで特権的な位置を占めていた大卒エリートたちからは理解を得るのはなかなか難しかった。とはいえ、大卒エリート層についても操業期間が長くなるほど経営理念の共有化などを通じて中長期的視点を重視する日本企業の考え方が浸透していった。

(5) 中国への進出

　1980年代後半からは中国への投資が本格化し、それも第三国への輸出のための生産拠点としての性格から中国国内市場へのアクセスも重視されるようになってきた。1978年に始まった鄧小平の指導体制の下での改革開放政策であるが、軌道に乗り始めたのは1980年代の後半であろう。つまり、当初は長期の共産主義体制下で技術水準も低く、生産性や品質に対する意識はかなり低かった。経済特区としてスタートした深圳に始まる華南地域への進出では電子産業の集積が急速に進み、香港企業や香港経由の台湾系企業（本社は租税回避地であるバミューダなどが多い）からの投資が多かった。日本の大手企業も隣接する東莞市や広州市などに進出した。また、上海や天津などへの進出も急増し、重慶などの奥地への進出も増えた。進出企業が現地人材の育成に力を入れたこともあって、技術レベルは急速に向上した。

　例えば縫製業であるなら1980年代半ばの中国の技術レベルは極端に低く、輸出品として競争力のあるものは下着ぐらいだったが、岐阜の中小企業をはじめ多くの日本企業が中国人研修生を受け入れて、かつ育成後には現地工場の中核人材として活用するなどで品質水準を飛躍的に高めて、高級婦人服などのアパレル製品の現地生産が可能となった[5]。このような下地があって、多くの欧米系企業や日本の企業が中国への委託加工を増加させたのである。人件費の高騰

もあって沿岸部からより奥地へと進出先が広がった。

　ASEANへの進出でも、合弁相手先企業や取引先企業の経営者に、教育水準が高く優秀な華僑系の人材が多かった。そして、日系企業の現地人管理職としても華僑系の人材が中核的な役割を担うケースが多かった。また、台湾では操業経験も長く良好な協力関係にある企業が育ってきたなど、日本企業の中国系人材とのビジネス関係の経験は長い。

　中国への進出では当初は現地政府からの要請もあって、国営企業との合弁が多かったが、徐々に民間企業として郷鎮企業から発展した株式会社や香港、台湾系の資本と組んで進出する企業が急増した。しかし、共産党独裁の国であるのでカントリーリスクは大きく、突然法律が変わるとか、商習慣の違いから売掛金を回収できないとか、利益送金が難しいとか、経営不振から撤退を計画しても資本金すら回収できなかった企業も少なくない。特許、商標権などの知的所有権についての摩擦は今でも解消されていない。

　とはいえ、人口規模が大きいので富裕層をターゲットにするだけでも巨大な市場があるし商機も多い。かつ、ハングリーで優秀な若い人材が大量に存在していたので、技術のキャッチアップも早く、技術移転も急速であった。技術移転が短期間で進んだ理由は、国策として優秀な人材を世界に送り出してノウハウの取得に力を入れたことがあげられるが、進出企業が現地人材を育成したこともあげられる。それに加え政府が半導体製造などで最先端技術の供与を外資企業の進出条件にするといった規制をしたり、デッドコピーで特許侵害の事実があっても見て見ぬふりをしたりするなど国内利権の確保に努めたこともある。その意味では中国への進出はアジアNIEsやASEANへの進出とはかなり様相が異なり、ノウハウの流出に無防備で戦略性に欠ける日本企業からの技術流出が続いてきたとも言える。

　東西冷戦後の1990年代半ばからのBRICsの成長はそれまでの海外進出とは一線を画する段階になったとも言える。つまり、2000年代になるとマーケットが富の蓄積が進んだ新興国へと急速にシフトしはじめたこと、為替変動などのリスクが以前に比べてかなり大きくなったことが指摘でき、リスク回避のために海外生産の規模は一層拡大した。

(6) グローバル化の3段階

大まかに見れば、日本企業の海外進出の歴史を3つの段階に分けて考えると理解しやすい。第1段階は国内で生産して輸出をするのが中心であった段階であり、海外生産に乗り出す企業は量的にも少なかった。第1次オイルショックを契機にやや増加に転じたが本格化は1980年代の貿易摩擦以降である。第2段階は海外に生産拠点を本格的に移した段階で、JIT生産などの先進的な生産技術の移転には成功してきた。第3段階は、人事、財務、R&Dなど経営活動全般のグローバル化である。多国籍企業として、全世界での最適オペレーションを目指すものでもある。経済産業省「海外事業活動基本調査」によれば製造業の現地法人数は1977年に1,795社であったものが1987年に2,688社、1997年に6,555社、2009年には8,399社と1990年代後半以降の急増ぶりが目立っている。これだけ急ピッチに海外進出を進めれば海外生産拠点で活躍する人材が不足するのもうなずけよう。

海外進出といっても第3段階の経営全般のグローバル化にいたる企業はまだ少ない。日本企業の活動が本格的なグローバル化の段階に入ったと思われる指標の1つにIPO（International Procurement Office：国際調達拠点）の開設があげられる。海外でのプラント建設を展開していたエンジニアリング会社が、1980年代半ば頃から自由貿易港であるシンガポールにIPOを設けて、国際調達した設備を中近東などのプラントに組み付けることをはじめていた。電子産業[6]は1990年代半ばから生産拠点ごとにバラバラに調達していたものをIPOがまとめて発注することでコストダウンするとか、物によってはEMSへの委託加工も本格化させるなど、生産拠点全体を見渡してのコントロール体制が強化されたのであるが、これは国際的に事業を再編する中でこのような体制が構築されてきた。

(7) 現地への貢献度の高い日本企業の進出

日本企業は当初は日本人出向者が多く、直接管理をするということで、欧米企業に比べて現地化が遅いと批判されたが、実態は全く逆で、日本人出向者が多い分人件費は高くなるが、現地人材の育成に力を入れたり、ビジネスを通して現地の中小企業を技術指導しながら現地調達率を高めたりするなど、時間を

かけながら本格的な技術移転を進めてきた。安定的な取引をベースに企業間の協力関係を緊密にして、スペックのすり合わせや VA 提案もローカル企業との間で日常的に行い改善・改良能力を高めるための実質的な技術交流がなされている。

　長期的視点からビジネスを通し OJT 中心で現地人材を育成し能力が向上したことを確認しながら職務権限も委譲していく。長期的な経験を重視する日本企業の人材育成のやり方は経験の浅い現地人大卒エリートからの理解を得にくいのだが、現実には徐々に内部昇進で役員にまで昇進させた現地スタッフが増えている。

　一方、欧米系企業の多くは最初からまとまった規模で投資（フルセット型）をして、大量のマニュアルを用意し、現地での裁量の幅が少ない標準品の大規模生産を志向し、限定的な範囲内ではあるが、職務に見合った人材を採用して配置し、担当者には職務範囲内の権限を全面的に与えてオペレーションを任せる企業が多い。もともと、欧米系企業の多くは職務が明記しやすい定常的な生産活動を展開することが現地工場の使命となっており、技術移転の内容もかなり限定的になっている。当初の生産品目や生産方式を変更しないなら問題のないビジネスモデルである。そして、採算が合わなくなってくると他国への移転や撤退に向かう企業が少なくない。

　日系企業でも縫製や精密などの企業で眼が良くて手先が器用で、低賃金労働力を活用することを狙いとして進出した企業では、設備投資を控えて労働集約的な生産に終始し、人件費が上昇しはじめると低賃金を求めて身軽に渡り鳥的に進出国を変えている企業もある。

　しかし、アジアに進出した多くの日系企業は、資金的制約から当初から大規模な投資が難しかったとの条件も加わり、操業経験を重ねながら JIT 生産、工程内品質管理などで生産性を向上させながら規模の拡大を狙うやり方が主流である。したがって、生産品目、生産方式の見直しは日常的で変化も激しいので直接・間接に指導する日本人スタッフが多くならざるを得ない事情がある。変化も激しいので現地スタッフの育成には時間がかかるが、彼らも日本人スタッフとともに企業の成長を経験することで経営理念を共有でき、強靱な企業組織を作り上げることが可能となった。先進国への進出でもアジアでの経験に裏

打されて現地人材の育成と価値の共有を大事にする日本企業の経営スタイルには共通性が多い。

これが漸進的なイノベーションと生産技術革新を組み込んだ技術移転のメカニズムでもあり、これが日本企業の強みでもあるフレキシビリティのある強靱な組織体制を形成してきた。グローバル化が進んだ段階では、このような日本企業の強みを活かしながら、世界各地に分散した生産拠点全体の最適化をめざして統合的にコントロールすることになる。近年ではこれを実現できる人材が内外の拠点で逼迫しているといえる。

3. 日本の製造業の強みはどこにあるのか

日本の製造業の強みは、コアの技術をもとに時間をかけて少しずつ多角化していく漸進的イノベーションにあると言える。JIT生産、セル生産に代表される低コスト、高効率、高品質の生産技術革新はその中核でもあり、それを支える人材の育成がセットになっている。

例えばある合成繊維メーカーは高分子材料から高機能フィルム、エンジニアリングプラスチック、炭素繊維複合材料、電子情報材料・機器、高機能分離膜、医薬・医療材など基礎素材から加工製品まで幅広い事業を展開してきているが、それぞれが時間をかけながら育ててきた事業の柱でもある。そして、R&Dから製造まで一貫してかかわってきた人材が中核に存在している。造船業から始まって鉄道車両、工作機械、内燃機関、航空機とキーテクノロジーから拡大してきた企業もあるし、重電機から制御機器、家電、半導体、通信機器へと総合電機メーカーとして成長してきた企業もある。それぞれのキーテクノロジーを担ってきた人材を内部で育成してきたところに強みがある。

企業の寿命は40年と言われるが、帝国データバンクによれば、日本で創業100年以上の「長寿企業」(個人経営、各種法人含む)は2010年8月時点で2万2219社にのぼっており[7]、日本ではステークホルダーそれぞれが企業活動の継続に大きな価値をおいているともいえよう。企業は収入を得るために働く場であるといった関係だけでなく、社会への貢献や自己実現の場になっており、企業活動の継続がそこで働く人たちの生き甲斐にまでつながっていることが、長

寿企業を生み出すエネルギーとなっている。

　景況は変動するので、収益性の高い事業への選択と集中をはかりながら、中長期的な視点から自己変革を続けることができなければ企業は存続するのは難しいので、そのための継続的・漸進的イノベーションであり、それを支えてきたのが柔軟で強靱な組織活動を可能とする幅広い職能の優秀な人材である。

　アメリカや英国では基礎研究とか応用研究ではめざましい成果が出ているが、事業化の段階に問題があり遅れる傾向にあった。むしろ、基礎研究の成果をキャッチアップして事業化につないでゆくのは日本企業の方が優れていた。欧米の基礎研究の動向から最先端のテーマを決めて、そのまま真似をしないで独自のアイデアを盛り込んで新しいものを作り出す。これを経験したからものづくりの基盤を担う人材を育成することができたとも言える。トランジスタラジオとかテープレコーダー、カラーTV、半導体など、あるいはNC工作機械とか、産業用ロボット、鉄鋼業の連続鋳造とか、光ファイバー、カーボンファイバーなど事例をあげればきりがない。

　ところが、1990年頃から先端分野でのキャッチアップが進み製品化のネタが少なくなってきたことから企業の基礎研究部門がかなり強化されてきた[8]。しかし、不確実性も高く、時間のかかる基礎研究はその評価が難しいのが現実でもある。一方、日本ではその主たる担い手でもある大学での研究テーマが、2000年代以降に成果主義の蔓延から短期的に成果を出しやすい応用研究テーマが比重を高めており、米国の大学が以前よりも長期的なテーマの基礎研究に力を入れているのとは全く対照的な動きとなっている点が危惧される。市場主義が大学にゆがんだ形で浸透してきたとも言えよう。バイオやナノテクノロジー、半導体、医療機器など科学的知識を基礎とするサイエンス・ベース・インダストリーの比重が高まりつつあるのだが、時間のかかるこれらの分野で国からの資源投入が減少しており、引用論文数や特許件数でも中国に大きく水をあけられそうな状況になっており、将来の日本産業の競争力低下が危惧される[9]。

　プロダクトイノベーションでは基礎研究→応用研究→設計・開発→試験研究—各段階の目的を明確にして、それぞれの段階で中核的に活躍する人材を意識的に育てることと、各段階での連携を強化しないと、知識・技術・技能が継

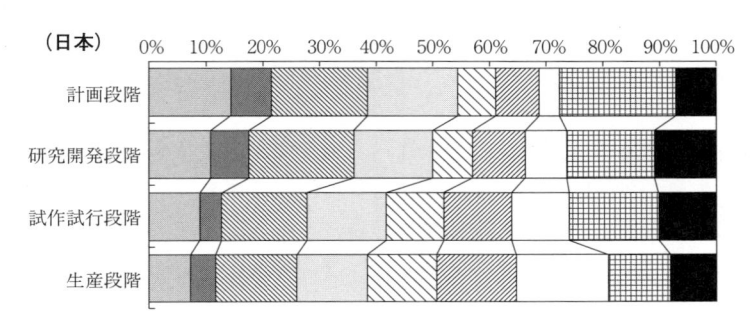

図表 6 - 1　開発プロジェクト段階別参加者の比較（MA）

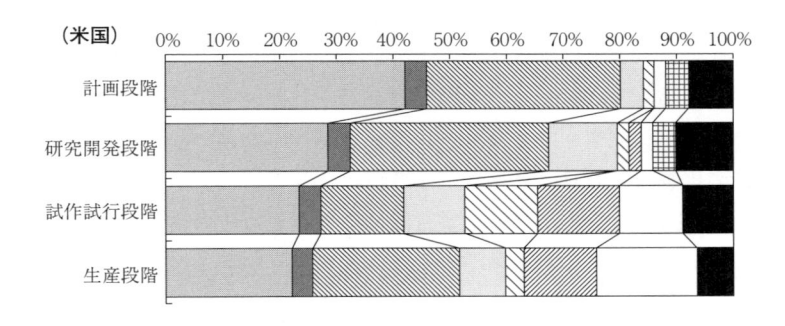

（日本）

計画段階
研究開発段階
試作試行段階
生産段階

（米国）

計画段階
研究開発段階
試作試行段階
生産段階

□社長　■若手後継者　▨技術者　□工場長　▱現場監督者
▨熟練技能者　□一般技能者　▦営業担当者　■社外の技術者
（米国では
テクニシャン）

承されずに継続性も維持できない。

　これまで比較的うまく機能してきたといわれる日本企業のプロダクトイノベーションの進め方の特徴は、開発の早い段階から現場作業者、監督者、生産技術者、工場長、営業担当者などが連携協力して進める点にある。

　図表 6 - 1 は開発プロジェクトの段階別にどのような職能のメンバーが参加しているのかを日米の中小製造業で比較したものである[10]。日本ではいずれの段階でも技術者と工場長が中心メンバーとして関与しており、社長は計画段階での関与度は高いが、研究開発段階以降では関与度は低くなる。顧客ニーズを反映させる営業担当者は計画段階への関与度が高く、研究開発段階、試作試行

段階、生産段階と関与度は段階を追うほど低下するとはいえ、すべての段階に参加している。顧客ニーズ重視の開発プロジェクトであるのが特徴でもある。また、関与度は低いけれど現場監督者、熟練技能者、一般技能者が計画段階から参画しているのが注目されよう。

一方、米国企業では計画段階での社長の関与度がかなり高く、研究開発、試作試行、生産の各段階への関与度もかなり高い。技術者は計画段階、研究段階で中心的な位置を占めている。社長と技術者が中心になってプロジェクトを牽引している。工場長は研究開発段階、試作試行段階での関与度が高く、現場監督者は試作試行段階での関与度が高い。テクニシャンと一般技能者の参加は試作試行段階からである。

このように日本企業はプロジェクトの計画段階から多くの職種が参画して情報を共有しているのに対して、米国ではそれぞれの職務領域が明確に規定されているので、中小企業といえどもプロジェクトへの参画の段階は職種によって明確に分業化されており、社長自身が各段階に強力にコミットしている。

米国企業の迅速な意志決定と企業行動はこのような組織構造を背景としており、日本企業が学ぶところも多いのだが、逆にジョブデマケーションにこだわり、職能集団間の連携が必ずしもスムーズでないため、開発から製品化にいたるまでの幅広い職能集団からのアイデアをきめこまかく反映することが難しいという問題も抱えており、その分トップや技術者主導で進めざるを得ない。つまり、高度の専門家層と現場労働者層との取り扱いに、明確な二分化が進んでおり、その統合は生やさしくない。

これに対して、日本企業の職能集団間のスムーズな連携は職能を重視する人事労務管理制度に守られてきた。ほぼ単一民族であるがゆえに言葉の壁は少なく、職工身分格差のない職能重視の組織運営は構成員の納得性も高く、意思の疎通がやりやすいといったことが強調されてきたが、奥田（2011）は、日本企業での働き方は相互に異質であり矛盾するものを排除することなく、共存し相互に補足し合う相補的関係性を維持する仕事の仕方であるとする。このような異なる職能間での連携・協力を重視した管理体制は日系進出企業の日常活動にも共通的に観察されることである。

前川（2010）はグローバル化を進める時、現地の人と一緒に市場をひろげて

いくことが重要とし、日本人は場所を感じ、共同体をつくり、すり合わせを行っていく上では世界一の能力を発揮するが、現地の顧客へのシステム、サービスの説明では現地の人と話した方が説得力があるとしている。企業内での適切な分業関係とでもいえよう。

つまり、このような仕事のやり方は、各種職能のメンバーが各自の職域にこだわらず一定の緊張感のもとでチームとして柔軟に協力しあう。このやり方は米国のように社長や技術者が強引に引っ張っていく形よりも緊密なコミュニケーションがとれ、立ち上がりを速くすることができるが、一方で調整の時間が長くなるので全体的なプロジェクトの期間が長期化することになる。

日本企業の高品質、高精度、独創的な技術開発に力点をおいた経営戦略は中長期の戦略としてのすばらしさはあるが、短期間に収益を極大化させる方策としては必ずしも適していない。むしろ、米国型の標準化、大量生産による低コストを実現する手法は、大規模な投資となるが短期的に大きな収益を生み出す可能性が高い。しかし、短期的に採算性が低いからといって将来の収益源となるような部門も切り捨ててしまう危険性もある。それでも、米国企業は不足部分をM&Aで買い取って補完すればよいとの発想が強い。一部の日本企業でも自前主義を捨ててM&Aを強化する動きもあるが、本来の日本企業の強みを活かし続けることを意識しないと、中長期的には買収した企業を活かしきれずに全体の経営パフォーマンスにマイナス要因となる場合もでてくるだろう。

したがって、中長期的な視点からは日米企業の経営スタイルでどちらが良いかは経営戦略との関係で選択されるものであろう。近年のグローバル化の議論が日本企業の良さを無視した、アメリカ型の経営スタイルに傾いた議論になっていないか心配するところでもある。

4．経営階層別に見た求められる能力と育成策

日本企業の海外展開の歴史と製造業でのオペレーションの特徴点を指摘してきたが、これらのニーズに応えられる人材の育成がポイントとなるだろう。以下では経営層、R&D技術者、生産技術者、現場監督者（技能系指導職）、高度熟練技能者（万能工、熟練職人）、営業、経理担当者などを念頭に議論を進

めよう。

(1) **経営層の育成**

現地で経営を担う部長以上の人材は、英語力、交渉力、事業創造力などが求められる。若いうちに関係会社などに出向経験があり、事業経営の経験を積んでいることがポイントであろう。また、若いうちに海外経験があることがより好ましいことは言うまでもない。グローバル化を積極的に進めている企業では、海外の大学の MBA コースとタイアップ（例えばスイスの IMD ビジネススクールなど）して特別のコースを編成して集中的に研修をするとか、コーポレートユニバーシティ内にコースを設けるなどで人材養成に力を入れている。

英語と赴任先国の言語をマスターして、地域社会の中で事業活動をコントロールする能力が求められるのだが、基本は仕事能力（技能、知識、経験、表現力）であり、日本の歴史を踏まえた道徳観や倫理観に裏打ちされた日本人としての価値基準を保ち、リーダーシップを発揮できるかどうかである。

米国の典型的な MBA コースのカリキュラムを図表6-2に示す。これはグローバル・エグゼクティブ向けの2年間の MBA コースであるが、将来の幹部

図表6-2　グローバル・エグゼクティブ　MBA コースのカリキュラム例

経理・管理会計	国際金融
情報システム	国際人的資源管理
ビジネスのための企業データ分析	国際 SCM、電子商取引
グローバル・ビジネスにおける倫理	国際製品戦略
国際ビジネス交渉	持続可能な発展
異文化コミュニケーション	地球環境の分析 I&II
組織行動論	国際戦略プロジェクト I、II、&III
国際マーケティング・消費者行動	国際経済
多国籍企業の組織・経営プロセス	製造およびサービス管理
国際ビジネス規則	国際経理
戦略的マネジメント	──────

（出所）　Georgia Institute of Technology の HP より。

養成にこのような幅広い教育がなされている。

　1980年頃に日本のエンジニアリング産業で、国際的に活躍するプロジェクトマネージャーが不足しているということで、業界をあげてその育成のためにカリキュラムの開発やキャリア開発プログラムに力を入れていた[11]。特に、日揮、千代田化工、TEC のエンジニアリング専業大手3社では育成のためのキャリアパスを整理するなどかなり熱心に取り組んでいた。ヨーロッパの有名大学への海外留学では世界各国から集まっている優秀な人材と親しい友達関係を構築することも、将来のビジネスにつながるという意味でも大きな目的になっていた。

　日本企業らしさを理解して実践できる能力があり、現地での企業文化、歴史を理解して自律的に決断できる人材になってくれることが重要で、その際に日本の国益も意識して行動できることが期待される。

　現地の人材が育ち、実質的な経営の現地化が進んだ段階で最後に残るのは財務・経理の責任者である。日系企業としてのアイデンティティを維持しながら日本と現地社会との連結ピンの役割を担うことになるので、グローバル対応ができる人材でなくては難しい。

　黒沢（2011）の駐在経験者に対する「グローバル人材に必要な能力・経験」についての調査によると、図表6-3のようにベスト5は「適応力・柔軟性・精神力」（76％）、「対話力・ディベート力・交渉力」（68％）、「専門分野の専門性・技術力・問題解決力」（63％）、「リーダーシップ・積極性」（51％）、「人材マネジメント力」（48％）となっている。対話力・ディベート力・交渉力は英語力が中級レベルの人材でこれを指摘する声が多く、自分自身で課題感を感じている。「日本の政治・経済・文化・歴史・慣習についての知識と理解」は12％と指摘率は低いのだが、英語力が高く、職位も高い人からの支持がさらに多かったという。また、海外に知己を得ることと同じで、上位階層になるほど「現地国でのネットワーク（人脈）構築力」なども指摘が多くなっている。

　つまり、経営層になるほど事業経営の能力に加えて、日本の政治・経済・文化・歴史・慣習などの知識や人材構築力が切実に求められており、これは若い頃から継続する教養教育に裏打ちされたものでもある。

図表6-3　世界で戦えるグローバル人材に必要な能力・経験は何ですか？（MA）（N=112）

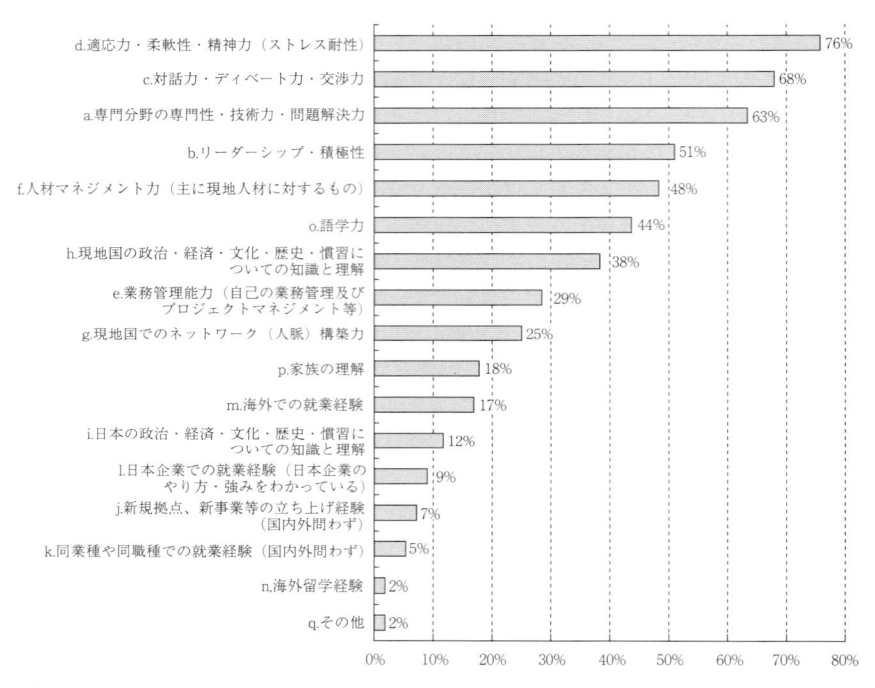

- d.適応力・柔軟性・精神力（ストレス耐性）　76%
- c.対話力・ディベート力・交渉力　68%
- a.専門分野の専門性・技術力・問題解決力　63%
- b.リーダーシップ・積極性　51%
- f.人材マネジメント力（主に現地人材に対するもの）　48%
- o.語学力　44%
- h.現地国の政治・経済・文化・歴史・慣習についての知識と理解　38%
- e.業務管理能力（自己の業務管理及びプロジェクトマネジメント等）　29%
- g.現地国でのネットワーク（人脈）構築力　25%
- p.家族の理解　18%
- m.海外での就業経験　17%
- i.日本の政治・経済・文化・歴史・慣習についての知識と理解　12%
- l.日本企業での就業経験（日本企業のやり方・強みをわかっている）　9%
- j.新規拠点、新事業等の立ち上げ経験（国内外問わず）　7%
- k.同業種や同職種での就業経験（国内外問わず）　5%
- n.海外留学経験　2%
- q.その他　2%

（出所）　黒沢（2011）。

(2) 技術者の育成

　海外現地生産では生産技術者が多くの場面でキーパーソンとなる。生産移管に関して責任を持つし、現地人エンジニアや現場監督者、現場作業者の育成にも直接的にかかわっている。現地工場の操業を安定させ、品質トラブルの解消、生産性の向上に日夜努力することになる。

　団塊世代の優秀な生産技術者が大量に引退しており、そのあとを引き継ぐ若手の生産技術者を養成することは緊急の課題でもある。若手のエンジニアは新製品への切り替えとかトラブル解消のために現地工場に短期派遣されて対応することが一般的である。つまり、新しい技術を次々に学んでいかなくては技術者として陳腐化してしまうので、若手技術者の何年にも及ぶ長期派遣は現実的

ではない。

　したがって、若手技術者は短期応援が中心で、ある程度現場経験のあるベテランの生産技術者が現地工場に長期派遣されることになる。海外生産の拡大ペースが速すぎると、絶対数的に少ない彼らの供給が滞り、現地工場は品質や生産性面でのトラブル発生の潜在的なリスクを抱えることになる。現地スタッフを育成するにしても、いろいろなトラブルの解決を経験し、それを積み上げるには10年以上の期間がなくては難しいし、その上、せっかく育て上げても定着してくれるとは限らない。母工場のイノベーションに機敏に追従するためには、現地人エンジニアとの結節点となる日本人生産技術者の役割は今後ますます重要になってくるが、日本の工場は隅々までIT化が進み、現場の泥臭い改善を体験する機会も減少しているし、生産技術者自体が減員され、現場をよくわかるエンジニアが少なくなっている。その上、泥臭い生産技術者をめざす理系人材が減少しており、彼らの処遇を改善しなければ、生産技術者をめざす優秀な若者の供給も増えないだろう。

　グローバル化が本格化するに従って生産規模も拡大するし、現地向けの製品開発や生産が本格化すると、生産ラインも高度化してくるし、現地の経済、生活習慣や言葉を十分理解できる特定国の専門家でなくては対応しきれなくなる。以前にはアメリカの工場からタイの工場、そしてヨーロッパの工場と全世界を転勤する海外専門要員としてのキャリアを積む人も少なくなかったが、そのような人材の供給にも限界がある。むしろ、日系企業としてのアイデンティティを持った上で、地域性をもって現地社会に溶け込んで行ける派遣要員としての生産技術者を育成する必要がある。若いうちから海外工場への応援部隊として経験を積ませる形で計画的に育成しておく必要があろう。

　第3段階の本格的なグローバル化を進めている企業では現地市場向けの製品開発を自律的に展開できるような体制を構築してきている。現地人R&D担当者を育成して、彼らにローカルマーケット向けのR&Dを主体的に担当させることになる。しかし、あくまで日系企業であるのでグローバルに統合化されたR&D体制にする必要がある。そこで、現地採用のエンジニアと一緒に、あるいはプロジェクトリーダーとしての役割を担う日本人技術者が中核的役割を果たすことにならざるをえない。しかし、日本人技術者は4、5年単位でローテ

ーションとなるが、現地法人の操業期間が長くなるほど現地人スタッフも育成されているので、中途半端なキャリアの技術者を送り込んだのでは、現地でプロジェクトマネージメントの能力を発揮することは難しい。しかし、現地市場向けの製品開発を担うような人材を生産技術者のように育成していけるかどうかは今後の大きな課題となるだろう。

　ところが、「海外に出て行って実力を発揮できない日本人技術者が多過ぎるので、国際環境対応能力を向上させるべきで、特にアジアでリーダーシップを取れるようにすべきである」(伊東(2004))との指摘がある。つまり、グローバル展開を進める上で、プロジェクト推進の段階で異民族融合のできる技術系人材が必要不可欠である。このような国際的に活躍できる優秀な技術者を育てるには、30歳代で「技術士などの技術者資格」を有し、真の「国際経験」を経た若い技術者集団をスーパー技術者候補の母集団として、世界各国から集めた外国人の若手技術者との共同研究活動の体験を通じて育成するスーパーキャリアパスを設ける必要があると提案している[12]。

　国際的な舞台での経験、これは学会、海外大学への留学、他社の技術者との国際的な他流試合などだが、今後、国際競争力を発揮していくにはこのようなエリートエンジニアの育成が緊急の課題であり、そのためには優秀な人材が集まるような処遇の改善が必須であるし、育成のための時間的ゆとりの確保が大事であり、意識的に彼らを育てるために企業、学会との連携が一層重要となるだろう。

(3) 現場監督者(技能系指導職)

　海外工場の立ち上げ時期には、母工場の現場監督者(技能系指導職)が現地人の育成、指導で主導的な役割を果たしている。彼らが現地で直接指導するのは基本的には立ち上げ期の半年程度の短期間であるので、それほど大きな問題はない。言葉の問題はあるが、派遣前に事前教育を受けていれば、やり方を見せながらのOJTが中心であり、実務の指導力があるので、指導面では問題となることは少ない。むしろ、海外で現地人技能者の指導ができる彼らを国内母工場でいつまで育成することが可能かが課題でもある。つまり、日本がいつまでも母工場の役割を担えるかどうかは適地生産を進めるほど難しくなる。

ベトナムの日系自動車工場にタイの工場からタイ人技術者、指導職が来て生産立ち上げの支援や品質改善活動などの技術指導をすることが定着してきているが[13]、タイ工場からベトナム工場への支援体制を見ても、日系企業が海外現地人材の育成で最も成功しているのはこの層であることが理解できる。

(4) 高度熟練技能者（万能工、熟練職人）

日本が国際展開で競争力を維持できている源泉はこの万能工（多能工）にあるともいえる。つまり、競争力を高めるために、自前の生産設備や治工具を日本本社の工機部門が独自に製造している企業が少なくないが、それを担当しているのがメカトロもわかるし、機械加工やキサゲ作業、溶接もできる万能工である。独自に作った設備であれば簡単に真似されることはないし、生産段階では高精度、安定した高品質、低コストを実現している。また、JIT生産では送り装置の自動化など随所にローコストオートメーションの工夫がなされている。

現代の設計はCAD化が進んでおり、コンピュータ上でバーチャル化されている。技術者は設計図面をCADで作成するが、それを現実のものとして実現できるのは、高度熟練技能者の経験と知恵に大いに依存している。例えば、テーパーを付けるのが常識のものに、設計者が見落としていてテーパーを付けなかった場合に、製造現場側で工夫してテーパー加工を加えて作り上げてしまっている。擦り合わせ技術の源泉でもある。

設計図から現実の物を作り出すのが現場力といえるが、同じ失敗を繰り返さないためには、図面の間違いを現場から吸い上げて標準化していく仕組みも大事である。技術者は人間であるので失敗は必ず避けられないもので、小さな失敗を現実体験として体化させることがその後のカンを磨き上げるのに役立つ。しかし、技術者のエンジニアリング能力の不足を補っているのが現場力であるが、このような現場力を発揮できる技能者は、技能五輪[14]で活躍できるような基礎力プラス応用力のある人材を、時間をかけて意識的に育てる必要がある。経験を積み熟練技能が形成されるのであり、彼らが試作や生産設備の開発などで活躍することで、日本の現場力が高水準を維持できているのである。これを海外工場の中で実現しようとするとかなり難しい。

米国などの先進国の生産拠点では日本と同じような自動化率の高い設備集約的なラインで生産することが多いが、組立ロボットを組み込んだ自動組立ラインのトラブルシューティングやメインテナンスは、母工場で保全の仕事を経験しているか、工機部門で生産設備を製造した経験がないと対応が難しい。現地への技術移転が遅れて、日本人が抜けられないのもこのような分野であって、万能工的な高度熟練技能者の養成は今後も手を抜けない分野である。

グローバル対応を進めているある企業では、改めて企業内訓練施設での高度熟練技能者養成プログラムを見直して、本格的にその養成に力を入れはじめているが、このような動きがこれから一層強まるだろう。

5. 米国のグローバル化対応

米国のスーパーマーケットの店頭には中国製品があふれている。設計・デザインやビジネスモデルは米国企業のものであっても、製造は人件費の安い中国への委託加工品が圧倒的に多い。

ではアメリカで強い製造業はと考えると、航空機、自動車、軍需関連、IT関連、農業関連、化学、医薬、住宅関連などで競争力のある企業が沢山あり、さらに競争力が低下している中・小型乗用車や工作機械なども外国企業の誘致で内需に対応する動きも活発である。バイオとか、ナノテクとかの先端分野の研究にNSFが多額の国費を投入しており、これからも先端的な分野は高い競争力を維持していくであろう。

一方、中小製造業分野に眼を向けると、先端分野で独自の商品を開発して成長している企業群と、例えば繊維関連とか金属部品の賃加工などのように、すでに市場も成熟化していて、国際競争力もあまりない分野で細々とやっている中小企業群とに二極化している。後者の分野の企業では日本と同じくかなり厳しい状況に追い込まれていて、自前の製品や独自技術を持っているところだけが生き残り、量産物の部品加工をやっていたようなところはかなりダメージを受けている。個別領域では、メッキとか、熱処理とか、鋳造とか、板金加工とかで特徴のある企業はそれなりに競争力を維持してがんばっている。

一方、米国には多国籍展開で長い経験のある企業が多い。例えば、IBM、

XEROX、ファイザー、キャタピラーなどが代表にあげられるが、これらの企業のグローバル展開については多くの研究があるのでここではふれない。

　早くから多国籍展開しているIBMだが、筆者は1970年代に藤沢工場を見学した経験があるが、当時、インテルサット（通信衛星）を利用して全世界の営業受注情報をロンドンに一度集約し、世界各地の工場間で競争をさせて、最も安い工場にロンドンのセンターから発注して製造させていた。その生産計画や在庫管理（MRP）、物流までロンドンのセンターのコンピュータで集中的に処理していたのである。今ではIBMはハードの製造からかなり撤退し、ソフト開発、それもソリューションビジネスに力点を移しているが、東日本大震災時の危機対応でも日本企業に比べるとかなりシステマティックに対応していたことが知られている。このような危機管理の分野を含めてIBMは進んでいる企業である。各種対応のマニュアルや制度、仕事の区分、責任関係が明確に規定されているということだが、全世界にビジネスを展開するということは、このようなことを含めて、彼らの経験に学ぶべきものが多いといえよう。

　また、米国の産官学連携は1980年代以降にかなり強化されてきた歴史がある。理系の大学のエクステンションサービスはSBDC（中小企業庁）からの資金で中小製造業の経営・技術支援を行っているケースが多い。また、大学は複数の企業が参加するコンソーシアムをNSFの資金援助を受けて主催し、参加企業から参加費を徴収して基礎研究の外部資金として、オープンイノベーション型の研究プロジェクトを遂行することも一般的に見られる（八幡（2012a））。

　また、日本と違って、エンジニアが専門職としての社会的なステータスが高いという側面もあるが、学会活動に積極的に参加している。また、学会が研究発表の場としてだけでなく、州政府の経済開発担当者が学会の場を利用して競争的研究資金のPRをするとか、新製品のデモンストレーションの場を提供するとか、かなり実利的な専門家の交流の場となっている。このような産学官連携については日本が米国から学ぶ点は多い。

6. テクニカルカレッジ（コミュニティカレッジ）での人材の質向上

　米国では、経済が停滞した1990年代から行政サービスのワンストップ化がいろいろな場面で進んでいる。日本に比べて米国の行政サービスの質は高いとは言えないが、公共職業訓練の分野ではワンストップサービスが比較的うまく機能している。

　米国の職業教育訓練の基本は2年制のコミュニティカレッジが担っている。サービス経済化、グローバル化が進む中で、1980年代の末にアメリカ経済復活ための処方箋として MIT のプロジェクトチームにより書かれた『メイドイン USA』[15]があるが、そこでは人材の質が問われ、職業教育訓練のレベルアップが強調された。

　この頃から人材の底上げを狙いとして、各州のコミュニティカレッジが強化されてきたとの事情もある。図表6-4は25歳以上の最終学歴であるが、修士以上が1割を占め、高学歴層の比重が日本に比べてかなり高い[16]。また、学士、準学士、その他のカレッジ卒についても日本よりもかなり多くなっている（コミュニティカレッジ卒はその他のカレッジ卒に含まれている）。

　現在の公共職業訓練の実施機関は実質的にはテクニカルカレッジ（コミュニ

図表6-4　25歳以上の最終学歴
（2008年5月）

博士	1.3%
専門職学位（歯学、医学、法学など）	1.5%
修士	7.5%
学士	19.1%
準学士	8.8%
その他のカレッジ卒	17.2%
高卒および同等の認定	31.2%
高卒未満	13.4%

（出所）　U. S. Department of Commerce, Census Bureau, Current Population Survey (CPS), March 2008.

ティカレッジ)[17]が担っている。労働力投資法（Workforce Investment Act：以下、WIA）による連邦政府予算で運営されており、非自発的失業者および若年失業者（タイトルⅠ）、成人教育およびリテラシー・プログラム（タイトルⅡ）、および職業リハビリテーション・プログラム（タイトルⅣ）などの公共職業訓練がなされており、職業教育訓練予算の全体に占めるWIAの予算は1割程度である。公共職業訓練の主たる対象者は失業者、高卒資格のない成人、障碍者、退役軍人などハンディのある人たちである。

　職業教育訓練の中心的な担い手はテクニカルカレッジ（コミュニティカレッジ）だが、ジョージア州を例にとれば、2008年度の予算が約6.2億ドルで、うち州の予算が3.7億ドル、連邦政府からの予算が0.6億ドル、授業料などからの収入が約1.8億ドルで、州からの予算で大半がまかなわれている[18]。高校卒業後2年間のコースであって、電気、機械、建築などのテクニシャン養成、美容師、看護師、経理・会計、IT関係、自動車整備など日本のポリテクカレッジや専門学校がこれにあたるが、州立校が中心であるのでキャンパスや設備、予算、スタッフそしてカリキュラムの面でもかなりしっかりした職業教育訓練がなされており、日本の専修学校のようにバラツキは大きくない。

　米国の中堅以上の規模の製造業での一般ワーカーの採用では、民営職業紹介会社が募集を代行し、まずテンポラリーワーカーとして採用し、1～3年位働いた後で正社員に採用するのが一般的である。エントリーレベルのワーカーではその質評価が困難であるため、ジョージア州ではACT社の開発したWork Keys（読解力、数学応用力、情報検索能力、観察力）を利用したGeorgia Work Readyというレディネス・テストの実施に力を入れている[19]。各企業が求める職種の職務分析をして（プロファイリング）、求めるWork Keysのレベルを明記して求人をすることで、求人・求職のマッチングがうまくゆき、求人コストの低減や定着率の向上といった効果をあげている。そして、このような試験が導入されたことによって高校での指導が強化されて、ドロップアウトも減少するといった副次効果もみられる。

　日本の新卒者の採用試験では、SPIなどによる一般常識テストと面接を重視した選抜が行われ、採用後に配属される職場で求められる職務能力がどの程度かが直接問われず、むしろ、入社後の訓練可能性、熱意、潜在能力などを重視

した採用活動となっている。

　日本でも、職務に見合った専門知識だけでなく、それを使いこなせる実践知を備え、将来を見据えた戦略的な人材に育成していくために、Work Ready のようなレディネス・テストの導入を社会的に検討すべき段階にきているだろう。グローバル化に備えて一部のエリートだけではなく、全体的に人材の質向上をはかる必要がある。

　また、米国では中小企業を含めて企業で働きながらテクニカルカレッジのパートタイムコース（修了証を取得）に通う人が多い。目標管理制度の中で、在職者向けの研修コースを受講するなどで、前回の人事面談の時よりもスキルが高まったことを証明しないと昇給に反映されないという事情もある。日本でも目標管理を導入している企業は多いのであるが、毎年の人事面談でスキル向上を明確に評価している企業は少ない。これが日本での在職者訓練の低迷を招いているともいえよう。グローバル化の中で、適材の配置を進めていくには「職能の見える化」に力を入れるべきであろう。

　米国では、一般ワーカーとして働きながら職業資格を取得して上向移動をめざす人が多く、テクニカルカレッジのパートタイムコースを卒業して専門的な職業資格を取得したことを理由に転職していく人も多いという。

　ジョージア州では企業誘致のためのツールとして、Quick Start Program がある。州政府の経済開発部門（企業誘致および中小企業振興部門）と連携して、外国、他州等からの進出企業に対して、税制優遇に加えて、Quick Start Program で企業内教育訓練プログラムの開発、教材開発、そして、実際のトレーニングまで州政府が無料で提供している。進出企業の生産立ち上げを素早くできるようにとの州政府による支援制度であるが、その教育訓練の実施主体はテクニカルカレッジの Quick Start Program 担当のスタッフである。

　Quick Start Program はジョージア州の経済開発で、既存企業および新産業への投資を引きつけるべく、労働力の戦略的育成に重要な役割を果たしてきた。海外や他州からの進出企業の担当者、州政府の経済開発部門スタッフ、Quick Start の事務方の本部、TCSG（テクニカルカレッジ本部）、そして、進出予定地域のテクニカルカレッジが緊密に連携しながら、進出企業の工場建設中から新入社員教育の支援が行われている。

また、テクニカルカレッジでは、企業からの依頼によりオーダーメイド訓練（Customized Contract Training）を実施している。これは企業と契約して訓練を請け負っているのだが、各企業からみれば企業内教育のアウトソーシングでもある。テクニカルカレッジには教育訓練の専門スタッフがいるので、中小企業で専門的な教育を社内で教えるのが難しいとか、OJT のプログラムがうまくできないといったことを支援している[20]。

　米国では単位の認定が非常に柔軟になされている。コミュニティカレッジと大学、企業内教育のコースとコミュニティカレッジの科目間などで協定を結んでおり、サーティフィケートとディグリー間での単位の互換がなされている。また、近年の傾向だが、コミュニティカレッジの教育訓練科目に職場実習を組み込む傾向が強まっている。これはドイツのデュアルシステムや英国のモダン・アプレンティスシップ・プログラムやフランスのスタージュ・プログラムなどの影響であり、経験学習の重要性が認識されてきたためである。

　また、高校ドロップアウトの成人向けのリテラシー教育として、WIA 予算で GED 資格取得のための成人教育がなされており、高齢者、移民などを含めて丁寧なフォローがなされている。

　日本では高卒者向けの職業教育機関として専修学校があるが、教育内容はかなりバラツキが大きく、米国のコミュニティカレッジのように 2 年間の充実したプログラムを持っている学校は少ないのが現状である。中堅人材の育成機関として専修学校を米国のコミュニティカレッジのような機関に脱皮させていく必要があるだろう。

　日本では公共職業訓練機関を縮小して民間プロバイダーへの委託訓練を強化する施策が強化されてきたが、訓練効果を向上させるためにはカリキュラム開発や訓練科目とそれを活かした就職につながっているのかといったプロバイダーの評価を厳格に進める必要がある[21]。

　米国から見習うべき社会制度として奨学金制度がある。米国の学生の多くはローンを組んで授業料を自前で払っている。ジョージア州では宝くじを奨学金の財源とした奨学金制度が充実しており、地元就職者や成績優秀者は返済義務のない奨学金が普及している。特に優秀な学生は複数の奨学金を得る者も少なくない。

日本では奨学金制度がかなり貧弱であり、借りても返済しないモラルの低い大人も少なくない。背番号制を導入して回収する体制を築くべきだし、貸与ではなく供与の奨学金を増やすような政策が期待される。

7．まとめ

　日本企業の国際化の歴史を概観すると、日本企業が、現地社会に積極的に技術移転をはかってきたこと、現地人材の育成に力を入れ、柔軟で能力主義的な職能重視の組織運営を行うことで現地社会にも大きく影響を与えてきたことが垣間見える。また、グローバル化の発展段階でいえば第3段階に進んだ企業では、適地生産と世界的なマーケットを睨んだ経営戦略を統合的に展開する必要があり、それができる人材を意識的に育てていく必要性が以前から指摘されてきた。こうした概観を踏まえると、急速な海外展開が進む中で全社的にグローバル対応が可能な体制を築くために、全社員のキャリア管理を計画的に展開する必要があろう。

　中長期的視点を重視し、全員が力を合わせてチーム力で競争力を生み出す日本製造業の組織的な強みは漸進的なイノベーションにあることを指摘した。これを実現しているのは職能集団間のスムーズな連携であって、各自の職能にこだわらず一定の緊張感のもとでチームとして柔軟に協力し合う仕事の仕組みにある。職能重視で社内での養成を重視した人材育成のシステムが有効に作用してきた点は日本企業の職場組織の大きなメリットである。

　経営階層別にみたグローバル対応の人材育成課題は、上位層になるほど事業経営の能力に加えて、日本の政治・経済・思想・文化・歴史・慣習などの知識や人材構築力があわせて求められおり、若い頃の教養教育と自己啓発による研鑽に裏打ちされたものでもある。日本企業らしさを理解し、実践力があり、現地での企業文化、歴史を理解して自律的に問題を決断でき、あわせて日本の国益をも意識して行動できる人材である。若い頃に子会社等への出向を経験した者や海外留学経験者などの人材を社内で積極的に活用することが一定の成果を期待できよう。

　技術者層は現地で活躍する生産技術者層の育成がポイントとなる。各種のプ

ロジェクトリーダーを務められるとか、JIT 生産化、設備改善、品質・作業の改善、外注指導など幅広い職務を担える人材が求められるが、そのような人材は短期間での養成は難しく、国際的に活躍できる生産技術者を若いうちから意識的に育てる必要がある。

　これは現地での指導職となる監督者層や万能工的な熟練技能者についても、母工場機能を果たす国内の工場で意識的に育成する必要がある。特に後者は自前の生産設備を開発しているような企業にとっては生産設備のトラブル処理の面からも欠かせない人材であり続けることが見込まれる。

　部品、ユニットなどの標準化（互換性）の程度と生産規模により[22]、生産システムのデザインは異なり、求められる人材の質も違ってくるが、その選択は進出先国を含め経営戦略上の課題であって、必ずしも技術特性の要因だけで規定されるものではない。

　米国の産業構造の変化を見ていると、付加価値の低い分野での海外生産や海外への委託加工が積極的に展開されてきたため、製造業の底が浅い産業構造となっている。先端分野に走るだけでなく、漸進的なイノベーションによって、製造業全体の生産性を上げ、高度化していく方式の方が国全体として柔軟な産業構造を維持できると考えられる。個別企業レベルではより競争力のある製品分野へと選択と集中を繰り返すが、メッキや熱処理、塗装、板金などのように一見成熟化した加工技術分野であっても次々と新しい技術にチャレンジしている中小企業もあり、このような元気な企業の集積が日本の製造業の強みでもある。競争と棲み分けを意識しながら全体的にレベルを向上させるような政策支援が期待される。

　職業教育訓練の分野に眼を移すと、日本国民全体の教育水準は先進国の中で高いとは言えない。つまり、高校卒業プラス 2 年程度の職業教育訓練の体制が整備されるべきである。現行でも専修学校がそこをカバーしているのであるが、米国のコミュニティカレッジと比べると学校間でのバラツキが大きく、かなり見劣りするのが現状である。全体的な人材の質的向上を狙いとして、高校卒業後の職業教育訓練体制の強化を進めるべきであろう。その際に公的修了証を発行するような在職者向けパートタイムコースの充実や Work Ready のような求人ニーズにマッチさせたスキル評価基準の普及も検討されて良い。

注

1) 八幡（1983）で現地マーケット制約の中での生産品目の拡大についてふれた。
2) 八幡・水野（1988）でタイ国の日系自動車企業と現地企業との取引関係を介して本格的な技術移転が進んでいることを示したが、その後のタイ国自動車産業の集積と発展が日本企業からローカル企業への技術移転にあったことが確認できる。
3) 当時の労使関係の変容についてはトレバー（1990）、稲上（1990）を参照。
4) マックウィリアムス（1993）は日系企業の英国現地社会へのインパクトを指摘している。
5) 岐阜のあるアパレルメーカーでは悪い癖のついていない未経験者を採用し、日本での研修では縫製作業中にミシン針が折れたときに破片をすべて回収しないと換えの針を渡さないといった品質重視の仕事の仕組みと5S（整理、整頓、清掃、清潔、躾）教育に力を入れていた。
6) 山近（2003）によれば、電機メーカー T 社では95年の1＄80円台を経験して、IPOの一層の強化に動いており、90年代後半からは EMS（Electronics Manufacturing Service）への委託加工が増えたことが国際部品調達を急増させることになった。
7) http://www.tdb.co.jp/report/watching/press/p100902.html を参照。
8) 当時の基礎研究所設立ブームと技術系人材の管理について、今野他（1991）で英国、米国、ドイツなどとの比較で論じた。
9) 八幡（2012a）でナノテクノロジー分野での事業化の特徴と政策支援の課題ついて論じた。
10) 八幡（2012b）で東京都（299社）と米国ジョージア州（39社）の中小製造業を比較した。
11) 日本産業機械工業会（1977）および筆者が整理した経営管理委員会（1981）のM社、N社、O社の事例を参照。
12) スーパーエンジニアは①当該専門領域での傑出した資質と能力とともに、専門分野横断的視野に立つ戦略眼を有すること。②多くの人々に敬愛され、信頼されるとともに、誇りを重んじること。③国際的な人的および情報ネットワークを構築しており、私信レベルの確度の高い研究・技術開発情報をつねに把握していること。④いまや国際共通言語と化している米語、あるいは英語の他に、第3言語を1つは駆使できるのが望まれるとしている。
13) 八幡（2010a）、（2010b）で生産体制の現地適応と技術移転にタイの技術者が加わっていることを紹介している。
14) 技能五輪は種目にもよるが21～22歳ぐらいまでの年齢制限がある。全員がこれを狙っているわけではないが、高度技能の日常的な研鑽が大事である。
15) ダートウゾス（1990）を参照。
16) 参考までに日本の最終学歴分布を示す。

大学院	1.4%
大学	17.8%
短大・高専	8.4%
専門学校	9.8%
高校・旧制中	42.5%
小学・中学	19.5%

17) 職業教育コースと進学コースがあり、前者は就職のための実践的教育・訓練が行われており分野は多岐にわたる。学位取得をめざさない学生のために修了証（certificate）コースを備えている学校もある。進学コースでは、2年間の一般教養課程を修めた後、同じ州内の公立の4年制大学の3年次へ編入することが想定されており、編入の成績条件をクリアする必要がある。職業教育コースから進学コースに移ることは可能だが、一般教養科目以外の職業教育の専門科目の単位は互換対象にはならないものが多い。
18) 原（2011）を参照。
19) 詳しくは八幡（2012c）を参照。
20) ジョージア州の例では2326社と契約している。
21) 英国ではそのために大規模な機関が存在するが、そのような機関の整備も念頭に置いて、教育訓練政策の効果を測定すべきであろう。
22) 青木他（2002）、藤本（2004）などは、製品をモジュラー型、すり合わせ型（インテグラル）に分けて、後者に属する自動車などで日本企業が強いと指摘している。モジュールとは建築分野なら畳の縦の長さを一間とするような規格化された単位をいうのだが、工業製品では互換性を持たせるための部品の構成単位のことを言う。生産技術の分野では寸法・形・プロトコルなどを標準化・規格化することがモジュール化であり、ある機能を果たすまでになったものをユニット化と呼ぶ。受注変動が大きく量産の難しい物では類似寸法・類似加工工程別にまとめて生産規模を大きくして流すことで、段取り時間の短縮化や調達の効率化などを狙うGT（グループテクノロジー）の手法がある。つまり、モジュラー型、すり合わせ型とは互換性の程度を決める標準化・規格化のレベルを二分する考え方とも言えよう。しかし、同じ製品であってもオーダーメイドのものでも標準品を組み合わせるだけならモジュラー型だし、すり合わせ型に分類されている自動車でもプラットホーム、エンジンなどを徹底的に標準化、ユニット化してしまえばモジュラー型となる。VWがこれに力を入れて業績を向上させていることが最近注目されている。つまり、製品の種類で分類するよりも標準化の程度と生産規模、材料費、人件費などとの関連から生産システムは選択されているのであって、製品をモジュラー型、すり合わせ型の二分法で単純化してしまうと誤解を生むことになろう。

参考文献

アーサー，W. ブライアン（2011）『テクノロジーとイノベーション』（日暮雅通訳）みすず書房．
青木昌彦・安藤晴彦編著（2002）『モジュール化』東洋経済新報社．
青木昌彦・小池和男（1989）『日本企業のグローバル化の研究』PHP 研究所．
天野倫文（2004）「東アジアの国際分業と企業成長への序説―立地と分業がもたらす経済効果の探求―」MRC ディスカッションペーパー、No.8、東京大学ものづくり経営研究センター．
―――（2005）『東アジアの国際分業と日本企業』有斐閣．
石田英夫編著（1994）『国際人事』中央経済社．
伊東誼（2004）「高度情報化・グローバル化時代のスーパーキャリアパス」『科学技術振興調整費成果報告書』日本機械学会．
稲上毅（1990）『現代英国労働事情―サッチャーイズム・雇用・労使関係』東京大学出版会．
今野浩一郎・八幡成美・佐藤博樹・Davis, S. T.（1991）『米国の技術者・日本の技術者』日本生産性本部．
内永ゆか子（2011）『日本企業が欲しがる「グローバル人材」の必須スキル』朝日新聞社．
大木清弘・天野倫文・中川巧一（2011）「日本企業の海外展開に関する実証分析―本国中心主義は克服されているのか？―」MMRC ディスカッションペーパー、No.336、東京大学ものづくり経営研究センター．
奥田健二（2011）『ジャパニーズ・ワーク・ウェイの経営学』お茶の水書房．
黒沢敏浩（2011）「駐在経験者の海外転職とグローバル人材に関する見解― JAC グローバルタレントモニター調査から―」『グローバルホワイトカラー人材マーケット調査レポートシリーズ』No.9、ジェイエイシーリクルートメント．
桑原哲也（2007）「日本企業の国際経営に関する歴史的考察―両大戦間期、中国における内外綿会社―」『日本労働研究雑誌』No.562．
経営管理委員会（1981）「高齢化・高学歴化社会における人事制度の実態調査報告書―昭和55年度研究報告書―」全日本能率連盟．
佐藤光俊（2011）『トヨタ生産方式』扶桑社．
白木三秀（2006）『国際人的資源管理の比較分析』有斐閣．
新宅純二郎・天野倫文（2009）『ものづくりの国際経営戦略』有斐閣．
新保博彦（2008）「戦前日本の海外での企業活動」『大阪産業大学経済論集』第9巻第2号．
ダートウゾス・M. L.（1990）『Made in America―アメリカ再生のための米日欧産業比較』（依田直也訳）草思社．
竹村之宏（2002）『日本型を活かす人事戦略』日本経団連出版．
トレバー・M.（1990）『英国東芝の経営革新』（村松・黒田訳）東洋経済新報社．
長町三生（2012）「Cell Production System の理論と実際」『経営システム』Vol.21,

No.6。
中村志保（2005）「日系海外子会社の現地化に関する研究（1）」『高松大学紀要』第43号。
日本経済団体連合会（2011）「グローバル人材の育成に向けた提言」。
日本産業機械工業会（1977）「プロジェクトマネージャー等の人材育成プログラムの開発に関する報告書」日本産業機械工業会。
野中郁次郎・徳岡晃一郎（2009）『世界の知で創る—日産のグローバル共創戦略』東洋経済新報社。
原ひろみ（2011）『雇用創出と人材育成—アメリカ・ジョージア州のヒアリング調査から』労働政策研究・研修機構。
藤本隆宏（2004）『日本のもの造り哲学』日本経済新聞社。
―――――・中沢孝夫（2011）『グローバル化と日本のものづくり』NHK出版。
ブラック・J. S. 他（2001）『海外派遣とグローバルビジネス』（白木三秀他訳）白桃書房。
古沢昌之（2008）『グローバル人的資源管理論』白桃書房。
前川正雄（2010）『世界を変える「場所的経営」』実業之日本社。
マックウィリアムス・J.（1993）「イギリス進出日系企業の地域経済・労使関係に与えた影響—イギリス北東部を中心に—」『産業労働』31号。
港徹雄（2011）『日本のものづくり—競争力基盤の変遷』日本経済新聞社。
八幡成美（1983）「生産システムの現地適応」（東南アジアにおける日系進出企業の労務管理—タイ国における日系進出企業—）『賃金実務』12月1日号。
―――――（1990）「オーディオ機器産業の国際部品調達体制」北村かよ子編『機械産業の国際化と部品調達』アジア経済研究所。
―――――（1999）「熟練形成と国際化」稲上毅・川喜多喬編『講座社会学6 労働』東京大学出版会。
―――――（2010a）「在越進出企業の生産体制と資本財の調達」水野順子編『新興諸国の資本財需要』アジア経済研究所。
―――――（2010b）「在越日系自動車企業における人材内部育成型の技術移転」『法政大学キャリアデザイン学会誌』。
―――――（2011）「アメリカの職業教育訓練と教員・指導員の養成」『諸外国における職業教育訓練を担う教員・指導員の養成に関する研究』職業能力開発総合大学校。
―――――（2012a）「ナノテクノロジー分野での事業化」法政大学キャリアデザイン学部紀要。
―――――（2012b）「米国中小製造業のイノベーション～日米比較から得られるインプリケーション～」『日本政策金融公庫論集』2012年2月号。
―――――（2012c）「米国ジョージア州でのレディネス・テストの運用効果—Georgia Work Readyの現状と課題—」『産業教育学研究』第42巻第1号。
―――――・水野順子（1988）『日系進出企業と現地企業との企業間分業構造と技術移転—タイの自動車産業を事例として』アジア経済研究所。

山近隆（2003）「電機メーカーT社のグローバル調達の実態と課題」『日本労働研究雑誌』522号。
Ito, Yoshimi（2008）*Modular Design for Machine Tools*, McGraw-Hill.

第7章 グローバリゼーションの進展下における、広範な中間層に重点をおいた人材の育成・活用

岩田克彦

1. はじめに

　日本の職業能力開発は、長期雇用システムを反映し、企業による訓練、自己啓発支援に大きく依存していた。学校の人材育成教育に対する企業の期待は低く、公共訓練も、企業・個人による訓練が不十分になりがちな若年者、離職者等を対象とした補完的な訓練を実施していればよかった。いわゆる日本型雇用システムが十分に機能しているならば、これでよかった。しかし、グローバリゼーションの進展による非正規労働者の急増や急速な高齢化への対応等につき、企業の人材育成システムには過度の期待が持てない状況になっている。

　諏訪康雄法政大学教授は、大学がグローバル人材を育成する議論は、短距離陸上競技で100メートルを10秒台以下で走る選手を育てるのか、15秒程度で走れる人々を増やすのか、はたまた20秒程度で走れればよいのかを論ずるようなものだという[1]。すなわち、①変化する国際環境の中でともかく20秒台で走ることができる「ミニマム人材課題」は、ほぼ誰にでも求められる。そう無理なくしっかりこれができるようにすることは基本中の基本である。②いわば15秒台で走る程度の「もう一歩進めた人材課題」は何か。③最後に、10秒台で走るような「最先端の人材課題」である。人数的にはかなり限られるであろうが、それでも企業活動が大きく海外展開すればするほど、必要数は増える、という。

　ここでは、諏訪教授の言われる第2の課題、いわば15秒台で走る程度の「もう一歩進めた人材課題——広範な中間層に重点をおいた人材の育成・活

用——」につき、大学教育も含めるものの、特に職業訓練の分野に重点を置いて論ずる。

2．EU 型と日本型のフレクシキュリティ

近年、欧州では、「フレクシキュリティ」——労働市場の柔軟性・弾力性（フレクシビリティ）と雇用・生活保障（セキュリティ）の両立を目指す包括的な政策体系——が重視されている。EU の目指す「フレクシキュリティ」政策は、4つの政策要素からなっている。

第1は、使用者からも労働者からも、「インサイダー」からも「アウトサイダー」からも信頼される柔軟な合意契約（Flexible and reliable contractual arrangements）、第2は、継続的な適応能力、就業能力を保証する包括的な生涯学習（訓練）戦略（Comprehensive lifelong learning）、第3は、急速な職場環境変化に対処し、失業期間を減らし、新しい仕事への移行を円滑にする、職業訓練等の効果的な積極的労働市場政策（Effective active labour market policies）、第4は、適切な所得保障を提供し、就業を奨励し、労働移動を促進する、現代的な社会保障制度（Modern social security systems）である[2]。

「フレクシキュリティ」のモデルとして、オランダとデンマークが挙げられることが多い。オランダ・モデルは、フルタイム労働とパートタイム労働や期間雇用労働との間の均等待遇、相互移動の促進により、柔軟性と雇用保障を確保しようというものである。石油ショック後の「オランダ病」（賃金が高位硬直化したまま、財政赤字と失業が進行）と称された経済危機を克服するため、1982年に政労使で「ワッセナーの合意」が成立したが、この合意内容は、労働側は賃金の抑制、使用者側は時間短縮と雇用維持、政府は支出の抑制と減税に、それぞれ努めるというものである。この政労使合意の下、正規雇用によるパートタイム労働（いわゆる「短時間正社員」）の発展の道筋ができた。その後、1996年制定の「労働時間を理由とする処遇差別禁止法」により、フルタイム労働者とパートタイム労働者との間で、雇用条件は全く均等になった。フルタイムとパートタイムの違いは労働時間の差だけで、どちらも正規雇用である。

もう1つのデンマーク・モデルは、①柔軟な労働市場（解雇規制が緩い）、

②手厚いセーフティネット(失業給付等が充実)、③積極的な雇用政策(次の仕事に移るための職業教育訓練プログラムが充実)、の3本柱(いわゆる「黄金の三角形」(The Danish Golden Triangle))とそれを支える労使の政策決定、実施への積極的関与から成り立っている(図表7-1)。デンマーク・モデルのそもそもの起源は古く、大規模ストライキとロックアウトの応酬が続いた深刻な労使対立を経て成立した、公共の失業給付システムの樹立と事業主の採用・解雇の権利確保を引き換えにした、1899年のいわゆる「9月の合意」まで遡るとされる。その後、1980年代後期と1990年代初頭に、失業者の職探しを活性化し職業能力の向上を図ることを目指した積極的雇用政策が加わり、現在の形ができあがったものである。日本におけるデンマーク・モデルの紹介は、柔軟な労働市場や手厚いセーフティネットについての言及がほとんどで、職業教育訓練システムや労使の役割についてはあまり紹介されていないが、現場実習を重視した弾力的な職業訓練と、国・産業・自治体の各レベルでの労使の積極的な政策運営への参画が、現在のデンマークの「フレクシキュリティ」を支える大きな柱となっている[3]。

　従来の日本にも、「日本型フレクシキュリティ・モデル」とでも呼べる仕組

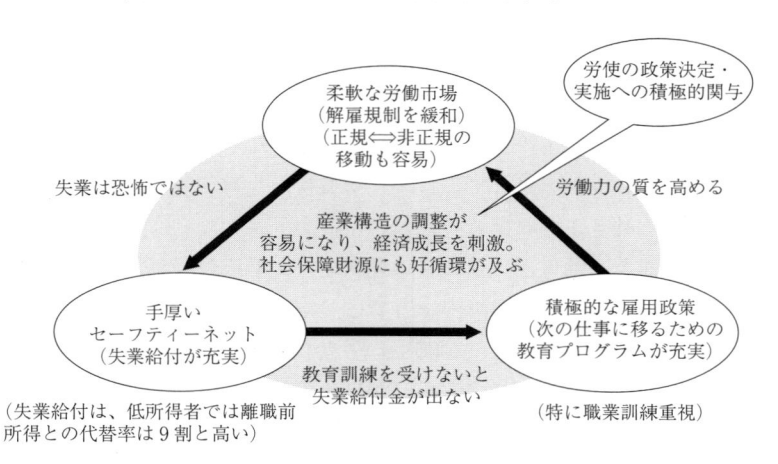

図表7-1　デンマーク・フレクシキュリティ・モデル

```
                柔軟な労働市場           労使の政策決定・
               (解雇規制を緩和)          実施への積極的関与
               (正規⇔非正規の
                 移動も容易)

  失業は恐怖ではない                        労働力の質を高める
                   産業構造の調整が
                   容易になり、経済成長を刺激。
                   社会保障財源にも好循環が及ぶ

      手厚い                              積極的な雇用政策
   セーフティーネット                      (次の仕事に移るための
   (失業給付が充実)                         教育プログラムが充実)
                     教育訓練を受けないと
                     失業給付金が出ない
 (失業給付は、低所得者では離職前              (特に職業訓練重視)
  所得との代替率は9割と高い)
```

(出所)『週刊東洋経済』2008年10月25日号に筆者が一部追加。

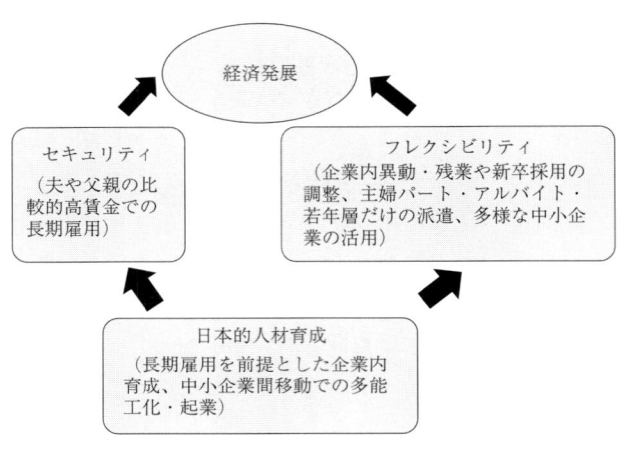

図表7-2　従来の日本型フレクシキュリティ・モデル

- 経済発展
- セキュリティ（夫や父親の比較的高賃金での長期雇用）
- フレクシビリティ（企業内異動・残業や新卒採用の調整、主婦パート・アルバイト・若年層だけの派遣、多様な中小企業の活用）
- 日本的人材育成（長期雇用を前提とした企業内育成、中小企業間移動での多能工化・起業）

（出所）　筆者作成。

みがあった（図表7-2）。企業にとっては、解雇、雇い止めがしやすい家計補助的に働く主婦パートや、小遣い稼ぎのために働くアルバイト学生、若年層だけでの派遣労働者の活用、正社員の企業内での異動、残業時間や新規学卒採用数の調整とを組み合わせた雇用の弾力性（フレクシビリティ）、労働者にとっては、夫や父親の比較的高賃金と長期雇用の安定性（セキュリティ）が確保されるシステムである。人材育成面では、製造業を中心に大企業等では長期雇用を前提とした人材育成を図る一方で、中小企業の中では、企業間移動を通じ多能工になっていき、最後は自分が会社を興す、すなわち、中小企業が中小企業の従業員の学校の役割を果たすことで、基盤技術を有する中小企業が自己増殖的に増えていく動きがあった。

　しかし、急速な高齢化と技術革新の進展の下、低成長経済が続いており、企業と従業員との間の「雇用保障の一方で、一定の企業への拘束を受容する」関係も変質しつつある（樋口他（2006））。すなわち、現在では、家計維持的な非正社員が大きく膨れ上がっているが（2011年平均で、非正規雇用労働者総数は1733万人、35.2％、総務省統計局「労働力調査」）、こうした非正規労働者や小規模企業労働者については、個人、企業に任せていては適切な訓練が期待しが

たいことになる[4]。また、若年者[5]や、そして高齢者[6]についても同様のことがいえる。すなわち、「セキュリティ」を享受する層が現在ではかなり減少している。

3．新たな日本型フレクシキュリティ・モデル
―セーフティネットを伴ったキャリアラダー

　今後の「セキュリティ」としては、特定の狭い範囲の仕事や一企業における雇用の継続から、仕事・企業を変えることも含めたエンプロイメント・セキュリティ（雇用保障）ないし「キャリア権の保障」[7]が重要となってこよう。「新たな日本的（型）フレクシキュリティ・モデル」の構築を急ぐ必要がある。

　新たな日本型モデルを、筆者は、取りあえず図表7-3のように考えている。すなわち、①安心かつ効率的なセーフティネットと積極的な教育・訓練の実施により、経済の変動、労働市場ニーズに応じた企業内外での活発な労働移動を実現する、②それにより、適切な経済発展を実現し、強固な財政基盤を確立する、③強固な財政基盤を活用してセーフティネットを補強する、という好循環

図表7-3　今後の日本型フレクシキュリティ・モデル？

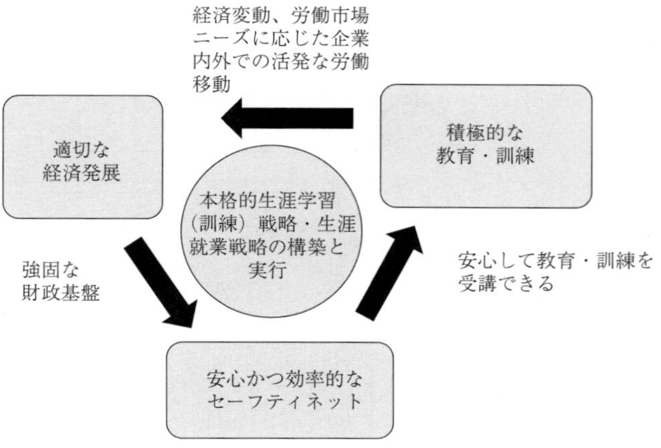

（出所）　筆者作成。

を構築するというもので、その中心に本格的な「生涯学習（訓練）戦略・生涯就業戦略」を置く必要があると考えている。

まずは、図表7-3の「安心かつ効率的なセーフティネット」と「積極的な教育・訓練」を結びつける部分を強化する必要があるが、この点については、実際、日本政府も、大体そういう考え方に立っているようである。例えば、図表7-4は2010年6月に閣議決定された新成長戦略の説明図表であるが、トランポリン型社会の構築ということで、居住セーフティネットを確立し、パーソナル・サポートを充実する。それと並行して、求職者支援制度の創設や雇用保険の適用拡大をする。すなわち、セーフティネットと教育・訓練とを結びつけることによって新たな日本型フレクシキュリティを構築していこうとするものと解することができる。

図表7-3については、積極的な教育・訓練とセーフティネットを結びつけて適切な経済発展をもたらすということで、「セーフティネットからキャリアラダーへ」という者もいるが、筆者は、「セーフティネットを伴ったキャリア

図表7-4　新成長戦略2020年までの目標

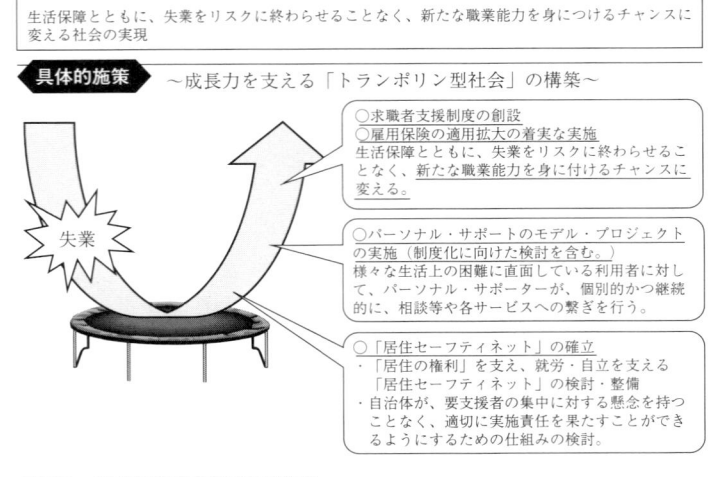

新成長戦略2020年までの目標
生活保障とともに、失業をリスクに終わらせることなく、新たな職業能力を身につけるチャンスに変える社会の実現

具体的施策　〜成長力を支える「トランポリン型社会」の構築〜

○求職者支援制度の創設
○雇用保険の適用拡大の着実な実施
生活保障とともに、失業をリスクに終わらせることなく、新たな職業能力を身に付けるチャンスに変える。

○パーソナル・サポートのモデル・プロジェクトの実施（制度化に向けた検討を含む。）
様々な生活上の困難に直面している利用者に対して、パーソナル・サポーターが、個別的かつ継続的に、相談等や各サービスへの繋ぎを行う。

○「居住セーフティネット」の確立
・「居住の権利」を支え、就労・自立を支える「居住セーフティネット」の検討・整備
・自治体が、要支援者の集中に対する懸念を持つことなく、適切に実施責任を果たすことができるようにするための仕組みの検討。

（出所）　新成長戦略事務局作成資料。

ラダー」と呼ぶのが適当と考えている。このように、仕事・企業を変えてでも雇用を確保する、ないし、キャリアを続けていく権利（「キャリア権」）の保障といった形のセキュリティが重要になってくる[8]。

日本政府は、「実践キャリア・アップ戦略専門タスクフォース」を設置し、実践的な職業能力評価・認定制度（キャリア段位制度）の早期導入を目指している。まずは、高い成長力を持っている分野や外部労働者の活用可能性が高いと想定されている、「介護・ライフケア分野」、「環境・エネルギー（含む林業）分野」、「食・観光分野」に焦点を当て、2012年8月現在、介護プロフェッショナル、カーボンマネジャー、食の6次産業化プロデューサーの3分野のキャリア段位制度の詳細設計の検討が進んでいる。2011年5月策定の「実践キャリア・アップ戦略基本方針」では、①エントリーレベルからプロレベルまで全体のレベルの数は原則として「7段階」とする、②国際的な能力評価制度、例えばEUのEQF（欧州資格枠組み）をはじめ、育成プログラム・機関の質保証を図るための基準策定等の動向を踏まえ、将来的には、これらとの連動性・整合性についても、ある程度、視野に入れる、③エントリーレベル、プロレベルのみならず、それぞれのレベルが示す度合いは、業種が異なっても概ね同程度であることが望ましい、④評価方法については、「わかる（知識）」と「できる

図表7-5　「実践的な職業能力評価制度」（キャリア段位制度）

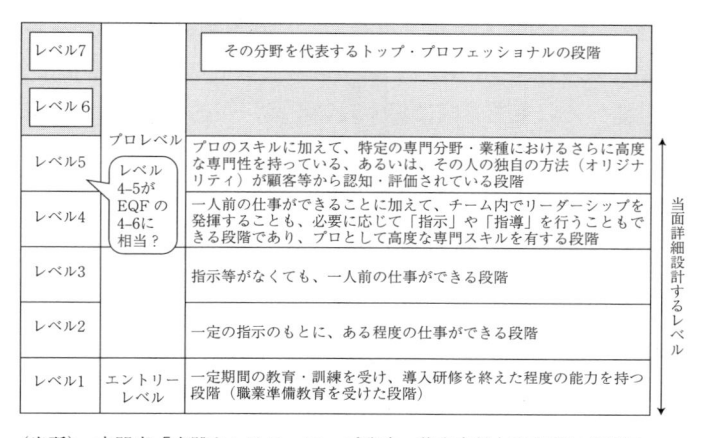

レベル	区分	内容	
レベル7		その分野を代表するトップ・プロフェッショナルの段階	当面詳細設計するレベル
レベル6	プロレベル		
レベル5	（レベル4-5がEQFの4-6に相当？）	プロのスキルに加えて、特定の専門分野・業種におけるさらに高度な専門性を持っている、あるいは、その人の独自の方法（オリジナリティ）が顧客等から認知・評価されている段階	
レベル4		一人前の仕事ができることに加えて、チーム内でリーダーシップを発揮することも、必要に応じて「指示」や「指導」を行うこともできる段階であり、プロとして高度な専門スキルを有する段階	
レベル3		指示等がなくても、一人前の仕事ができる段階	
レベル2		一定の指示のもとに、ある程度の仕事ができる段階	
レベル1	エントリーレベル	一定期間の教育・訓練を受け、導入研修を終えた程度の能力を持つ段階（職業準備教育を受けた段階）	

（出所）　内閣府「実践キャリア・アップ戦略　基本方針」2011年5月18日。

（実践的スキル）」の両面を評価する、等の方針が出され、図表7-5のような「実践的な職業能力評価」の階層が提案されている。多くの分野への本格的導入が期待される。

4．欧州諸国における取り組み

近年、教育と訓練に力を入れているEUと欧州諸国は、全体的な経済・社会戦略の下、教育・訓練政策を統合した「教育・訓練ワークプログラム」を策定し[9]、その中で学校教育、職業教育訓練（VET: Vocational Education and Training）、高等教育、成人教育の見直しを進めている。

2000年3月に行われたリスボン・サミット[10]では、「より多くのより良い雇用と、より強い社会的きずなを伴う持続可能な経済成長を可能とする、世界で最も競争力のあるダイナミックな知識基盤経済を2010年までに実現する」という内容の、経済・社会戦略（「リスボン戦略」）[11]が打ち出された。これを受け、2002年のバルセロナ欧州サミットでは、生涯を通じ質の高い教育・訓練へ容易にアクセスできるようにするためのロードマップ（工程表）として、「生涯学習」を基本原則とした「教育・訓練2010ワークプログラム」（ET2010）[12]が制定された。この下で、職業教育訓練分野では「コペンハーゲン・プロセス」、高等教育分野では「ボローニャ・プロセス」と呼ばれる開放型政策調整方式（各国の多様性とオープンな議論を前提にし、欧州委員会の指針→各国の行動計画→欧州委員会の各国への勧告と新指針のプロセスの積み重ねにより、EUの主要政策目標への収束を各国に促す政策手段）が進行している。EU経済・社会戦略は、2005年に、教育と訓練を中心に据えた、2010年までの新リスボン戦略となり、2010年以降は2020年までの新経済・社会戦略「欧州2020」となった。「ET2010」も「ET2020」に変わった（図表7-6参照）。

コペンハーゲン・プロセス[13]は、職業教育訓練（VET）領域につき、2002年のコペンハーゲン宣言（①ヨーロッパ次元の強化、②透明性、情報、ガイダンス制度の改善、③コンピテンス（総合的能力）・資格の承認、④教育・訓練の質保証の推進）を実現していく過程をいい、コペンハーゲン宣言以降、2年ごとに開催される欧州各国職業教育訓練担当大臣会議で点検、見直しが行われ

第7章　グローバリゼーションの進展下における、広範な中間層に重点をおいた人材の育成・活用　219

図表7-6　EUの経済・社会戦略と教育・訓練政策改善プロセス

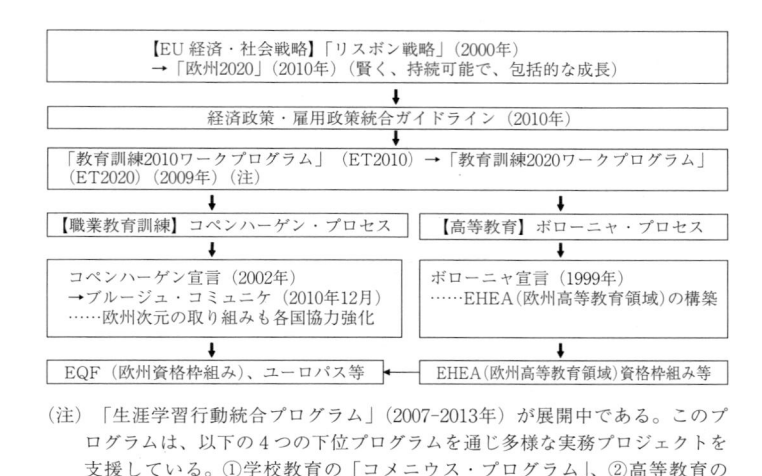

```
┌─────────────────────────────────────────────────┐
│【EU経済・社会戦略】「リスボン戦略」(2000年)         │
│→「欧州2020」(2010年)(賢く、持続可能で、包括的な成長)│
└─────────────────────────────────────────────────┘
                      ↓
┌─────────────────────────────────────────────────┐
│      経済政策・雇用政策統合ガイドライン(2010年)      │
└─────────────────────────────────────────────────┘
                      ↓
┌─────────────────────────────────────────────────┐
│「教育訓練2010ワークプログラム」(ET2010)→「教育訓練2020ワークプログラム」│
│(ET2020)(2009年)(注)                             │
└─────────────────────────────────────────────────┘
         ↓                           ↓
┌──────────────────────────┐  ┌──────────────────────────┐
│【職業教育訓練】コペンハーゲン・プロセス│  │【高等教育】ボローニャ・プロセス│
└──────────────────────────┘  └──────────────────────────┘
         ↓                           ↓
┌──────────────────────────┐  ┌──────────────────────────┐
│コペンハーゲン宣言(2002年)      │  │ボローニャ宣言(1999年)       │
│→ブルージュ・コミュニケ(2010年12月)│  │……EHEA(欧州高等教育領域)の構築│
│……欧州次元の取り組みも各国協力強化 │  │                          │
└──────────────────────────┘  └──────────────────────────┘
         ↓                           ↓
┌──────────────────────────┐  ┌──────────────────────────┐
│EQF(欧州資格枠組み)、ユーロパス等 │←│EHEA(欧州高等教育領域)資格枠組み等│
└──────────────────────────┘  └──────────────────────────┘
```

(注)　「生涯学習行動統合プログラム」(2007-2013年)が展開中である。このプログラムは、以下の4つの下位プログラムを通じ多様な実務プロジェクトを支援している。①学校教育の「コメニウス・プログラム」、②高等教育の「エラスムス・プログラム」、③職業教育訓練の「レオナルド・ダ・ヴィンチ・プログラム」、④成人教育の「グルントヴィ・プログラム」。

ている。筆者は、こうした欧州の試みの中で特に影響力が大きいのが欧州資格枠組みとユーロパスだと考えている。直近の大臣会議は2010年12月にベルギーのブルージュで開催され、2011年から2020年までの10年間の取り組みを列記した「ブルージュ宣言」を打ち出している。

　ボローニャ・プロセス[14]とは、どこの大学で学んでも共通の学位・資格が得られる「ヨーロッパ高等教育領域」の構築を目指す1999年のボローニャ宣言を実現していく過程を言い、2年ごとに、高等教育担当大臣会議が開催されている。同宣言の内容は、①理解しやすく比較可能な学位システムの確立、②2サイクル(学部／大学院)の大学構造の構築[15]、③欧州クレジット移転蓄積制度(ECTS)の導入、欧州レベルでの質保証、④カリキュラムの発展、学習・訓練・研究面での統合プログラムの策定等高等教育での必要な欧州次元の推進等である。2サイクルは、その後3サイクル(bachelor(学士)、master(修士)、doctorate(博士))に発展した。また、科目領域での学習プログラムの比較可能性、互換性、透明性を支援するプラットフォームとして「チューニング・プロジェクト」が2000年に始まり、欧州の高等教育に大きな影響を与えて

いる。

　ボローニャ・プロセスでは、2年ごとに、各国の大学およびその学生代表に支援されつつ高等教育担当大臣会議が開催され、それまでの2年間の進展状況の総括とその後の2年間の方針が取り決められる。2005年のベルゲン会議コミュニケでは、3つのレベルからなるQF-EHEA（欧州高等教育領域資格枠組み）が採択され、2010年3月のブダペスト・ウィーン会議では、「ヨーロッパ高等教育領域」の構築（1999年のボローニャ宣言の目標達成）が正式に宣言されたが、今後とも2年ごとに高等教育担当大臣会議を開催して政策の点検・見直しを続けることとなった。

　なお、コペンハーゲン・プロセスは、EUイコールではなくて、EU加盟27カ国にリヒテンシュタイン、ノルウェー、クロアチア、マケドニア、アイスランド、モンテネグロ、トルコの7カ国が加わる。ボローニャ・プロセスはもっと広く、ロシアを含む「大欧州」47カ国が参加している。ただし、EUが非常に大きく関与している仕組みである。

5．中間層人材の育成に重点をおいた政策課題

　グローバリゼーションの進展の下でのこうした日欧の状況を踏まえると、広範な中間層に重点をおいた人材の育成・活用という政策課題として、以下の6つを挙げることができる。

(1) **生涯学習訓練戦略・生涯就業戦略の構築と実行**

　第1に、生涯学習訓練戦略・生涯就業戦略の構築と実行である。図表7-7は、OECD諸国における雇用・就業対策への公的支出のGDPに対する割合である。一番下がGDPに対する雇用・就業対策全体の割合（概ね2009年）で、これを見ると、日本は0.88％と非常に低い。一方、フランス、ドイツ、オランダ、スウェーデン、デンマークといった国はかなり高い。米国は1.17％となっているが、実は2007年では0.43％で、今回のリーマン・ショックへの対応で2倍以上に跳ね上がった。これまで日本、米国、英国が雇用・就業対策支出の低い御三家だと言われていたが、米国はかなり増えている。日本も2007年は

第7章 グローバリゼーションの進展下における、広範な中間層に重点をおいた人材の育成・活用　221

図表7-7　雇用・就業対策への公的支出（対GDP）

（概ね2009年、％）

	日本	米国	英国	フランス	ドイツ	オランダ	スウェーデン	デンマーク
1．公共職業紹介	0.09	0.05	0.29	0.26	0.37	0.43	0.46	0.45
2．訓練 （内施設内訓練） ［2007年（年度）］	0.05 (0.04) [0.03]	0.05 (0.02) [0.04]	0.02 (0.02) [0.02]	0.36 (0.11) [0.30]	0.35 (0.26) [0.25]	0.13 (0.04) [0.10]	0.06 (0.06) [0.18]	0.30 (0.27) [0.31]
3．雇用助成	0.23	0.01	0.01	0.10	0.11	—	0.37	0.19
4．障害者の支援付雇用、社会復帰	—	0.03	0.01	0.07	0.04	0.50	0.22	0.68
5．失業給付等	0.42	1.00	0.33	1.40	1.47	1.70	0.72	1.29
6．積極的雇用対策（1～4等の計）	0.47	0.16	0.33	0.98	1.00	1.21	1.13	1.62
7．総計	0.88	1.17	0.66	2.40	2.52	2.91	1.85	3.35

（注）　日本と英国は4月開始の2009年度、米国は2009年10月からの1年、他の国は2009年。
　　　2の訓練には、通常の在職者訓練や教育制度の一環として行われる徒弟（見習い訓練）は含まない。
　　　また、地方公共団体の支出や福祉サービス受給者等への就労サービスは含まれていない場合が多い。日本の場合、都道府県立職業能力開発施設の設置・運営に対する都道府県支出や大学・専門職業教育機関への支出は含まれておらず、①公共職業訓練に要する経費、②キャリア形成促進助成金、③介護労働者のための能力開発の実施、④企業における職業能力開発実施に対する補助、⑤認定訓練助成事業費補助等の国の予算を基に算出している。施設内訓練とは、訓練時間の75％以上が訓練施設（学校/カレッジ、訓練センター等、委託訓練施設を含む）で行われるものを指す。空欄は、未実施ないし統計データでのOECDへの報告がないものである。なお、英国の雇用対策は仕事探し支援に重点を置き、職業訓練のウェイトは低い（職業教育予算はEU平均水準）。
（出所）　OECD "Employment Outlook 2011," TableK "Public expenditure and participant stocks in labour market programmes in OECD countries." なお、2012年7月に2012年版が発行されたが、日本の施設内訓練の割合が非明示なこと等、従来版と異なる箇所が多く、本論文では2011年版を使用した。

0.4％で、それと比べると倍増している。英国は0.66％とかなり増えている。他の国もそれぞれ増えている。その中で訓練の部分を見ると、日本は0.05％。前々年度（2007年度）は0.03％なので、それから比べると少しは増えている。米国、英国はほとんど変わっていない。一方、ドイツ、フランス、デンマークでは水準が高い。このように、日本の職業訓練関係予算は国際的にみてかなり少なく、学校教育に占める職業教育のウェイトも非常に少ない[16]。

日本においても、職業教育訓練分野全体の総合的強化が必要であるが、まずは、教育・訓練政策と経済戦略・政策との間のより骨太の関係が求められる。すなわち、新たな日本型フレクシキュリティ・モデルの構築を目指し、そのど真ん中に本格的な生涯学習訓練戦略・生涯就業戦略を置く必要がある。

生涯学習訓練戦略・生涯就業戦略の内容としては、①働き盛り世代の一層の時間短縮により、労働・教育・家事・余暇が並立・調和した生活の充実を実現するとともに、②短時間勤務制度により就業環境を改善し、若年就業者に高等教育受講機会を提供することで、その後の安定したフルタイム雇用を可能にし、さらには、③中高年齢期でのスキルアップ訓練や高齢者に合った就業環境、高齢者の就業インセンティブ、事業主の高齢者雇用インセンティブを工夫することで高齢者の就業率を維持・向上させる、等が考えられる。すなわち、若年者、女性、高齢者そして障害者等が、職業教育訓練を活用して生涯たゆみなく能力開発に努め70歳程度まで本格的に働ける、そうした戦略をつくって、それを社会保障プランとリンクさせることが必要である[17]。

(2) 教育・訓練分野の本格連携の推進

第2の課題は、教育・訓練分野全体における労働市場とのリンクの強化を目指した、文部科学、厚生労働両行政の省壁を越えた本格連携の推進である。諏訪（2012）がいうように、「変化にさらされる長い職業生活では、人びとが多層サンドウィッチ状に就業と学習とを何度も繰り返しつつ、変化対応能力を身につけていくことが必要であり、生涯学習は不可欠といえる。その意味では、学校生活と職業生活との乖離が激しく、しかも職業生活に向けた生涯学習体制が文部科学省と厚生労働省とに二極分解したままの現状は、望ましくない」。実際、多くの先進諸国では、職業教育と職業訓練は、VET（職業教育訓練：Vocational Education and Training）として一体的にとらえられることが多い[18]。こうした観点に立ち、以下のような取り組みが期待される。

①文部科学省関係の専門高校、短大、大学等と厚生労働省管轄の職業能力開発大学校、都道府県高等技術専門校等との間における相互進学・編入（このためには、学習・訓練プログラムの互換およびモジュール化の推進が必要）。

②職業高校の教員と職業訓練校訓練指導員に関する免許の統合ないしユニッ

ト制訓練の導入による、文部科学省、厚生労働省および全都道府県での職業教員・指導員の共同育成。
③キャリア・コンサルタントやキャリア教育・職業教育担当教員に対する両省が連携した在職研修の実施。
④職業高校や高等専門学校における、就学年齢の青年だけでなく、在職者や失業者を対象とした訓練の提供[19]。
⑤デュアル訓練（学校・訓練校での学習・訓練と企業での職場訓練との組み合わせ）に対する共同取り組み。

(3) デュアル教育訓練の本格実施

　第3に、デュアル教育訓練を日本でも本格的に展開すべき時期になっている。デュアルシステムは、職場学習の時期と教育機関または訓練センターでの学習時期とからなる体系的な長期訓練であり、雇用主は、特定の職務につながる訓練を訓練生に与える責任を負う。ドイツ、オーストリア、スイス、デンマーク等の「後期中等教育（日本の高校段階）」で大きな柱となっており、2007年では、ドイツで42.8％、デンマークで47.5％の在学生が受講している（OECD "Education at a glance 2010" の Table C1.4）。近年では、大学教育にも広がり、他の欧州諸国でも、政府の助成と奨励により急速に導入が進んでいる。

　OECD（2010）によると、職場訓練（workplace training）には、教育訓練施設での訓練に比べ、次の4つの強みがあるという。
①職場訓練は、最新式の設備に基づき、最新の作業手法と技術に親しんでいる訓練指導員の下で、学生が実践的なスキルを獲得することを可能にする、質の高い学習環境を提供できる。
②雇用主になるかもしれない者と従業員となるかもしれない者との間の双方向の情報の流れを促進し、その後の採用をずっと効果的にして費用を下げる。
③雇用主による職場訓練の提供は、職業教育訓練プログラムが労働市場において価値があることを示すシグナルとなる。
④訓練生は職場で生産に寄与することができる。

そうした強みの一方で、OECD（2010）は、以下の理由から職場訓練は他の訓練で補完する必要があるともいう。

①肉屋にとっての解剖学の知識のような職業理論は、職場を離れ、教室環境で学ぶことが最も適切である。

②ある種の実践的スキルは職場外でより効果的に学ぶことができる。

・設備が高価または危険な場合は、模擬的就業環境の費用効率がより高いであろう。例えば、列車運転手の訓練は、実際の列車内で（そして、関連する路線を閉鎖して）のOJT訓練より模擬的車両で行われる方が費用効率は高い。

・職場外訓練は、ゆっくりしたペースで運営でき、学生にそのスキルを始動する時間を与える（Robertson et al. (2000)）。

・規模の経済から、いくつかの基礎的な実践スキルは、職場においてよりも訓練ワークショップ（公共職業教育訓練機関であろうと企業グループが資金提供した訓練センターであろうと）で集合的に教えることが最適であるようだ。

③地方の雇用主は、必ずしも必要とされる訓練のすべてを提供できないであろう。製品、市場、顧客、技術に関して、企業間では、同じセクター内においてさえ差異がある。職場外訓練は、提供されるスキルに関してありうるギャップを埋めることができる。

すなわち、職場訓練と教育機関または訓練センターでの学習の両者の強みを組み合わせたデュアル教育訓練の訓練効果は高く、日本においても、実習企業の共同開拓、カリキュラム改定による大学レベルも含めた職業教育・訓練全体での企業実習訓練の大幅拡大（ただし、企業負担の軽減策も必要）等、厚生労働、文部科学、経済産業各行政の省壁を越えた本格連携が求められる。

(4) 職業教育・訓練分野での横断したナショナル・センターの設立

第4の課題は、職業教育・訓練分野での横断したナショナル・センターの設立である。多くの国では、職業教育訓練機関の監督責任がいくつかの省（典型的には、教育省と労働省）とさまざまな機関（例えば、政労使の三者構成機関）に分かれている。職業教育訓練に関するデータはばらばらに収集されがち

である。各機関が連携したデータの収集・分析、調査研究、そしてこうしたことに基づく政府への政策提言を有効に行うため、世界各国で職業教育訓練のナショナル・センターを設立する国が増えている[20]。EUの場合はEUの下部機関であるCEDEFOP（欧州職業訓練発展センター）がEU各国での職業教育訓練各分野の政策発展を支援する重要な役割を持っている。ドイツの連邦職業教育訓練研究機構（Bundesinstitut für Berufsbildung: BIBB）は、初期職業教育訓練の職業別の実務訓練の内容（職業の種類、職業の名称、訓練の期間と内容、試験内容等）を規定する職業訓練規則を立案する他、研究プロジェクトや企業内訓練への支援活動も行っている。2008年12月31日現在の職員数は576名である。フランスには、資格調査・研究センター（Centre d'études et de recherche sur les qualifications: CEREQ）という、国民教育省、経済産業省、労働省の共同管轄による独立した公的機関がある。韓国にも韓国職業能力開発院（KRIVET）という、職業教育訓練政策に寄与する情報提供、職業教育訓練関連のデータ、知識の普及を目的とする政府資金で運営されている研究所がある。政策イノベーションを活発化するためには、職業教育訓練分野の調査・研究・政策提言を担う、職業教育訓練のナショナル・センターの設立が日本でも必要であろう。

(5) **職業訓練に対する労使の関与**

第5の課題は、職業訓練に対する労使の関与である。教育訓練制度が労働市場ニーズにかなうものであるためには、雇用主の関与はきわめて重要である。しかし、賃金を競り上げ転職を増やしかねない他社への移転可能なスキル（一般技能）を労働者に授けることには雇用主は関心が薄いかもしれない。企業特殊的スキルとともに企業間移転の可能性があるスキル（一般技能）に対しても関心がある学生や雇用労働者の利害を潜在的に代弁する者として、欧米では、職業訓練の場面で労働組合への期待も大きい（OECD (2010)）。他方、日本では、企業が一括採用した新規学卒者をOJT等の企業内訓練で育成している。従業員の技能養成は日本企業における人事システムの根幹であって、組合が関与すべきではない経営側の専権事項だという意識が労使ともに強い。今後は、企業、産業、国の各レベルで、職業訓練に関し労使間での活発な対話が期待さ

れる。また、公共訓練（委託訓練を含む）の訓練コース開発や企業横断的な産業別資格基準作りに対し、労使はより積極的に関与すべきであろう。

(6) 諸制度見直しの起爆剤としてのJQF（日本版資格枠組み）の策定

　第6の課題は、資格枠組み（資格のレベルを比較する物差し）策定へのチャレンジである。

　"Qualification"（資格）は、OECD（2007）によると、「評価・認定プロセスの公式結果（認定証・修了証書・称号）であり、ある個人が所定の基準に沿った学習成果を達成、および／または特定の業務分野において働くために必要なコンピテンス[21]を持ち、適格性のある機関が判断した場合に得られるもの。労働市場や、教育・訓練における学習成果の価値についても公式の承認を与えるものであり、ある業務を行う上での法的な資格となる場合もある」と定義されている。すなわち、諸外国での"Qualification"（資格）は日本の「資格」よりは幅広い概念であり、日本における、法令等に基づく国家資格（技能検定を含む）はもとより、国等が認定した審査基準を基に民間団体や公益法人が実施する公的資格、職業能力評価基準、ジョブ・カード、その他学士・修士・博士号まで含まれる、広範な「能力評価制度」と考えていいだろう。

　他方、"Qualifications Framework"（資格枠組み）は、職業能力開発総合大学校（2011）では、「一群の基準（例えば資格レベル説明指標を使うなど）に沿って、特定のレベルの学習成果に適用される各国・部門レベルなどの資格を分類・開発するための仕組み」と定義されている。すなわち、「資格のものさし」である。

　OECD（2010）は、資格枠組みの有する可能性として、以下の4点を挙げている。

　①多様な資格をさまざまなレベルに位置付け、互いの関係を明確化することで、教育制度内での発展経路づくりを促進する。透明な発展経路は職業資格の位置付けを明確にし、生涯学習の促進に役立つ。

　②枠組みに利害関係者が関与する状況では、職業教育訓練制度に関係するさまざまな利害関係者が協力するフォーラム（公共空間）が構築される。

　③資格枠組みの中で、与えられたランクに値することを証明するという訓練

第7章　グローバリゼーションの進展下における、広範な中間層に重点をおいた人材の育成・活用　227

を個々の資格に課すことで、質保証のメカニズムを改善する。

④さまざまな資格と関連づけられるべきコンピテンス（総合的能力）レベルに対し雇用主に明確な視野を与える。

欧州訓練基金（ETF: The European Training Foundation (2011)）によると、グローバリゼーションの進展の下、資格枠組みの導入は多くの可能性を有するとして、現在126カ国がNQF（国レベルの資格枠組み）を導入ないし導入を検討しているという。1986年に制定されたNVQ（英国の全国職業資格）と2008年に制定されたEQF（欧州資格枠組み）、特に後者の影響が大きいとされる。

欧州諸国では、現在、教育と労働の世界を横断した資格枠組みづくりに向かっている。これが、EQF（欧州資格枠組み）（図表7-8）とそれに準拠したNQF（国単位の資格枠組み）の策定である。EQFは、義務教育（前期中等教育）修了レベル（レベル1）から博士号取得レベル（レベル8）までの8つの資格参照レベルを設定し（図表7-8）、各国のすべての教育・職業に関する資格につき、その資格保有者がどのようなレベルの知識、スキル、コンピテンス（総合的能力）を持つか、欧州全域で比較可能にするものである。すなわち、欧州A国の資格（認定証、学位等を含む）が、A国のNQF→EQF→欧州他国のNQFのリンクを通じ、欧州他国の資格と比較可能になるというものである。EQFは、EU経済戦略（リスボン戦略）、コペンハーゲン・プロセス、ボローニャ・プロセスという3つの重要な政策発展領域を接合するフレームワークとして構想されたものであり、教育訓練体系全般の見直しを促す起爆剤となることが期待されている。欧州各国は、各国の国内資格を、国単位の資格枠組みであるNQFの整備を通じ、EQFにリンクすることになっている。2011年末時点でEQFへの最終リンク・レポートを発表したのは、イギリス（NQFの数としては、イングランド＝北アイルランド、ウェールズ、スコットランドの3地域それぞれの計3つ）、フランス、アイルランド、マルタ、ベルギー・フランダース地域、デンマーク、エストニア、ラトヴィア、オランダ、ポルトガル、チェコ、リトアニアの12カ国である。残りの諸国も遅くとも2013年までにはEQFとのリンクを完了すると見込まれている[22]。

欧州訓練基金（ETF（2011））にみるように、全世界の126カ国でNQFを導入ないし導入を検討している。APEC（アジア太平洋経済協力会議）諸国で

図表7-8　EQF（欧州資格参照フレームワーク）

	高等教育	知識	スキル	コンピテンス（総合的能力）
	ヨーロッパ高等教育領域の資格枠組みとの互換性	理論ないし事実に結び付けて表現される。	認知的なもの（論理的、直観的、創造的な思考の使用を伴う）ないし実践的なもの（手先の器用さと手法、材料・道具・装置の使い方を伴う）として表現される。	責任と自律の観点から表現される。
レベル8	博士レベル（高等教育第3期）	仕事または学習の分野における最も高度な最先端の、かつ分野間の境界についての知識	最先端の専門的スキルと技術研究やイノベーションにおける重大な問題を解決し、既存の知識や専門的実践を拡張し再定義するのに必要な分析と評価を含む	十分な権威、イノベーション、自律性、学究的・専門的完全性、研究を含む仕事または学習の最前線における新しいアイデアやプロセスの開発への持続的な貢献を示すことができる
レベル7	修士レベル（高等教育第2期）	ある分野の仕事または学習の最前線の知識を含む独創的な思考や研究の基礎としての高度な専門知識	新しい知識と手順を開発するためと、異分野からの知識を統合するための研究やイノベーションに必要な専門的な問題を解決するスキル	複雑で予測不能な、新しい戦略的アプローチを必要とする仕事または学術の情況の管理・改革。専門的知識や実践への貢献およびチームの戦略的な達成度の検証に対する責任
レベル6	学士レベル（高等教育第1期）	ある分野の仕事または学習の高度な知識。理論と原理の批判的理解を含む	仕事または学習の専門分野における複雑で予測不能な問題の解決に必要な、熟達とイノベーションを示す、高度なスキル	予測不能な仕事または学習の情況における意思決定に対する責任を伴う複雑な技術的・専門的活動またはプロジェクトの管理。個人および集団の専門的能力の開発管理に対する責任
レベル5	準学士レベル（短期高等教育）	ある分野の仕事または学習の包括的専門的な事実的・理論的知識およびその限界の認識	抽象的な問題の創造的な解決策を開発するのに必要な総合的な認知と実践的なスキル	予測不能な変更がある仕事または学習状況での管理監督。自己と他者の達成状況の検証と発展
レベル4		仕事または学習のある分野内の幅広い文脈における事実的・理論的知識	仕事または学習のある分野における特定の問題を解決するのに必要な認知と実践的なスキル	通常予測できるが、変更されることのある仕事または学習のガイドラインに沿った自己管理。仕事または学習活動の評価と改善に対する多少の責任を伴う他者の定型的任務の監督

第 7 章　グローバリゼーションの進展下における、広範な中間層に重点をおいた人材の育成・活用　229

レベル3		ある分野の仕事または学習についての事実、原理、プロセスおよび一般的概念の知識	基本的な方法、道具、材料及び情報を選択し、適用することによって、任務を達成し問題を解決するのに必要な認知と実践的なスキル	仕事または学習における任務の完遂に対する責任。問題解決のために自己の行動を状況に適応させることができる
レベル2		ある分野の仕事または学習についての基本的事実の知識	任務を遂行するための関連情報を利用でき、単純な規則と道具を用いて日常的な問題を解決できる、基本的な認知と実践的なスキル	多少の自律性を伴う監督下での仕事または学習
レベル1		基本的な一般知識	単純な任務の遂行に必要な基本的スキル	体系化された状況における直接監督下の仕事または学習

（出所）　松井裕次郎「若年者の就業支援─ EU、ドイツ、イギリスおよび日本の職業訓練を中心として」『青少年をめぐる諸問題　総合調査報告書』国立国会図書館、2009.2（抜粋）を筆者が一部修正。（原典は、"Recommendations of the European Parliament and of the Council on the establishment of the European Qualifications Framework for lifelong learning, 2008."）

も、2009年の報告書（APEC（2009））によると、オーストラリア、香港特別自治区、マレーシア、ニュージーランド、フィリピン、シンガポール、タイですでに策定され（シンガポールは職業教育訓練部分だけ、タイは高等教育部分だけの資格枠組み）、韓国、カナダ、メキシコ、ロシアも開発中である。韓国は、KRIVET（韓国職業能力開発院）が現在策定中である。CEDEFOP（2012）によると、中国も最近になって策定に乗り出したという。このように、いわゆる主要国で資格枠組みをつくる、もしくは策定に取りかかっていないのは、今や日本と米国だけになっている。米国は、市場を重視し、また州政府の力が強いので、国レベルでの資格枠組みづくりには非常に消極的である。日本においては、「企業別職能資格」の影響が強く企業を横断する職業資格づくりが非常に難しいといわれるが、教育、職業訓練、労働市場相互のリンクの強化による労働生産性の向上は、少子高齢化がとりわけ急速に進むわが国においては各国以上に喫緊の課題である。「日本版資格枠組み（JQF）」策定に向け、多くの困難を乗り越える必要がある[23]。

ちなみに、EQF を定めた欧州議会・欧州理事会勧告（2008）では、ノンフォーマルな学習（学習者の視点からは意図的で計画された活動に組みこまれて

いるが、学習目標や学習時間が明示されていないもの)、インフォーマルな学習(日常の仕事や家庭ないし余暇活動で得られる学習)(non-formal and informal learning)の社会的承認(recognition)を推進するよう求めている。ノンフォーマル、インフォーマルな学習(訓練)の承認は、①OJT等の企業訓練を積極的に認定することでもあり、また、資格取得のための学習時間を削減し、企業訓練と連動した職業資格の構築がより容易になる、②既存教育機関へ大いなる刺激を与える、等が期待される(OECD(2011))[24]。

6．おわりに

　グローバル化の進展という変化の時代、各人の地道な生涯学習によるたゆみない職業能力開発を促進し、厚みのある中間層人材を維持していかなければならない。職業能力開発をめぐる自助・共助・公助の枠組みの再編成(諏訪(2012))が重要であり、その中で政府が職業教育訓練にどのように関与すれば一番効果的であるか改めて考える必要がある。

　職業教育訓練、特に職業訓練に政府が関与する場合、どのような方法があるか、政府関与の諸方法を間接的な共通インフラの整備的なものから、より直接的、個別具体的なものへと分類すると、図表7-9のようになる。

　Aの訓練「情報」の提供については、キャリア情報ナビ、キャリア形成支援コーナーや職業能力開発ステーション・サポートシステム(ともに高齢・障害・求職者雇用支援機構)、そして、卓越技能者(現代の名工)の表彰、技能五輪(国際技能競技大会)等日本でも各種事業がなされているが、欧州では、EUの下部機関であるCEDEFOP(欧州職業訓練開発センター)が職業教育訓練の広範な分野で充実した情報発信を行っている。グッド・プラクティス(優れた実践事例)の開発、普及も積極的に行っている。各国単位でも豊富な情報提供が行われているが、北欧諸国等では英語の情報も充実している。日本の場合、韓国、中国も含め17カ国が参加したOECDの各国職業教育訓練政策に対する評価プロジェクト（"Learning for Jobs"、『若者の能力開発―働くために学ぶ(OECD職業教育訓練レビュー：統合報告書)』、各国個別報告書を基に、2010年秋に統合報告書発行。筆者と上西充子法政大准教授の訳で明石書店から

図表7-9 政府関与の方法類型

政府関与の方法	事 例		日本での具体例（・部分）と課題 （○部分は政府文書から、◎は筆者の付加意見）
A．訓練「情報」の提供	A-1	訓練サービスの内容・質についての情報提供	・キャリア情報ナビや職業能力開発ステーション・サポートシステム （ともに高齢・障害・求職者雇用支援機構） ・卓越技能者（現代の名工）の表彰、技能五輪（国際技能競技大会）等 ◎積極的な情報発信、海外との積極的情報交換 ⇒ナショナル・センターの設立
	A-2	グッド・プラクティス（優れた実践事例）の開発、普及	
B．職業能力・訓練成果への「評価尺度」の提供	技能検定、資格、職業能力評価基準等の職業能力評価制度の整備		・技能検定、職業能力評価基準、「ジョブ・カード制度」（職業能力形成プログラム） ○キャリア段位制度の構築 ○教育・訓練の質確保 ◎NQF（国単位の資格枠組み）の構築
C．教育訓練を担う「ヒト」の育成	教育訓練を担う専門職、機関・団体の育成		・職業能力開発総合大学校での訓練とその再編が進行中 ・専門高校教諭は大学等教職課程で育成 ◎オールジャパンでの職業教員・指導員の共同育成 ◎専門学校、NPO等民間機関での所属教員 ・指導員に対する訓練の奨励 ◎職業教育訓練機関と産業界の継続的連携
D．訓練に要する「カネ」の提供	D-1	個人向けの訓練資金援助制度	・所得税控除、教育訓練給付、技能者育成資金、キャリア形成促進助成金等 ○求職者支援制度（雇用保険外の者への訓練期間中の生活保障）の構築
	D-2	企業向けの訓練資金援助制度	
E．直接的な訓練機会の提供	E-1	公共職業訓練機関による直接訓練	・公共職業訓練機関の訓練、委託訓練 ・高校専門学科、高等専門学校の職業教育 ○多様な教育訓練サービス機関の活用 ○デュアル訓練等企業実習訓練の増強
	E-2	教育機関、企業等への訓練委託	

（出所）岩田克彦「第10章 おわりに」高齢・障害・求職者雇用支援機構職業能力開発総合大学校『諸外国における職業教育訓練を担う教員・指導員の養成』2011年3月。

近刊予定）に対する不参加に象徴されるように、この分野では、国際比較、他国との情報交換の意識が弱いように思える。政策イノベーションを活発化するためには、職業教育訓練分野の調査・研究・政策提言を担う、職業教育訓練のナショナル・センターの設立が日本でも必要であろう。

　Bの職業能力・訓練成果への「評価尺度」の提供については、技能検定、職

業能力評価基準、「ジョブ・カード制度」(職業能力形成プログラム)等が実施され、現在、「実践的な職業能力評価制度」(キャリア段位制度)の構築が目指されている。大きな一歩と評価できるが、世界各国では、各資格保有者の技能レベルを比較可能にするNQF(国単位の資格枠組み)づくりが進んでいる。日本においても、キャリア段位制度の整備と並行してJQF(日本版資格枠組み)の策定のための検討を急ぐとともに、職業教育訓練の質向上を積極化する必要があろう。

Cの教育訓練を担う「ヒト」の育成については、①職業高校や高等専門学校の教員と職業訓練校訓練指導員に関する免許の統合による、文部科学省、厚生労働省および全都道府県での職業教員・指導員の共同育成、②学校ベースの職業教員や指導員が産業現場での時間を持ってその知識を刷新し、企業内指導員が教授法技能を高めるため、職業教育訓練施設(学校、職業訓練施設)と産業界との積極的提携関係の構築等が挙げられる。

Dの訓練に要する「カネ」の提供については、個人、企業向けの多様な訓練資金援助方法を工夫する必要がある[25]。

Eの直接的な訓練機会の提供については、多様な教育訓練サービス機関の活用も重要だが、日本の一番の課題は、デュアル訓練(学校・訓練校での学習・訓練と企業での職場訓練との組み合わせ)等企業実習訓練の増強であろう。図表7-7で、職業訓練関係予算の国際比較の数字を挙げたが、日本は、英国、スウェーデン[26]と並んで訓練施設(委託訓練施設を含む)以外での訓練が少ないことがわかる。実習企業の共同開拓、カリキュラム改定による大学レベルも含めた職業教育・訓練全体での企業実習訓練の大幅拡大等、厚生労働、文部科学、経済産業各行政の省壁を越えた本格連携が求められる。

欧州では労働市場、高等教育、職業教育訓練の相互関係での大きな変動を、「テクトニック(地殻変動)モデル」(図表7-10参照)と名付けている。日本においても、JQF(日本版資格枠組み)の早期策定や教育・訓練分野全体における文部科学、厚生労働両行政の本格連携等により、労働市場、高等教育、職業教育訓練(VET)の地殻変動が起きることを強く期待したい。
(拙稿の内容は、すべて筆者個人の責任で執筆したものであり、筆者が所属する組織の見解を示すものではない。)

図表 7-10 欧州地殻変動モデル（労働市場・高等教育・職業教育訓練）

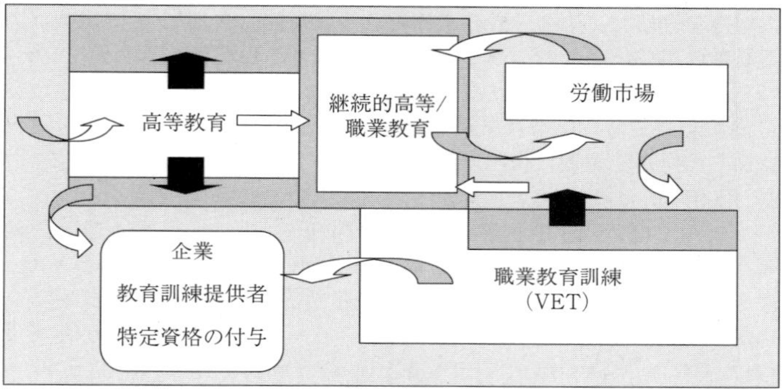

（出所）　Dunkel, T., et al. (2009).

注

1) 諏訪（2010）。
2) European Commission, "Towards Common Principles of Flexicurity: More and better jobs through flexibility and security," 2007. 6.
3) デンマークでは、デンマーク型「フレクシキュリティ」を発展した政策理念として、最近、mobility（移動性）と education（教育）を合成した「モビケーション」（mobication）が提唱されている。今後、労働市場はますます変化が大きく予測も難しくなるとし、すべての者が生涯どの段階でも受けられる教育・訓練の重要性を特に強調するものである（EWCO（2012））。注意してフォローすべき政策動向であろう。
4) 厚生労働省「能力開発基本調査」（2011年）によると、計画的な OJT を実施した企業割合は、正社員で63.0%（1000人以上規模では78.5%、30～49人規模で44.4%）、正社員以外で30.8%（1000人以上規模では47.2%、30～49人規模で16.8%）であった。Off-JT を実施した企業割合は、正社員で71.4%（1000人以上規模では83.8%、30～49人規模で51.6%）、正社員以外で32.9%（1000人以上規模では48.1%、30～49人規模で21.7%）であった。非正規労働者、小規模企業労働者で職業訓練実施割合が低いことがわかる。
5) 中途退学、無業・一時的な仕事、早期退職（3年以内）を含めると、高卒の3人に2人、大卒の2人に1人が教育から雇用へと円滑に接続できていない（2012年3月19日、第7回雇用戦略対話に提出された内閣府資料）。
6) 中高年齢者に特化した公共職業訓練は、近年なぜか下火となっている。職業能力開発総合大学校能力開発研究センター（2002）は、求められる高齢者訓練のタイプとして、①職務経験は豊富であるが、離職前の役職等や長年染み付いた企業風土か

ら脱皮できない者に対する職業意識転換訓練、②職業能力付加訓練(「ものづくり」や「定型業務」の経験を活かしつつ、新規・成長分野等の雇用吸収力が高い業種、職務内容等を理解し、その分野に求められる職業能力を付加)、③職業能力一般化訓練(離職前の職位は一般的であるが、職務に関する専門性がきわめて高い高齢者は、この特化した専門的な職業能力を一般的なものに再構築すれば、中小企業における就業可能性が高まる)を挙げている。昨年(2011年)10月の「高齢・障害・求職者支援機構」の発足を契機に、再度積極的なチャレンジが行われることを期待したい。

7) 諏訪(2004)。

8) デンマークでは、CVET(継続職業教育訓練)として、地域企業と訓練センターとの密接な協力で作成された2500を超えるAMU(労働市場訓練センター)プログラムがあり、500から800のプログラムが毎年新設ないし改訂されている。期間は通常半日から6週間の短期だが、1年訓練もあり(平均1週間)、2009年で受講生は約100万人とされる("Denmark VET in Europe-Country Report 2010," p.49)。近年は、より個別企業の要望に沿ったオーダーメードの公共訓練が重視されているという。なお、労使協約により、通常の労働者には年間14日の継続訓練休暇が与えられる。日本でも、分厚い中間層人材を維持するためには、こうした積極的な訓練プログラムを提供する必要があろう。

9) 2010年までのET2010、2020年までのET2020が、それぞれ10年単位で策定され、EU加盟国はこれに対応した各国プログラムを策定、それぞれ定期的に見直すことになっている。

10) 年数回、各国首脳が一堂に会する欧州サミットが開催されている。

11) http://www.consilium.europa.eu/ueDocs/cms_Data/docs/pressData/en/ec/00100-r1.en0.htm
　なお「リスボン戦略」は、2005年2月に全体指針と各国行動計画との調整プロセスの簡易化を含む「新リスボン戦略」に衣替えした(http://eur-lex.europa.eu/LexUriServ/LexUriServ.do?uri=COM:2005:0024:FIN:EN:PDF)。

12) http://www.esib.org/documents/external_documents/0202_EC-council_detailed-work-program.pdf

13) EU加盟27カ国にクロアチア、トルコ、アイスランド、ノルウェーが加わる。http://ec.europa.eu/education/pdf/doc125_en.pdf

14) http://www.ond.vlaanderen.be/hogeronderwijs/bologna/documents/MDC/BOLOGNA_DECLARATION1.pdf

15) EU27カ国の内、ボローニャ・プロセス開始前には、ドイツ、オランダ、イタリア、スウェーデン等11カ国では、学部と明確に分かれた修士課程、博士課程に相当する大学院制度が存在しなかった(他の16カ国には2サイクルが存在した)。

16) これまでの日本の職業能力開発は、長期雇用システムを反映し、企業による訓練、自己啓発支援に大きく依存していたことも影響している。厚生労働省の教育訓練市場の推計では、全体で約1兆7500億円、うち国1457億円(8.3%)、都道府県284億円、企業約8800億円(50.3%)、労働者約6950億円(39.7%)となっている(厚生労

働省「今後の雇用・能力開発機構のあり方について」(2008.12.2))。なお、企業の支出はOff-JT、自己啓発支援等であるが、日本では、この数字に表れない、仕事をしながらの訓練、OJTが重視されている。
17) 詳しくは、岩田（2012b）を参照。
18) 米国のVETに対応する用語は、「キャリア・技術教育」(Career and technology education: CTE）である。
19) 諏訪（2012）は、文部科学省「2007年社会教育調査」のデータから、「公民館は全国で1万5千ほどの拠点があり、社会教育の学級・講座総数は年14.1万ほどあり、生涯学習センターは全国で384カ所、学級・講座開催数は2万近くあるが、公民館と生涯学習センターを合計して通常働いている社会人の多くが参加できそうな土日または夕刻5時以降開催の合計数は全国1年度総計で649学級・講座しかない。現状では、とても職業をめぐる生涯学習の拠点にはなりえていない」という。職業訓練校および職業高校や高等専門学校での夕刻5時以降の成人コースの積極的な提供が望まれる。
20) OECD, "Learning for Jobs? OECD, Policy Review of Vocational Education and Training, Initial Report," 2010.09.
21) 仕事や学習状況、専門的ないし個人的な発展・成長において、知識、スキル、個人的・社会的・方法論的な能力を使いこなす能力。
22) 欧州委員会は、EQF関連の情報を総合的に提供するポータルサイトを2011年5月に開設。その中で、EQFへのリンクが完了した加盟国同士のNQFレベルの比較ができるようになっている（http://eqf.intrasoft-intl.com/eqf/home_de.htm)。EQFおよび欧州各国のNQF策定状況については、岩田（2012a）を参照されたい。
23) 資格枠組みの策定は、多くの職業における資格ないし職業能力標準を策定した後に策定すべし、との意見がある。しかし、「実践的な職業能力評価・認定制度」（キャリア段位制度）策定に大変苦心している現状をみると、むしろ、叩き台的な資格枠組み案を早期に作成し、これに基づき、各分野の職業能力評価・認定制度を整備していき、資格枠組み案を徐々に改定していくやり方がいいのではないか、と筆者は考えている。若年育成期以降での「年齢や雇用形態でなく能力に基づいた雇用および賃金制度」の実現のためにも、こうしたジョブ型労働市場を実現するための枠組み整備が重要である。
24) 欧州諸国におけるノンフォーマル、インフォーマルな学習（訓練）の承認については、岩田（2012a）を参照されたい。
25) OECD（2005）では、個人向けの訓練資金援助の方法を、①所得税控除、②給与税（ペイロール・タックス）ベースの訓練助成（給与税とは賃金を徴収ベースとするもので、日本の雇用保険料も広義の給与税に相当する）、③個人融資（学習目的での個人借り入れに銀行が融資し、政府は債務不履行時の保証を提供）、④バウチャー（受講クーポン）ないし手当（allowances）の形を取る政府からの直接補助、⑤個人学習口座（成人の学習目的だけに使われる銀行口座。通常、政府、公益機関を含む多数の利害関係者が資金を提供する）等に分類している。また、企業向けの訓練資

金援助の方法を、①収益税控除（Profit tax deduction: Profit tax とは企業収益に課税するもので、日本では、法人税等が相当する）、②給与税控除（赤字企業には、給与税から訓練費用の控除を認める）、③給与税免除（企業は、訓練費支出が規定最低水準を下回る場合に訓練課徴金を支払う）、④税・保険会計からの援助、⑤中央政府予算に基づく助成に分類している（同書、p.64およびp.60）。

26）2006年においては、スウェーデンの訓練は0.33％（内施設内訓練は0.20％）、公的職業紹介0.23％であった。2006年に社会民主党政権から中道右派政権に代わり、2007年、"Job Guarantee for Youth"（若者向けの雇用保障）が導入されるなど雇用政策が大きく変わった。OECD, "OECD Economic Surveys Sweden"（2008）は、"reshuffle"されたという表現を使っている（同書、p114）。「若者向けの雇用保障」は、25歳未満の若者が失業して3カ月経過すると、自動的に、本人の能力や学習歴の把握、希望する仕事やキャリアの特定、そしてそれに基づく教育・職業ガイダンスが始まり、そして職業紹介、職業訓練、大学等への進学につながるプログラムである。図表7-7の原典である統計表のスウェーデンに対する注では、「カウンセリング、ガイダンス、職業紹介の中での訓練に参加した場合に支払われる所得サポートは、「2．訓練」に含まれるが、「1．公共職業紹介」内の対応するサービスは2の訓練には含まれない。」とある。2007年以降大きく増えた1の「公共職業紹介」内に他国における「職業訓練」的なものがかなり入っている可能性がある。

参考文献

岩田克彦（2009）「職業能力開発に対する政府関与のあり方—政府関与の理論的根拠、方法と公共職業訓練の役割」『日本労働研究雑誌』No.583。http://www.jil.go.jp/institute/zassi/backnumber/2009/special/pdf/083-091.pdf.

―――（2010）「改革が進む欧州各国の職業教育訓練と日本—日本においても職業教育訓練の総合的強化が急務」『日本労働研究雑誌』No.595。http://www.jil.go.jp/institute/zassi/backnumber/2010/special/pdf/054-067.pdf.

―――（2011a）「解説：欧州における教育訓練の基本制度と最近の政策見直し動向—職業教育訓練を中心に—」『欧州教育訓練政策重要用語集』（欧州職業訓練開発センター（CEDEFOP）日本語版、職業能力開発総合大学校。http://www.uitec.jeed.or.jp/schoolguide/09/50th_05/08.pdf.

―――（2011b）「欧州諸国のNQF（国単位の資格枠組み）策定状況と日本版NQF（JQF）策定に向けた諸課題」『構造転換期における人材育成のあり方に関する調査研究報告書』日本生産性本部。

―――（2011c）「EU及び欧州諸国での職業教育訓練と教員・指導員の養成」職業能力開発総合大学校『諸外国における職業教育訓練を担う教員・指導員の養成』2011年3月。http://www.uitec.jeed.or.jp/schoolguide/09/50th_04/08.pdf.

―――（2012a）「EU—資格枠組み（QF）及び欧州資格枠組み（EQF）—」『諸外国における能力評価制度』労働政策研究・研修機構資料シリーズ。

―――（2012b）「年金支給開始年齢と『生涯就業・学習戦略』」『日本年金学会誌』

第32号.
職業能力開発総合大学校（2011）『欧州教育訓練政策重要用語集』（欧州職業訓練開発センター（CEDEFOP）発行（2008））の日本語版。http://www.uitec.jeed.or.jp/schoolguide/09/50th_05/index.html.
職業能力開発総合大学校能力開発研究センター（2002）『平成13年度厚生労働省受託ミレニアム・プロジェクト：高齢者に対する訓練及び訓練手法のあり方についての調査研究報告書』.
諏訪康雄（2004）「キャリア権をどう育てていくか？」『季刊労働法』207号。
──────（2010）「大学教育とグローバル人材育成」『世界の労働』60（12）。
──────（2012）「職業能力開発をめぐる法的課題─『職業生活』をどう位置づけるか？」『日本労働研究雑誌』No.618。
樋口美雄・財務省財務総合政策研究所編著（2006）『転換期の雇用・能力開発支援の経済政策』pp.2-3、日本評論社。
APEC Human Resources Development Working Group (2009) "Mapping Qualifications Frameworks across APEC Economies," APEC Human Resources Development Working Group.
CEDEFOP (2012) "Development of National Qualifications frameworks in Europe October 2011," Working Paper No. 12.
Dunkel, T., et al. (2009) "Through the Looking-Glass," Cedefop.
ETF (European Training Foundation) (2011) "Transnational Qualifications. Frameworks."
EWCO (European Working Conditions Observatory) (2012) "Moving from flexicurity to 'mobication'."
OECD (2005) "Promoting Adult Learning."
────── (2007) "Qualifications Systems-Bridges to lifelong learning."
────── (2010) "Learning for Jobs? Synthesis Report of the OECD Reviews of Vocational Education and Training."（近く、明石書店から『若者の能力開発─働くために学ぶ（OECD 職業教育訓練レビュー：統合報告書）』として筆者と上西充子法政大准教授の共訳による翻訳版が刊行予定。）
────── (2011)『学習成果の認証と評価』明石書店（原著は2010年発行）。
Robertson, et al. (2000) "Evaluating On-and Off-Job Approaches to Learning and Assessment in Apprenticeships and Traineeships,"Post Compulsory Education and Training Conference, Gold Coast.

第Ⅲ部　人材の育成と活用に関する課題

第8章　イギリスから見た日本の人材育成の課題

苅谷剛彦

1．はじめに

　人材形成の問題を考える場合、問題の所在をいくつかの層に分けて考えてみることで、それに対応した課題も明らかになる。この論考で行うのは、イギリスにおける人材形成の問題を、3つの層に分けて考察し、そこから得られた知見をもとに、日本における同様の問題について検討を加えることである。ここでは、若年層の問題に焦点を限定し、学歴の比較的低い層の問題、中間層の問題、高学歴者の問題という3つの層に分けた考察を行う。このような枠組みを採用するのは、近年の若年労働市場の変化と、高等教育進学率の拡大といった教育の変化を同時に視野に入れつつ、それぞれの学歴層でどのような問題を抱えるようになったのかを、より鮮明に明らかにすることができると考えるからである。そして、イギリスを合わせ鏡にすることで、現代の日本の人材形成が抱えている課題もより鋭角的に把握できると考える。

　以下、本章では、イギリスを対象に、次の第2節で比較的学歴の低い層の雇用（失業）をめぐる問題、それまでは中等教育レベルで修了していたが、近年、教育機会の拡大によって高等教育に包摂されるようになった層の問題、そして、イギリス国籍をもつ学生にとどまらず、国境を越えて大学院レベルの教育を享受するようになった学歴上位層の問題の三層について、先行研究のレビューを中心に概観する。そして、そこでの知見をもとに、第3節では、日本における人材形成をめぐる課題について検討を加える。そして最後の結論（第4

節）では、課題を克服するための政策的手段について若干の提案を行う。

2．イギリスにおける人材育成の問題

(1) 大人になる移行過程の長期化と多様化

　イギリスを中心に、近年のヨーロッパとアメリカにおける若者たちの問題に焦点を当てた研究として、FurlongとCartmel著の *Young People and Social Change* は、人材形成をめぐる問題を概観する上で、適切な視点を提供してくれる。この著者たちによれば、先進国に共通する問題として、子どもから大人になる移行過程（transition to adulthood）が、長期化し多様化しつつあることが指摘される。この指摘は、人材育成の問題を検討する上でも、有益な視点である。大人になるまでの移行過程の困難さの増大が、人材育成の課題と重なってくるからである。

　FurlongとCartmelのいう移行期間の長期化は、教育機会の拡大と労働市場の変化によってもたらされる。イギリスを例にあげれば、80年代までは、多くの若者たちが義務教育を修了する16歳の時点で職業の世界に入っていった。しかし、高等教育の機会や成人（継続）教育の機会が拡大するにつれて、職業の世界に入る年齢が上昇していった。そればかりではない。一度職業に就いた後でもパートタイムの学生として大学や further education college と呼ばれる職業教育機関で教育を受ける機会が広がることで、職業と教育・訓練の期間が交錯するようになる。そのこともまた、はっきりとした接続面をもっていた時代に比べれば、移行期間の長期化や多様化をもたらすこととなった。

　労働市場の変化もまた、それに寄与している。若年者の失業率の上昇や、不安定な雇用機会が増大することによって、「大人」になることとの明確な接続面に揺らぎやゆがみが生じているからである。いつになったら安定した職業に就いているのかが曖昧になる。それもまた、大人への移行期間の長期化を帰結する。この点については、次の項で詳述する。

　長期化のみならず、先進国に共通するもう1つの特徴は移行過程の多様化である。前述の教育機会や訓練機会の長期化やリカレント化は、どのような機会をそれぞれの個人が得られるかによって、移行過程の多様化をもたらす。かつ

てのように、大多数の若者が義務教育を終え職業に就く一方で、少数の「エリート」たちが大学や大学院までの教育を受けていた時代に比べれば、雇用や教育・訓練の入り組んだ移行の仕組みは、得られる機会の内容や質によって多様な移行過程を生み出すことになる。一方には、手に職をつけるための若者向けの職業訓練プログラムに入る若者がいる。他方には、大学卒業後にギャップイヤーを利用した外国経験を経て大学院で上級の学位を取得する若者もいる。あるいは、職業資格を得た上で、それを入学資格として大学に入り直す若者もいる。

　このように移行過程の多様化が進むのだが、FurlongとCartmelの指摘で重要なのは、現在においても、出身階級やエスニシティ、ジェンダーなどによって、得られる機会に違いが見られるという点である。その後の職業機会の差異に結びつく教育・訓練機会には、個人の能力や努力の違いを超えた属性的な要因の影響が残るというのである。要するに、多様化が格差を伴って進行しているという指摘である。

　さらに二人の研究では、こうした職業への移行だけにとどまらず、親からの自立や自らの家族の形成といった面でも、大人になるまでの期間の長期化と多様化が生じているという。経済的な面での安定したキャリアの獲得が不確実になったり、安定と不安定とが交錯しあうことで、親の家を離れる年齢や結婚や出産の年齢が高まっていく傾向と、それらのイベントの生じ方の多様化とが進んでいるというのである。

　このような移行過程の変化は、人材育成の面での困難さや複雑さが増していることを、直接、間接に示している。教育の修了と同時に職業生活が始まり、それが継続していた時代に比べると、たしかに教育や訓練の機会は拡大した。やり直しのチャンスも増大した。個人にとっては、それだけ選択肢が増えたことを意味する。しかし、他方で、こうした変化は、キャリアの連続性という点での可視性を引き下げ、どのような準備をすれば次のステップでうまくいくのかを見えにくくしている。「中断」が介在することで、知識やスキルの獲得の面でも、キャリアの展望の点でも、チャンスや選択の自由が増えると同時に、格差も生じてくるのである。このような研究をふまえると、以下に見るように、教育資格を基準に、若者たちを3つの層としてとらえ、移行の長期化と多

様化の意味の違いを探ることで、それぞれの問題点を論じていくことができるだろう。

(2) 若年失業の問題

そこで最初に論じるのは、若年失業の問題である。イギリス全体の動向を概観すると同時に、失業という経済的資源や訓練機会の喪失が、どのような若者に特に生じやすいのかを確認する。結論を先取りすれば、教育資格＝学歴の低い層に典型的に表れる問題をあぶり出すのである。ここでは、Bell and Blanchflower（2010）をもとに検討を加える。

彼らの研究によれば、イギリスにおける最近の失業率の特徴として、とりわけ若年層にそのしわ寄せがいっていることにある。

図表8-1が示すように、全年齢で見た失業率に比べ、16-24歳の失業率の方がはるかに高い数値を示す。特に目立つのは、若年層の中でも、黒人や教育資格を持たない若者たちである。特に学歴が最も低い「教育資格なし」の若者たち（義務教育を終えただけの若者）の実に4割が失業している。また、男女で比べると、男性の失業率が高く出る。

この研究の著者たちも教育資格の影響に注目しているので、その点を詳しく見ると、教育資格の重要性が浮かび上がっている。前述の通り、義務教育を終えただけで一切の教育訓練資格を持たない若者の高い失業率に比べ、徒弟訓練の資格を得たもの（徒弟制 apprenticeship）、中等教育修了資格（O レベル）の取得者、それに類する職業資格（ONC／OND）の取得者の失業率は、大きく減少する。さらにより上位の中等教育資格である A レベルやそれに類する職業資格である HNC／HND の保持者の失業率は若干だがさらにそれより下回る。職業資格であれ教育資格であれ、中等教育レベルの資格を得ていることや、職業訓練に特化した徒弟制を経験していることが失業を免れる重要な資源となっているのである。

さらにそれより上位の高等教育学歴には、失業率を引き下げる効果がある。大学卒業資格全体で見れば、学士号（全体）の欄が示しているように、学士号の取得者の失業率は13.2％となる。修士以上の学歴の所有者の場合（大学院）10.4％である。学士号の中の成績による違いもこの表では示されているが、そ

図表 8-1　イギリスにおける失業率の基本統計（2009年1月-2010年3月）

	全年齢	16-24歳
全体	7.7	19.2
男性	8.7	22.1
女性	6.5	16.0
白人	7.1	18.1
黒人	17.3	38.6
アジア系	11.5	28.9
教育資格なし	14.9	40.6
徒弟制	11.6	15.0
Oレベル	9.7	21.7
ONC/OND（職業資格）	8.7	15.8
Aレベル	7.1	13.4
HNC/HND（上級職業資格）	5.1	12.3
学士号（全体）	3.9	13.2
第1級	4.1	12.8
第2級	3.8	11.6
第2級下	4.4	14.5
第3級	5.2	18.6
合格	2.9	6.2
大学院	3.2	10.4

（出所）　Bell and Blanchflower (2010).

こには明確な差異は見出せない。優等学位を示す第1級やその次のランクの第2級をとったからといって、他の学士号保持者に比べ失業率が大きく下がるわけではない。これらの結果は、大学をともかくも卒業していることが全般的にプラスの効果を持つことを示している。

　このようにみると、教育資格をもたずに労働市場に入っていく若者たちに問題が集中していることが確認できる。Furlongらの研究によれば、こうした低学歴の若者たちは、低所得の家庭の出身者や民族的なマイノリティの出身者に多い。つまり、家庭的な背景に恵まれない若者たちが、教育資格の点でも不利な状況にあり、それが40％にもなる高失業率となっているのである。

　それゆえに、人材育成の問題解決策として、全体としての教育水準の底上げを図り、教育資格をもたない若者を減らそうという政策と、学校を出た後での

職業訓練の機会を提供する政策とが図られることになる。前者には、ナショナルカリキュラムの制定や、ナショナルテストの実施、その結果に基づく学校評価、さらには貧困地域の学校への教育財政のてこ入れなどの施策がこれまで実施されてきた。また、初中等教育を通じての職業準備教育を中心としたカリキュラムの改善や提供も、対応策の１つとみなしてよいだろう。他方、後者としては、1970年代以来、名称をさまざまに変えながら（YOP, YTS, TVEI, MAs, IFP, YAs など）行われてきた、若者のための職業訓練プログラムや、職業教育を提供する further education college が提供するプログラムがある。義務教育段階の教育改革と同様に、いずれのプログラムについても、その成否については、議論の分かれるところであり、決め手といえるような解決策がとられているとは言いがたい。

このようなイギリスの動向から浮かび上がってくるのは、教育資格の面でもっとも恵まれない層の人材育成をどのようにするかという課題である。初中等教育と卒業後の職業訓練をどのように提供するかが、社会経済的に見ても恵まれない層にとっての課題となるのである。

(3) 大学教育の拡張

これら比較的学歴の低い層の問題とは別に、人材育成の面でも、大人への移行過程の面でも、大きな影響をもちつつあるのが、90年代以後の大学教育の拡張と、それに伴ういくつかの変化とである。

かつてイギリスは、先進国の中でも比較的、大学進学率が低い国の１つだった。日本と同様の18歳人口を分母とした大学進学率の統計は得がたいのだが、1970年代末には10％程度（そのころ、日本はすでに30％を超えていた）だと言われていた進学率が、2000年代に入ると30％を超えるようになっている（グッドマン（2011））。とくに1992年に、それまでのポリテクニック（職業教育を中心とした高等教育機関）を大学へと昇格させたことにより、機関数が倍増し、それとともに進学率も上昇を遂げた。

しかし、高等教育進学者の増大は、政府が推し進めた政策とはいえ、政府にとっては財政負担増となる政策でもあった。イギリスの大学は1997／98年度までは授業料を徴収しない、無償制を原則としていたからである。そのために、

政府は無償制を廃止し、授業料の徴収を始めるようになった。その詳細は次に述べるが、授業料の導入さらにはその増額という政策変更が、拡大した大学進学の機会の恩恵を受けるようになった、いわば「中間層」ともいえる層に影響を及ぼすことになるのである。

イギリスで初めて授業料が導入されたのは1998/99年度からである。この年から2005年までは、その額は1250ポンド（約16万円）だった。2006年以後、3290ポンドを上限に各大学が授業料を設定できる仕組みとなった。2012年からは、その上限をさらに9千ポンド（約117万円）にまで引き上げる政策変更が行われた。

ただし、授業料の徴収方法は日本とは大きく異なる。主に親が授業料を払う日本とは違い、希望する学生には国が授業料を支払い、それを卒業後に給与から天引きする仕組みとなっている。現行では年収が1万5000ポンド以上になったときから支払いが始まる。2012年秋に始まる新制度ではそれが2万1000ポンドにまで引き上げられる。年収がこの額を下回ったときには返済が猶予される。さらには、入学時の家計の収入額によって授業料を免除したり、無利子の教育ローンを提供したりする仕組みも取り入れられている。

このような政策変更の争点となっているのは、第1に、大学教育は誰のものかという問題である。授業料が無償であった時代には、大学は「公共財」とみなされ、大学教育を受けた者はその利益を社会に還元するのだから無償であるべきだという考えが支持されていた。それに対し、大学教育を受けた個人の利益を重視し、卒業後により高い収入を得られるのだから、費用は受益者である個人が負担すべきだとする受益者負担の原則が、授業料の値上げの議論を後押ししている。

さらに制度設計を複雑にしているのは、そこに「教育機会の平等」という第2の論点が重なるためである。大学教育から得られる利益に誰が接近できるのか。授業料負担によって機会が制約されないようにするために、授業料免除や奨学金、さらには卒業後の収入に応じた返納や免責の仕組みを強化しようというのである。

このような論点をもちながら、授業料の導入・引き上げが行われてきた。その結果、富裕層を別とすれば、所得の面では中間層であり、大学教育機会の拡

張によって大学教育の恩恵を受けられるようになった層(親の世代は大学に行っていない、いわゆる大学教育「第1世代」)にもっとも大きなインパクトを与える改革となった。授業料の引き上げが、若者たちの反発を買い、2011年末にロンドンなどでの大規模な抗議行動を引き起こしたことは記憶に新しい。

ここから浮かび上がるのは、大学を公共財としてみるか、私的な財としてみるかという枠組みのもとでの、費用負担の問題と、それへの解答がもたらす社会的公正の問題である。換言すれば、教育費を誰がどれだけ負担するか、さらには、教育費の負担のあり方によって、高等教育への接近の機会がどれだけ公平に提供されるかという問題である。

(4) 大学院教育の拡張とグローバル化

もう1つの人材育成の問題は、教育資格の面では上位層に属する大学院レベ

図表8-2 大学院在学者数と人口1000人当たり在学者

イギリス

	〔在学者数〕				〔人口千人当たり在学者数〕			
	2004	2005	2006	2007	2004	2005	2006	2007
	千人	千人	千人	千人	人	人	人	人
フルタイム在学者	226.9	234.9	243.9	249.2	3.79	3.90	4.03	4.09
パートタイム在学者を含む	538.4	552.1	567.2	508.1	9.00	9.17	9.36	8.33

(注) 1. 大学のほか、高等教育カレッジ等の大学院レベルの学生を含む。留学生を含み、2007年のフルタイム在学者は133,100人、パートタイムを含む在学者は167,700人である。
2. フルタイムとは全日の学習を前提とするコースで、パートタイムとは1日の一部あるいは週の数日を学習にあてるコースである。パートタイムはフルタイムと同じ資格・学位を取る場合、修業年限がフルタイムより長くなる課程である。

日 本

〔在学者数〕				〔人口千人当たり在学者数〕			
2007	2008	2009	2010 (平成22)	2007	2008	2009	2010 (平成22)
人	人	人	人	人	人	人	人
262,113	262,686	263,989	271,454	2.05	2.06	2.07	2.13

(注) 外国人学生を含み、2010年で40,875人、全体の15.1%(うち留学生は38,649人、14.2%)を占めている。
(出所) 文部科学省『教育指標の国際比較』(平成23年版)。

ルの教育にかかわる。図表8-2、8-3は、いずれも日本の文部科学省『教育指標の国際比較』(平成23年度版) から引用した、大学院学生数に関する統計である。図表8-2により人口1000人当たりの在学者数で見ると、イギリスの大学院在学者数は、2007年にはフルタイムの学生だけで4.09人に達する。パートタイムの学生を含めれば、この数字は8.33人になる。日本の2.13人と比べてもフルタイムの学生でも2倍、パートタイムを含めれば4倍もの違いになる。

次に、学部学生数に対する大学院在学者数の比率をイギリスと日本について示したのが図表8-3である。日本の大学進学率が高いことを考慮に入れなければならないが、それでも、ここからもわかるように、日本では学部学生の1割程度しか大学院生がいないのに対し、イギリスではフルタイムだけでも学部学生数に対し22％の学生が大学院に在籍している。パートタイムの学生を含め

図表8-3　学部学生に対する大学院在学者数・比率

イギリス

		〔在学者数〕				〔大学院学生の比率〕			
		2004	2005	2006	2007	2004	2005	2006	2007
		千人	千人	千人	千人	％	％	％	％
フルタイム在学者	学部	1,049.3	1,082.6	1,095.4	1,117.1	21.6	21.7	22.3	22.3
	大学院	226.9	234.9	243.9	249.2				
パートタイム在学者を含む	学部	1,254.2	1,294.9	1,303.6	1,322.1	42.9	42.6	43.5	38.4
	大学院	538.4	552.1	567.2	508.1				

(注)　1．学部の数値は、第一学位（学士相当）のみの数値である。各年とも留学生を含む。
　　　2．フルタイムとは全日の学習を前提とするコースで、パートタイムとは1日の一部あるいは週の数日を学習にあてるコースである。パートタイムはフルタイムと同じ資格・学位を取る場合、修業年限がフルタイムより長くなる課程である。

日本

	〔在学者数〕				〔大学院学生の比率〕			
	2007	2008	2009	2010 (平成22)	2007	2008	2009	2010 (平成22)
	人	人	人	人	％	％	％	％
学部	2,514,228	2,520,593	2,527,319	2,559,191	10.4	10.4	10.4	10.6
大学院	262,113	262,686	263,989	271,454				

(注)　大学についての数値であり、短期大学、通信制、放送大学は含まない。
(出所)　文部科学省『教育指標の国際比較』(平成23年版)。

ればおよそ4割にまでなる。大学進学率の日英の差は2倍にもならないことを考慮すれば、この統計からも、日本の大学院の進学率の低さが浮かび上がってくる。

　日英の違いはそれだけではない。図表8-4は同じく、文部科学省の資料から日本とイギリスについて、大学院生の専門分野別構成比を示したものである。ここから明らかになるのは、日本の大学院生は工学を中心とした理科系で半数以上（理工農医薬で57.8％）を占める。それに対し、社会科学系や人文系の割合は合計で26％にすぎない。一方イギリスでは社会科学系の割合がおよそ3分の1を占める。このような統計から浮かび上がるのは、近年のイギリスにおける社会科学系を中心とした大学院教育の拡大である（対照的に、日本の低さが目立つ）。この統計では詳細はわからないが、イギリスの大学院教育の拡張には、2つの重要な要因が関係している。1つは、研究者養成ではない、専門職業教育を中心とした（とりわけ社会科学系の）修士課程の拡大であり、もう1つはそこに海外からの留学生が入学してくるというグローバル化の進展である。

　私の所属するオックスフォード大学を事例に、そうした近年の動向を見ておこう。オックスフォード大学では、研究者養成ではない、授業を通じて修士号取得をめざす学生（taught studentsと呼ばれる）が急増している。修士課程の学生は、2006年の2821人から2010年には4027人へと急増した。しかも、そのうちの半数以上（2209人）は社会科学系である。人気があるのは1年間で修士

図表8-4　大学院生の専門分野別構成比

〔構成比〕

国名	年度	性別	合計	人文・芸術	法経等	理学	工学	農学	医・歯・薬・保健	教育・教育養成	家政	その他
			%	%	%	%	%	%	%	%	%	%
日本	2010	男	100.0	5.6	16.2	8.1	40.5	4.8	11.9	3.9	0.1	8.9
		女	100.0	18.0	18.7	4.8	11.7	5.5	18.5	8.6	1.4	12.8
		計	100.0	9.3	16.9	7.1	31.8	5.0	13.9	5.3	0.5	10.1
イギリス	2007	男	100.0	9.7	34.4	22.1	18.1	0.8	5.9	7.1	m	1.9
		女	100.0	13.5	33.9	16.0	5.8	1.0	9.7	16.8	m	3.4
		計	100.0	11.6	34.1	19.1	12.0	0.8	7.8	12.0	m	2.6

（出所）　文部科学省『教育指標の国際比較』（平成23年版）。

号が取得できるプログラムであり、そこに留学生が殺到する。手元には博士課程も含めた大学院全体の統計しかないが、イギリス人以外の学生が大学院生の61％を占めている。つまり、学生のグローバル化が背後でこうした学生数の拡大を後押ししているのである。

このような動きは、各国の優秀な大学の学部教育を終えた若者たちが、さらにグローバルな人材市場でより有利な地位を得ようと、グローバルブランドとなる大学の大学院での学位獲得を目指す動きと連動している。私が所属する社会学科や学際的地域研究大学院でも、学生の顔ぶれは、イギリス人は少数派で、EU圏内やアメリカからの学生に加え、中国やインド、韓国、東欧からの留学生が目立つ（残念なことに日本人は少ない）。それぞれが自国のトップランクの大学を卒業したうえで、オックスフォードの修士号をめざしてくる。この大学の修士号がグローバル化した雇用市場において高い価値を持つことを知っているからである。特に近年目立つのが、中国からの留学生である。北京大学や精華大学といった中国でも屈指のエリート大学出身者が、さらにオックスフォードというグローバルブランドを目指して集まってくる。優れた英語力に加え、グローバルに通用する修士号を手に、留学生の多くがグローバル企業に就職していく。

もちろん、ここで見たような（エリートとも呼べる）学生のグローバル化は、ワールドクラスと言われるオックスフォードやケンブリッジといった大学で生じていることである。また、それゆえに、学歴の最上層で生じているこうした変化は、先に見た大学院教育の規模の小ささと専門分野の偏りといった点から、日本における人材育成の問題を浮き彫りにしてくれる。

3．日本における人材育成の問題点と課題

これまで見てきたイギリスの状況を合わせ鏡にすることで、次に日本における人材育成の課題について検討を加えていこう。ここでも、はじめに述べた枠組みに従い、人材を教育資格の面から3つの層に分けて考察を行う。なかでも、ここで力点を置くのは、高等教育をめぐる問題――3つの層で言えば、中間層と上位層をめぐる問題である。

(1) 中等教育修了者の問題

　失業率という点では、日本の数値はイギリスほど深刻な状態にはないといえ、若年雇用をめぐる問題はつとに指摘されている。非正規雇用の拡大によって賃金やスキルの上昇を見込めない、不安定な職が増えているのである。

　1988年から2008年までの『労働力調査特別調査』、『労働力調査』の個票データを用いた水落と永瀬の研究によれば、非正規や無業を経験する者の比率（経験率）は、1997年頃までは10％前後で推移し、しかも学歴差が小さかった。しかし、1998年以後、経験率の上昇とともに、学歴差が拡大し、学歴の低い者ほど、非正規職や無業を経験する割合が高まっているという（水落・永瀬(2011)）。

　他方、文部科学省の『学校基本調査』（平成23年）によれば、高校卒業の時点で、「一時的な仕事に就いた者」の67.2％、無業者（統計上は「左記以外の者」）の77.8％は普通科出身者である。日本の高校卒業者の72.7％が普通科の出身者で占められているという普通科偏重の結果でもあるが、水落・永瀬の研究の結果とあわせてみると、職業教育や職業準備教育をほとんど受けていない普通科高校の卒業者が非正規や無業の経験者の多くを占めていることが推察できる。

　しかも、日本の高等教育は、そのほとんどが高校を直接卒業した学生に開かれており、成人後のリカレント教育としてはほとんど機能していない。矢野眞和が的確に指摘しているように、日本の高等教育の特徴は、学生のおよそ8割が高校の新規卒業生によって占められており、他の先進国に比べ、成人学生にとっての学習の場とはなっていない点にある（矢野(2011)）。つまり、ほとんど職業教育を受けない普通科高校の卒業生は、非正規職や無業者を経験することで、仕事に就いてからの職業訓練の機会（OJT）を十分に受けられないだけでなく、高校卒業の何年か後にリカレント教育を通じた職業訓練を受ける機会も狭められているということである。近年、ヨーロッパの制度にも職業訓練の機会をこうした若者たちに与えようとする動きが少しずつ始まっているとは言うものの、教育資格の面で不利な状況にある若者たちへの対策としてはまだまだ不十分である。とりわけ高等教育への進学率が上昇していることとあわせて考えれば、リカレントの機会を提供できない日本の高等教育の仕組みには大き

な課題が残ると言ってよい。この点は、次項以後の論点とも重なるので、そこでまた議論を深めていく。

(2) 大学教育の拡大とその課題

イギリスとは異なり、すでに1970年代半ばには大学短大進学率が35％を超えていた日本では、1990年代後半以降、さらなる高等教育の拡大が続いた。図表8-5は、4年制大学だけに限定して、進学率と在学者数の推移を、国立大学、公立大学、私立大学の別に示したものである。

このグラフから明らかなように、進学率で見ても、トータルの在学者数で見ても、1990年代以後、4年制大学の急拡大が生じた。その結果、4年制大学だけで見ても進学率は50％を超えた。もう1つこのグラフから見逃せないことは、こうした大学教育の拡大が私立大学の拡大を通じて生じていることである。トータルの学生数で見る限り、国立大学や公立大学の拡大は90年代半ば以後、ほぼ横ばいである。それに対し、学生数の増大分を吸収しているのは私立大学である。日本の大学教育はもともと私学の占める比率が大きかったとはい

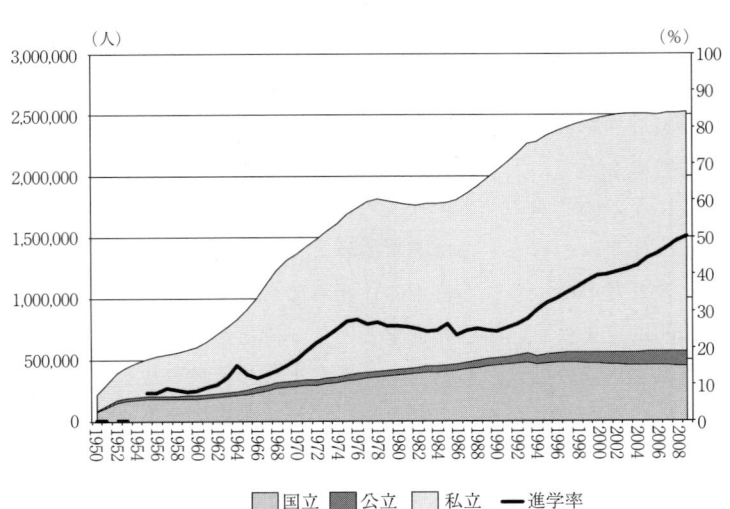

図表8-5　4年制大学在学者数と進学率の推移

(出所)　文部科学省『学校基本調査』より。

え、近年の急拡大を支えたのが私立大学であることは間違いない。しかも、その多くは、財政基盤の弱い、授業料収入に頼らざるを得ない私立大学である。その上、学生への公的な経済援助の基盤は日本では脆弱である（小林(2008)）。授業料の値上げと、学生ローンとがセットとして提供されているイギリスの政策変更とは異なり、いわば市場に任せた、家計依存によって大学教育が拡大しているのである。

　このことは、教育費負担が家計に依存したものになることで、人材育成の課題として、次の２つの問題をもたらす。第１に、進学率が50％に達したとはいえ、授業料の比較的高い私立大学の拡大によって機会がより多く提供されるようになったため、家計の経済力によって大学に進学できるかどうかの影響が残ることである。大学進学率が40％を超えた時代以後に大学に進学した世代と、それ以前の世代とを比較した分析によれば、選抜度の低い私立大学への進学機会は、親の職業や学歴、本人の性別や中学時代の成績（自己評価）などを統計的に統制した後でも、15歳時の家計の豊かさによって影響を受ける度合いが強まっている。つまり、大学進学率が40％を超える時代に、学力の点では入学のしやすい私立大学への進学機会は、家庭の経済力による制約を、それ以前に進学した世代よりも強く受けるようになっているのである（Kariya (forthcoming)）。先に見た水落と永瀬の研究が示唆したように、大学卒業資格をもたないことが、労働市場の中で不利な影響を残すとすれば、その大卒資格の取得のチャンスが家計の影響を受けるようになっている。大学非進学者がマイノリティになる趨勢のもとで、大学に行けるかどうかは親の経済力の影響をより強く受けるようになるのである。イギリスのような学生自身による「受益者負担」の原則をもつ仕組みのもとでの授業料の導入や値上げの場合とは異なり、親の負担により教育費が捻出される日本の仕組みのもとでは、進学率が拡大することで、経済的に恵まれない層が非進学者として排除されていくのである。

　こうした私立依存の拡大がもたらす、もう１つの人材育成上の課題は、大学教育の質をめぐる問題である。矢野眞和（2011）が指摘するように、日本の大学の修了率（入学者のうちどれだけの割合が卒業するか）は、91％と先進国の中では飛び抜けて高い（例えばイギリスは78％、アメリカは54％）。入学できればほぼ卒業できる仕組みである。

厳しい成績評価を伴わず、単位取得も容易で卒業しやすい仕組みを下支えしているのは、私立依存による大学教育の拡大である。財政基盤の弱い私立大学が拡張したことで、教育の質を一定水準以上に保とうとしても、成績によって学生を退学させることは難しい。また人件費を抑えるために、大人数での講義形式の授業が多くなる。しかも、その多くの授業は学生にリーディングアサインメントなどの予習を課さないものがほとんどである。受講生が多くなるために、きめ細かな学生へのフィードバックも難しい。ベネッセが行った調査によれば、1週間で予習や課題に費やす時間が3時間未満の学生は73％（0時間が20％）、1週間で大学の授業以外の自主的な学習をする時間が3時間未満は81％（0時間が32％）におよぶ（ベネッセ教育研究開発センター（2008））。つまり、日本の大学とは、授業中でしか学ばないところである。

　さらに悪いことには、本来4年間の教育を提供するはずの大学は、実際には3年間の教育で多くの学生を卒業させている。3年生の後半から、学生の多くは在学中に就職活動で忙しくなり、大学の授業に出られなくなるからである。しかも、私立大学の多くは、学生たちのそのような学習行動を許さざるを得ない。大学の評判が、卒業生の就職実績によって評価されるからである。一定数の入学者数を確保するためにも、学生たちの就職活動を奨励こそすれ、それを妨げることはできない。厳しい成績評価をして、退学者を出すことも難しい。それもこれも、私立大学の多くが、学生の授業料収入に財政的に依存しているからである。こうして、教育の質の低下を招きながら、大学の量的拡大が、しかも家計依存という、国家にとっては安上がりな方法で達成されてきたのである。教育費負担のあり方によって、教育の量と質の双方が問題になる。私立大学と家計による市場に任せた、「小さな政府」方式の日本の高等教育が抱える難題である。

(3) 大学院教育の不振

　すでにイギリスとの比較のところで述べたように、先進国の中でも、日本の大学院への進学機会は、量の面でも狭く、専門分野の面でも理工系に偏っている。別の見方をすれば、人文社会系の比重が小さい。このことは、他の先進国で進む、研究者養成以外の専門職教育の場としての大学院、とりわけ修士課程

のウェイトが大きくなっていることを背景においてみると、重要な意味をもってくる。

前述の通り、日本の大学の学部教育は、就職活動の早期化と長期化により、実質3年未満に蝕まれている。加えて、人文社会系では、他の先進国のような大学院レベルの拡張は起きていない。その理由は、すでに別のところで述べたように、日本の企業においては、就職後に仕事を通じて職業訓練を行うOJTが、人材育成の上で重要な役割を果たしてきたと言われるからである（苅谷（2012））。しかし、「失われた20年」を通じて、正規雇用の割合が縮小し、しかも企業内でも余裕がなくなり、OJTが十分に機能しなくなっていると言われている。にもかかわらず、就職の仕組みは変わらない。そのために、依然として企業は、理工系の一部を除けば、人文社会系においては修士号の価値を認めない。修士号を得ても、雇用市場においてそれだけの評価が得られない（いわゆる修士プレミアムがつかない）とすれば、優秀な学生が大学院に残って専門性を高めようとはしなくなる。また、企業の要望に応えるような専門職教育のプログラムの発達も制約される。そうであれば、一度職業に就いた後で、より高い学歴を目指すリカレント教育型の大学院教育も発達しない。こういう悪循環を残したまま、実質学部教育3年未満で大卒者を雇用市場に輩出しているのが、現在の日本の高等教育と企業との関係である。

このような日本の事情がさらに問題となるのは、こうした一段階学歴の高いレベルでの人材育成が、グローバルブランドと呼ばれる大学において、さまざまな国々から優秀な留学生を集めて行われていることによって、一層深刻さを増す。人文社会系においても、より高度で専門的なスキルや知識が要求されるようになり、日本を一歩外に出ると、その要請に応えているのが、そうした大学である。その結果の1つとして、グローバルに通用する学歴（学校歴）の序列ができつつある。世界の大学ランキングはその一端を示すものだが、それが実質的な意味をもつのは、ランクによってどれだけ優秀な学生や教員を集められるかに差が出てくるからである。日本のように、いまだに学部の入試レベルのところでできあがる偏差値ランクが、大学の教育力やそこで何を身につけたにかかわらず、就職市場において相対的な有利さを示すシグナルとして用いられているのとは異なり、大学院のレベルで、教育の質が問われる競争がグロー

バルに展開しているのである。実質3年未満の大学教育を続けているうちに、世界の様相は大きく変わりつつある。それを端的に示しているのが、日本における人文社会系修士課程の不振である。

4．ささやかな政策提言

　このような論考を通じて浮かび上がった日本における人材育成の問題を解決するためには、何をしなければならないか。その全体的な政策提言を行う余裕はここにはない。しかし、現在注目を集めている、東京大学をはじめとする主要大学の「秋入学」への移行の議論と絡めて、ここではささやかな政策提言を行うことで、この稿を閉じることにしたい。

　秋入学をめぐる議論が盛り上がりを見せている中で、賛否にかかわらず、抜け落ちている論点がある。それは「夏卒業」という時期をどう考えるか、「秋入学」で生じる半年という時間をどこにつなげて考えるかという論点である。

　就職時期との関係で秋入学の問題点が指摘されることはあっても、卒業の時期が現在より半年ずれることの意味を掘り下げて論じた議論は、今のところ見当たらない。しかし、秋入学が日本の教育にもたらす潜在的な可能性を浮かび上がらせるためには、入学試験後半年間の「ギャップターム」にもまして、「夏卒業」の意味と可能性について考えてみる必要がある。それというのも、すでに指摘したように、国際比較の視点から見ると、教育の総仕上げの段階にあたる大学の出口のところで、教育の質が著しく劣化していることがわかっていながら、それを変えられずにいる、そこに、日本の教育が抱える最大の問題点があると考えるからである。

　それを解決するには、専門教育を他の先進国並みに修士課程にまで引き上げ、それと同時に、就職活動の早期化によって実質3年間にも満たなくなっている大学の学部教育の充実を図ることが必要である。そのためにも、東大をはじめとする主要な大学が「夏卒業」に移行する機をとらえて、秋入学→春卒業の1年半ないし2年半の修士課程のコースを設置する。そうすることで、学部教育も、より高度な大学院教育の充実も可能になる。

　人材育成の国境を越えた厳しい競争が展開する中で、日本の教育はといえ

ば、大学に入学する時点で学生たちは疲れ果て、入学後にほっとしているうちすぐさま就職活動が始まるという、人材育成の面で見れば、教育の総仕上げのところで本来あるべき期待された成果を生まない陥穽に陥っている。学部教育は実質3年未満で、しかも要求される教育の質も量も見劣りがし、その上、厳しい成績評価も行われない。

　これを何とかするには、修士課程までの教育を充実させ、グローバルスタンダードに近づけるしかない。そこで提案したいのが、秋入学→夏卒業への移行を契機に、主要大学が学部学生の入学定数を大幅に削減し、そこで生じる余力を大学院教育の充実に回すというアイデアである。修士教育が重要だといくらいっても、資源不足のままなら絵空事に終わる。秋入学を目指す主要大学が学部定員を半分くらい手放し、そこで生じる教育資源を修士レベルの専門教育に注ぎ込むのである。そうすれば、大人数の講義形式の教育からも開放され、きめ細かな応答型の教育が可能になる。しかも、他大学の卒業生を多く入学させることになるから、受験競争も現在の学部中心から大学院入試へとシフトする。4年間の学部教育でしっかり学んだ、優れた学生を選び出し、さらに1年半の高度な専門教育を受けさせた後で、社会に出すのである。企業の人事制度との齟齬も軽減する。また、そうなれば、修士号にもプレミアムがつくことになるから、一度社会に出た人々にとっても、大学院で学び直すことのインセンティブになる。

　この提案はまだまだ荒っぽい議論であることは承知している。学部定員の削減によって生じる財政の問題など、詰めなければならない課題も多い。1年半ないし2年半の大学院教育の費用を誰がどのように負担すべきかという議論も残されている。だが、要は政府まで巻き込んで広がりそうな「秋入学」の議論を、日本の教育全体の仕上がり基準を高めるための改革の突破口にしようという提案なのである。その一歩を踏み出せるかどうか。私にはこれがラストチャンスのような気がする。

参考文献

苅谷剛彦（2012）「『小さな政府』に高等教育は可能か」『中央公論』2月号、pp.76-84。
グッドマン, ロジャー（2011）「英国の高等教育にいったい何が起こっているのか？」

（油井清光訳）『世界』2011年9月号、岩波書店。
小林雅之（2008）『進学格差』筑摩書房。
ベネッセ教育研究開発センター（2008）『ベネッセ大学生の学習・生活実態調査2008年』ベネッセ。
水落正明・永瀬伸子（2011）「若年男女の非正規・無業経験と正規職就業に関する分析」総務省統計研修所、リサーチペーパー第25号。
矢野眞和（2011）『「習慣病」になったニッポンの大学』日本図書センター。
Bell, D. N. and Blanchflower, D. G. (2010) "UK UNEMPLOYMENT IN THE GREAT RECESSION," *National Institute of Economic Review*, October, 2010.
Furlong, A. and Cartmel, F. (2006) *Young People and Social Change*, Open University Press.
Kariya, T. (forthcoming) "The State's Role and Quasi-market in Higher Education: Japan's Trilemma," in Goodman, R., Kariya. T., and Taylor, J. eds. *The State and Higher Education*（仮題）, Symposium Books.

第9章 グローバル化に対応した人材活用
―参加型社会オランダ―

権丈英子

1. はじめに

　各国のグローバル化がどの程度進んでいるかという指標を、スイスのチューリヒ工科大学経済研究所KOFがグローバル化指数という形で発表している。この指数は、経済、社会、政治の3側面からグローバル化の進度を評価する[1]。図表9-1は、このKOFグローバル化指数を日本とオランダについて示したものである。最新調査年次の2009年（2012年刊行）、日本は64.13であり、208カ国中55位である。この2009年の日本のグローバル化指数64.13は、1970年のオランダの指数68.36よりは若干低いが、ほぼ同じ水準にあると言える。そしてオランダのグローバル化指数は1970年の68.36から2009年には90.94に上昇し、調査対象208カ国中ベルギー、アイルランドに次ぐ3位の位置にある。要するに、オランダが、1970年代から最近に至るまでに社会経済制度を変えていった姿は、グローバル化を進めていくプロセスを示していたと見ることもできる。
　いま、日本は本格的なグローバル化を迎えるとして、グローバル化に対応した人材活用のあり方が問われている。そこで本章では、1970年当時、今の日本と同じようなグローバル化水準にあったオランダが、その後、グローバル化の進展の中で、どのような人材活用をしてきたのかを考察する。
　1970年代の2度のオイル・ショックをきっかけとして1980年頃には深刻な不況に陥っていたオランダは、1982年の政労使による「ワッセナー合意」を転機として、経済・労働市場の成功を遂げ、1990年代後半以降、それは「オランダ

図表9-1　オランダと日本におけるKOFグローバル化指数の推移（1970～2009年）

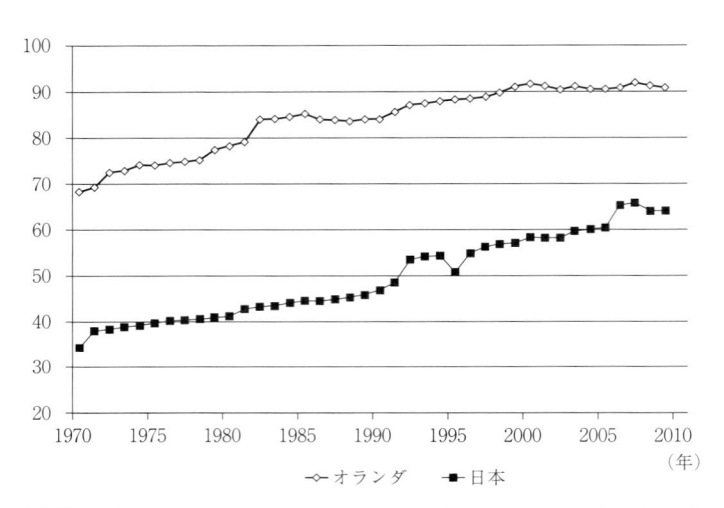

（出所）　KOF Swiss Economic Federal Institute of Technology Zurich, *KOF Index of Globalization 2012*（http://globalization.kof.ethz.ch/）

の奇跡」（Visser and Hemerijck（1997））という言葉で評価されてきた。図表9-2と図表9-3は、この間のオランダと日本の失業率と就業率の推移を示している。またオランダは、「世界初」「世界で唯一」の「パートタイム経済」（Freemen（1998），Visser（2000））、あるいは「パートタイム社会」（権丈（2006b））とも呼ばれるように、現在、パートタイム労働者の割合が、他の先進国に比べて突出して高いうえに、労働時間の長さによって時間当たり賃金や他の労働条件について差別することはできなくなっており、良質の短時間雇用機会が、未熟練労働だけでなく広範囲の仕事において存在している。さらに、日本では考えられないことであるが、オランダの労働者は労働時間を短縮・延長する権利までも認められ、労働時間に関する選択の自由度が高い。オランダは、男女ともに仕事と仕事以外の生活のバランスをとりやすくすることで、多くの者が労働市場に参加する、「参加型社会」を構築している。そして最近では、テレワークの推進によって、就業場所に関する選択の自由を高めることにも積極的に取り組んでいる。

図表 9-2　オランダと日本における失業率の推移（1970～2010年）

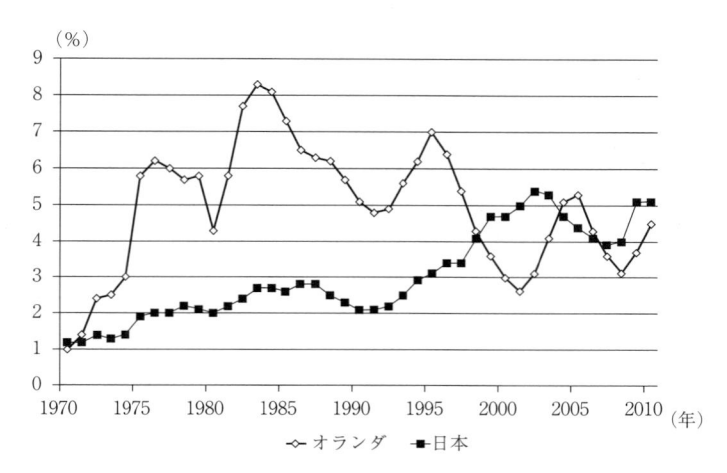

（注）　失業率は調整失業率（Harmonised Unemployment Rate）
（出所）　OECD. Stat より作成。

図表 9-3　オランダと日本における就業率の推移（1970～2010年）

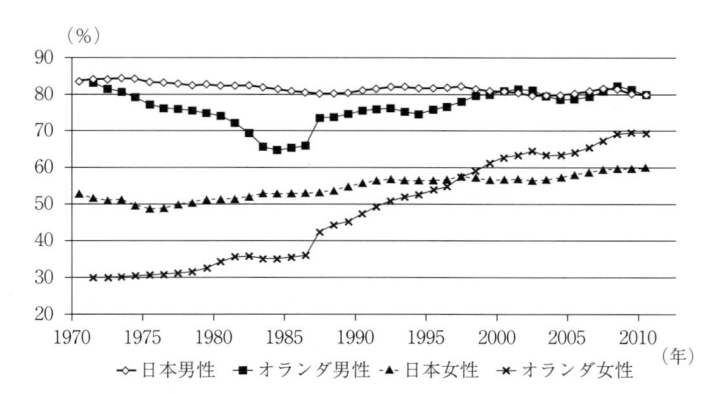

（注）　15～64歳男女人口に占める就業者の割合。オランダについては1971年以降。
（出所）　OECD. Stat より作成。

第2節では、オランダと、日本、アメリカ、イギリス、フランス、ドイツ、スウェーデン、韓国という異なるタイプの労働市場をもつ国々との比較により、オランダの労働力活用のあり方を概観する。第3節では、オランダ社会を特徴づけるパートタイム労働と労働時間選択の自由について検討する。第4節では、パートタイム労働とともに、女性の人材活用に影響を与える仕事と育児の両立支援策を考察する。第5節では、最近のオランダで新しい働き方として力を入れているテレワークについて概観する。これらによって、オランダがグローバル化に対応して働き方の柔軟性を高めながら、個人のライフ・ステージにおける希望に沿った働き方を実現することで、多くの人ができるだけ長い期間、活躍できる「参加型社会」を創設していることを論じる。

2．国際比較からみるオランダの労働力活用

社会が一定量の労働力を活用しようとするとき、図表9-4のように、限られた人に長時間働いてもらう「分業型」と、多くの人にさほど長くない時間働いてもらう「参加型」という、大きく2つのアプローチがある（詳細は権丈

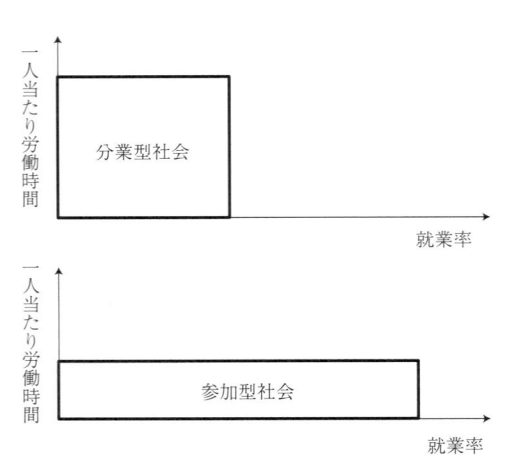

図表9-4　分業型社会と参加型社会

（出所）　筆者作成。

図表 9-5　主要国における就業率と年間実労働時間（2010年）

	就業率（%）					就業者1人当たり年間実労働時間
	男女計	男性		女性		
	15～64歳	25～54歳	55～64歳	25～54歳	55～64歳	
日本	70.1	91.4	78.8	68.2	52.1	1,733
オランダ	74.7	90.0	64.8	79.3	43.3	1,377
スウェーデン	72.7	88.0	74.3	82.0	66.8	1,624
ドイツ	71.2	86.5	65.0	76.3	50.5	1,419
イギリス	70.3	85.2	65.1	74.4	49.0	1,647
アメリカ	66.7	81.0	64.4	69.3	56.4	1,778
フランス	64.0	87.1	42.1	76.6	37.4	1,554
韓国	63.3	86.8	75.1	60.3	47.1	2,193

（出所）OECD. Stat.

(2012) 参照）。まずは、日本やオランダが、いずれのアプローチをとっているのかを確認しよう。

　図表9-5は、日本、オランダ、スウェーデン、ドイツ、イギリス、アメリカ、フランス、韓国の8カ国（本章では便宜上この8カ国を主要国と呼ぶ）における就業率と就業者1人当たり年間実労働時間を示している（日本を除き男女計就業率の降順）。

　男女計の就業率をみると、これらの国のなかでオランダの就業率が最も高く、日本は中程度である。より詳しくみるために、男女別に25～54歳と55～64歳の就業率を確認しておく。日本の男性の就業率では、25～54歳、55～64歳いずれも8カ国中最も高い一方、女性の就業率は、25～54歳で韓国に次いで低く、就業率の男女差がきわめて大きくなっている。さらに、55～64歳女性の就業率は、8カ国のなかでは3位と比較的高いものの、男女差はやはり大きい[2]。これに対して、オランダの就業率は、25～54歳男性は日本に次いで2位、25～54歳女性はスウェーデンに次いで2位であり、働き盛りの年齢層の就業率は男女ともに高い。なお、オランダでは、55～64歳の就業率はあまり高くないが、これは、1970年代から1990年代半ばまでヨーロッパ大陸諸国に広く見

図表9-6　主要国における経済社会パフォーマンス（2010年）

	人口1人当たりGDP* (USA=100)	労働1時間当たりGDP* (USA=100)	失業率 （％）	合計特殊出生率	高齢化率 （％）
日本	72	67	5.1	1.4	23.1
オランダ	91	100	4.5	1.8	15.5
スウェーデン	84	85	8.4	1.9	18.3
ドイツ	80	91	7.1	1.4	20.4
イギリス	76	78	7.8	1.9	16.0
アメリカ	100	100	9.6	2.0	13.1
フランス	73	98	9.8	2.0	16.7
韓国	62	46	3.7	1.1	10.9

（注）　＊：米ドル表示、2010年の購買力平価に基づき換算。合計特殊出生率は2009年の値。
　　　失業率は調整失業率（Harmonised Unemployment Rate）
（出所）　OECD. Stat.

られた早期引退促進策のためである。その後、高齢者雇用促進へと政策転換が図られ、この結果、1993年に40.5％まで低下した55～64歳男性の就業率は、2010年には図表9-5の64.8％まで急速に回復している（OECD. Stat）[3]。

　就業者1人当たりの年間実労働時間を見てみると、オランダが1377時間と8カ国中最も短いのに対して日本は1733時間と、韓国、アメリカに次いで長い。オランダ人は平均で日本人の8割弱の時間しか働いていない。

　このように、日本に比べてオランダは、労働時間は短い一方、女性も含めてより多くの人が働いている「参加型社会」であるといえる。他方、オランダに比べて日本は、就業者1人当たりの労働時間が長い一方、女性の就業率がきわめて低いために全体の就業率があまり高くない、いわば男女役割分業に根差した「分業型社会」であるといえる。

　先進国のなかで長時間労働という特徴をもつ日本では、労働時間が短いと、生産性が落ちてしまうのではないかという疑問をよく耳にする。ここで、生産性のおおまかな指標として、人口1人当たりGDP、労働1時間当たりGDPをみると、いずれも、日本よりもオランダが高い（図表9-6）。特に、オランダの労働1時間当たりGDPは、日本の1.5倍である。オランダの生産性の高さは数多くの理由によるものであろうが、少なくとも平均労働時間の短いこと

が、生産性の低さに結び付いているわけではないといえる。また、オランダは、失業率や合計特殊出生率といった他の経済社会パフォーマンスが悪いわけではない。

3．パートタイム労働と労働時間選択の自由

(1) パートタイム労働の普及状況

オランダにおける人材活用のあり方を理解するうえで重要なのが、「パートタイム労働」である。パートタイム労働は、少なくとも２つのルートから「参加型社会」には有効である。ひとつは、短時間労働者の割合が高まると必然的に１人当たりの平均労働時間が減少することである。オランダでは、主要国のなかでも就業者１人当たり年間実労働時間が短いことを図表９－５において確認したが、これは、フルタイム労働者だけでなくパートタイム労働者も合わせた労働者の平均であり、オランダの短さには、パートタイム労働者の割合が高いという事情もある。もうひとつは、短時間の雇用機会が増えることによってそうでなければ就労しなかった人々が労働市場に参加することである。1980年代後半以降、オランダでは、女性の就業率が急増し、現在は先進国のなかでトップレベルの高さとなったが（図表９－３、図表９－５）、これにはパートタイム労働の普及が大きく寄与している。また、前節で触れた最近の55〜64歳の就業率の目覚ましい上昇も、パートタイム労働の活用が大きい。

図表９－７より、就業者に占めるパートタイム労働者の割合をみると、オランダのパートタイム労働者の割合は、男女ともに８カ国のなかで突出して高く、しかも1990年から2010年にかけて増加傾向にあることがわかる[4]。特に、女性では、パートタイム労働者が2010年には６割を超え、オランダ女性にとっては、フルタイム労働ではなく、パートタイム労働が「典型的な」働き方となっている。また、この図表の右２列には、パートタイムで働く理由として、「フルタイムの仕事を見つけることができなかったから」と答える、いわゆる「非自発的パート」の割合を示しているが、オランダでは他の国々と比べてこの割合が低くなっている。

一般に、パートタイムで働く者には、仕事と家庭の両立を図ろうとする既婚

図表 9-7 主要国におけるパートタイム労働者の割合と非自発的パートの割合（%）

	パートタイム労働者の割合						非自発的パートがパートタイム労働者に占める割合	
	男女計		男性		女性		男性	女性
	1990	2010	1990	2010	1990	2010	2010	2010
日本	—	20.3	—	10.4	—	33.9	24.7	20.8
オランダ	28.2	37.1	13.4	17.2	52.5	60.6	5.1	3.8
スウェーデン	14.5	14.0	5.3	9.7	24.5	18.8	20.8	22.4
ドイツ	13.4	21.7	2.3	7.9	29.8	37.9	27.7	16.5
イギリス	20.1	24.6	5.3	11.6	39.5	39.4	11.9	5.0
アメリカ	14.1	13.5	8.6	8.8	20.2	18.4	13.3	9.7
フランス	12.2	13.6	4.5	5.7	22.5	22.3	27.4	30.4
韓国	4.5	10.7	3.1	7.2	6.5	15.5	—	—

(注) パートタイム労働者とは、労働時間が週30時間未満の者。非自発的パートとは、ヨーロッパ諸国では、パートタイムで働く理由として「フルタイムの仕事を見つけることができなかった」と答えた者、アメリカでは、「フルタイムの仕事を見つけることができなかったが、もっと長く働きたい」と答えた者、日本では、週35時間未満働く者で「もっと長く働きたい」と答えた者。
(出所) OECD. Stat.

女性や労働市場への参入・退出の時期にある若年者や高年者が多いことが知られており、こうした傾向はオランダでも見られる[5]。しかしながら、パートタイム労働者の割合が高いオランダでは、働き盛りの既婚男性がパートタイムという働き方を選択することもある。権丈（2006a）では、パートタイム労働者を、週35時間未満と定義して、20～54歳の既婚男女の就業形態（フルタイム労働、パートタイム労働、非就業）に関する選択を分析した。この研究により、オランダでは、既婚女性ばかりではなく、既婚男性の就業行動も子どもの存在や配偶者所得によって影響を受けていることがわかった。具体的には、6歳未満の子どもがいる場合や配偶者所得が高い場合、男性もフルタイムでなくパートタイムで働く確率が統計的に有意に高くなっている。

(2) パートタイム労働の待遇改善と労働時間選択の自由

オランダにおけるパートタイム労働者の待遇改善は、1980年代前半から始ま

った。1970年代の2度のオイル・ショック以降、それまで好調であったオランダ経済は、深刻な不況に悩まされていた。失業率は急増し、男性の就業率も落ち込んだ（図表9-2、図表9-3）。そうした中で1982年11月になされた政労使による「ワッセナー合意」が、経済立て直しの転換点となったとみなされている。「ワッセナー合意」は、高失業率対策として、労働費用が上昇しないように配慮しながら、労働力のより効率的な再配分を行うこと、すなわち、ワークシェアリングを実施することを合意したものである。そして、標準労働時間の削減やパートタイム労働の積極的活用を通じて、1人当たりの労働時間を短縮しながら、雇用の維持と創出を目指した[6]。

　パートタイム労働の待遇改善は、当初は、労働協約（Collectieve arbeidsovereenkomst: CAO）の中で定められたが、1990年代には法整備が大幅に進んだ。1993年には、それまで最低賃金法の適用除外になっていた週12時間未満の労働者に対しても、最低賃金法が適用されるようになった。続いて1996年には労働時間による差別が禁止された。これにより、賃金・手当・福利厚生・職場訓練・企業年金など、労働条件のすべてにわたって、パートタイム労働者もフルタイム労働者と同等の権利が保障されるようになった。

　さらに2000年には「労働時間調整法（Wet aanpassing arbeidsduur, 通称パートタイム労働法 De deeltijdwet）」により、労働者は、時間当たり賃金を維持したままで、自ら労働時間を短縮・延長する権利までもが認められるようになった。すなわち、「労働時間調整法」では、従業員10人以上の企業において、労働者がその企業に1年以上雇用され、かつ、過去2年間に労働時間の変更を求めたことがない場合には、労働者は労働時間を短縮・延長する権利を持つ。EUの「パートタイム労働指令」（1997年）では、「使用者はできるだけ、同一企業内で可能なフルタイム労働からパートタイム労働への転換の希望、また、パートタイム労働からフルタイム労働への転換の希望を考慮すべきである」という規定があるが、その規定よりも、オランダの法は一歩進んだ権利を保障しているといえる。

(3) パートタイム労働とフルタイム労働の賃金格差

　このように現在までにオランダでは、労働時間の違いによる時間当たり賃金

格差は、「制度（法律）上」なくなっている。とはいえ、制度（法律）と運用（実態）には乖離がみられることも多々あるので、ここで、パートタイム労働者はフルタイム労働者と本当に同程度の賃金を得ているのかを見てみよう。

図表9-8と図表9-9は、オランダと日本における男女常用労働者の年齢階層別時間当たり賃金を、20～24歳の男性フルタイム労働者の賃金を100として描いたものである。両国ともに、年齢にともなう賃金上昇は、男性フルタイムが最も大きい。しかし、日本に比べてオランダでは、男女ともに、フルタイムとパートタイムの賃金格差が非常に小さいことがわかる。

また、パートタイム労働者とフルタイム労働者では、男女比や年齢構成以外の属性が異なることが多い。例えば、教育水準、勤続年数、就業分野などさまざまな属性の違いが、フルタイム労働者とパートタイム労働者の賃金格差をもたらしていることもある。こうした属性の違いを統計的にコントロールした分析結果をみても、オランダでは、パートタイム労働者とフルタイム労働者の間の時間当たり賃金の格差は非常に小さい（詳細は、権丈他（2003），権丈（2006b））。

オランダにおいてパートタイム労働者とフルタイム労働者の賃金格差がきわめて小さい背景には、前述した法整備に加えて、パートタイムという働き方が、未熟練の低賃金労働だけではなく、さまざまな業種・職種に広がっているという事情もある。EUの「労働力調査」（2002年）を用いて、EU15カ国における、産業別・職業別のパートタイム労働者割合を調べた権丈（2006a）によれば、EU諸国におけるパートタイム労働者の割合は、一般に熟練度が比較的低い仕事に多く、管理的職業や専門的職業では少ない。こうした傾向はオランダでも見られる。しかし、パートタイム労働者の割合が非常に高いオランダでは、管理的職業の20.5％、専門的職業の41.8％がパートタイムで働いており、パートタイム労働の活用が広範囲にわたっている。

(4) 労働時間の希望と現実

前述したようにオランダでは、パートタイム労働が広く活用されるとともに、パートタイム労働者とフルタイム労働者の賃金格差も小さい。また、2000年の労働時間調整法により、労働時間を短縮・延長する権利が保障されてお

第9章 グローバル化に対応した人材活用　271

図表9-8　オランダにおける常用労働者の時間当たり賃金（2005年）
（20～24歳男性フルタイム労働者の時間当たり賃金＝100）

　　　◆ 男性フルタイム　◇ 男性パートタイム
　　　■ 女性フルタイム　□ 女性パートタイム

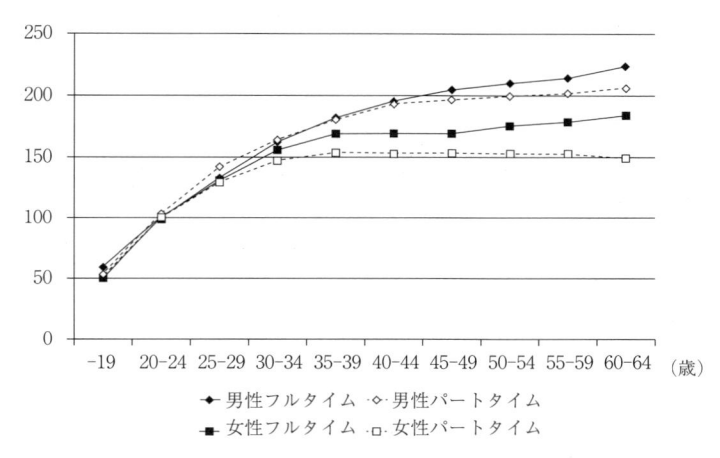

（出所）　CBS, Enquete werkgelegenheid en lonen より作成。

図表9-9　日本における常用労働者の時間当たり賃金（2010年）
（20～24歳男性フルタイム労働者の時間当たり賃金＝100）

　　　◆ 男性フルタイム　◇ 男性パートタイム
　　　■ 女性フルタイム　□ 女性パートタイム

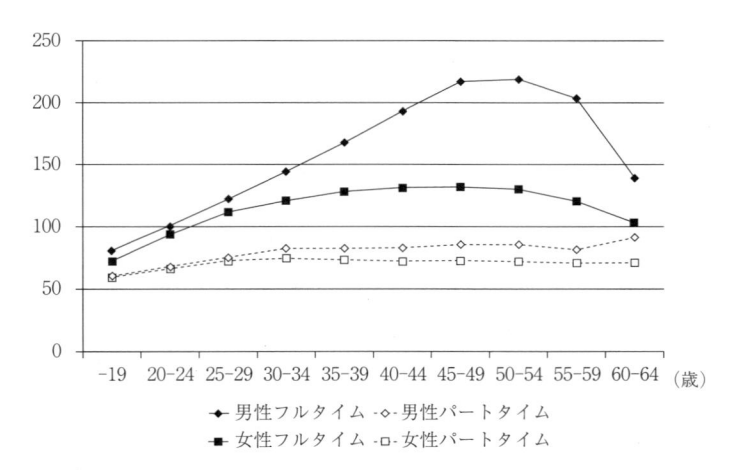

（注）　一般労働者と短時間労働者。ボーナスを含む。
（出所）　厚生労働省「平成22年賃金構造基本統計調査」より作成。

図表 9-10　オランダと日本における労働時間の増加減少の希望（％）

	男性			女性		
	増やしたい	現状のままでよい	減らしたい	増やしたい	現状のままでよい	減らしたい
オランダ						
労働力調査（雇用者、15-64歳）	5.4	88.4	6.2	9.7	82.0	8.3
フルタイム	3.2	90.6	6.2	2.2	84.9	12.9
パートタイム	16.4	77.5	6.0	12.6	80.9	6.5
日本						
RIETI ESRI 調査（ホワイトカラー職正社員、15-64歳、フルタイム）	10.6	60.4	29.0	8.0	60.6	31.3
勤労者短観（雇用者、20-59歳）	5.5	34.9	59.5	9.9	49.1	41.1
フルタイム	4.7	35.0	60.3	4.2	39.3	56.4
パートタイム	—	—	—	18.1	63.3	18.6

（注）週実労働時間が35時間以上の者をフルタイム労働者、35時間未満の者をパートタイム労働者としている。オランダ「労働力調査」は、「所得が変わることを考慮したうえで、あなたは今後6カ月にもっと長く働きたいですか、短く働きたいですか。」についての回答。「RIETI ESRI 調査」は、「現在の時間当たり賃金のもとで、あなたが自由に労働時間を選べるとしたら、あなたは労働時間を増やしますか、減らしますか。それはどの程度ですか。」についての回答。「勤労者短観」は、「あなたの時間を、『仕事をしている時間』と『仕事以外の時間』とに分けた場合、現状の時間配分に対するお考えについてお答えください。」についての回答。

（出所）オランダは、CBS, Statline（Enquête beroepsbevolking, 2009年データ）より作成。日本は、RIETI ESRI「仕事と生活の調和（ワーク・ライフ・バランス）に関する国際比較調査」（2009年12月～2010年1月実施）および連合総研「勤労者短観」第12～15回調査（2006年10月～2008年4月実施）の個票データより推計。詳細は権丈（2012）参照。

り、労働時間選択の自由度が高いようにみえる。オランダの労働者は、実際に希望の労働時間で働いているのだろうか。図表9-10は、オランダと日本の労働者に対する労働時間の増加・減少の希望に関する調査結果を示している。オランダでは、労働時間を現状のままでよいと答えた者は、男性88.4％、女性82.0％を占める一方、労働時間を増やしたい、または減らしたいと答えた者はそれぞれ1割に満たない。

　日本については、2つの調査結果を示している。1つは、類似の質問を日本のホワイトカラー職正社員を対象に行ったRIETI ESRI 調査で、フルタイム労働者の結果を示している[7]。この調査によれば、現状のままでよい者が男性

60.4％、女性60.6％であり、労働時間を減らしたい者が男性29.0％、女性31.3％と、オランダに比べて労働時間を減らしたい者がかなり多くなっている。また、質問形式は異なるが、非正社員やパートタイム労働者も含む「勤労者短観」では、現状のままでよい者が男性34.9％、女性49.1％であり、労働時間を減らしたい者が男性59.5％、女性41.1％、労働時間を増やしたい者が男性5.5％、女性9.9％と、労働時間を減らしたい者が圧倒的に多い[8]。

異なる国についての比較については慎重であるべきであり、特に本人の主観的評価を比較する際には、客観的な指標（就業率等の外から観察可能な指標）に比べてより一層注意が必要であるが、日本やオランダにおける他の調査結果からも推察するに、オランダでは日本に比べて、労働時間に関する満足度は高いようにみえる[9]。

4．仕事と育児の両立支援策

(1) 保育サービス

パートタイム労働が広く活用されているオランダでは、仕事と育児の両立支援策は、どのように行われているのだろうか。オランダは、伝統的に保守的でキリスト教民主主義の影響が強く、1980年代までは子育ては全面的に母親が担うべきであるという意識が強かった[10]。図表9－5では、現在、オランダ女性の就業率が高いことを確認したが、歴史を振り返ってみれば、図表9－3のように、この国における女性の労働市場への進出はごく最近のことといえる。オランダの女性の就業率は、他のヨーロッパ大陸諸国や日本と比べても、長い間、きわめて低かった。オランダの女性就業率（15～64歳）は1985年でも35.5％にとどまっており、日本の53.0％と比べても相当に低い。

オランダにおいて、一般児童を対象とする保育サービスに、公的補助が本格的に投入され始めたのは、1990年以降のことであった。4歳未満児の保育所利用率は、1990年に5.7％にすぎなかった。しかし、その後の保育サービスの拡張は目覚ましく、2008年には34.0％へと上昇した（Sociaal en Cultureel Planbureau (2008, 2011)）。もっとも、オランダにおける保育所利用は週2、3日程度が多く、夫婦がパートタイム労働を組み合わせ、子どもも保育所をパ

ートタイムで利用する場合が多い。この背景には、保育料の費用負担が大きいことや家庭保育重視の意識が依然として強いこともある。

　2005年1月には保育法（Wet Kideropvang）が施行された。この法によって、従来保育サービスの供給側に対して行われていた補助を、直接需要側（利用者）に対して行うという変更がなされた。これは、複雑になっていた保育サービスの補助制度を整理するとともに、市場メカニズムを活用して消費者の選択の幅を広げることを目指したものである。新制度導入以降、保育サービスへの補助金の増額もあったため、親にとっての平均保育料は低下し、保育サービスの利用率は高まった。しかし、女性の労働供給の増加効果は、制度導入にあたって期待されていたよりは小さい。親や祖父母などによる保育から、フォーマルな保育への代替が起こったために、保育サービスの利用率が上昇した部分もあるとみられている（Jongen（2010））。

(2) 育児休業制度

　オランダにおける育児休業制度は、1991年に創設されたが、その後の改正を経て、2009年1月からは、子どもの両親がそれぞれ約半年間休業できることになった[11]。より正確には、子どもが8歳になるまでの間に、週契約労働時間の26倍の時間、休業できるというものである。ただし、実際には、育児休業期間中は完全に休業するというよりは、週労働時間を短くしてパートタイムで働き（パートタイムで休業する形で）取得することが多い。また、休業は出産後直ちに継続して取得する必要はなく、取得期間を分割することもできる。休業中の所得保障は、労使の自主的な取り組みに任されており、公的部門では75％の所得保障がなされるが、民間では無給のところも多い[12]。

　オランダにおける育児休業取得率は、2008年に、女性37.1％、男性17.9％であった[13]。日本の育児休業取得率は、この年、女性83.7％、男性1.38％であった[14]。女性についてみると、日本に比べてオランダの育児休業取得率が低いため、このことから、日本に比べてオランダでは、出産前後に継続就業する女性が少ないような印象を受けるが、実はそうではない。日本では、育児休業取得率は高いが、実際には出産を機に離職する者が多く、これとは逆に、オランダでは、育児休業の取得率は低いが、出産後の就業率は高い。オランダでは、パ

ートタイムで働いている者が多いため、育児休業を取得する必要性を感じない者が多いのである[15]。

男性の取得率については、オランダの17.9％は、日本はもとより、他のヨーロッパ諸国と比べても高いほうである（Fagan, et al.（2007））。オランダの男性の育児休業取得率が高い背景には、育児休業の取得資格が、子ども1人につき一定期間休業できるという世帯ベースではなく、子どもの両親がそれぞれにつき一定期間休業できるという個人ベースで付与されているためとみられる。これは、オランダでは育児休業制定時から、育児休業の取得資格が世帯ベースで与えられる場合、夫婦のいずれが取得してもよい場合でも結局は女性が取ることになり、男女の役割分業を固定化してしまうことに配慮がなされたためである（Plantenga and Remery（2009））。

(3) オランダとスウェーデンの比較

オランダは、最近では、スウェーデンのような、早くから仕事と育児の両立支援に取り組んできた国々に並ぶほど、女性の就業率が高くなっている（図表9-5）。しかし、スウェーデンとオランダは、女性の就業率の高さでは現在同じグループに属しているといえるが、女性労働者の活用に関する両者のアプローチには、かなりの違いが見られる[16]。

スウェーデンでは、すでに1970年代に男女がともに仕事と家庭の両立を図ることを政策理念とした。1974年に導入された育児休業制度は、現在では休業期間は480日となっている。このうち最初の390日については所得の8割、残りの90日については定額の給付が行われている。男性に育児休業取得のインセンティブを与えるため、互いに譲渡不可能な休業期間が父親と母親に60日ずつある。休業は1時間単位で取得することもでき、非常に柔軟な利用が可能になっている。さらに、スウェーデンではすでに1980年代には親が希望した場合、保育サービスを利用できるようにすることが地方自治体の責任となっており、良質の保育サービスを手頃な値段で利用することが可能になっている。

図表9-7のように、スウェーデンでは、現在、パートタイム労働の割合は高くなく、特に女性では減少傾向にある。スウェーデンでは、男女ともにフルタイムで継続して就業することを原則としながら、子育て期には、寛大な所得

保障をともなう各種制度を活用して、ワーク・ライフ・バランスを達成できるようにしている。

これに対して、女性の労働市場への参加が遅く始まったオランダでは、男女の働き方に違いがあってもよいという考え方が今も一般に広く認められている。ただし、誤解のないように確認しておくならば、このことは職場において男女を異なる取り扱いをするという意味ではなく、個人の希望を尊重しようとするものである[17]。オランダでは、労働者がライフ・ステージの変化に応じて、自ら労働時間を選択する自由度を高め、パートタイム労働も1つの標準的働き方とすることで、個人にとってワーク・ライフ・バランスの実現に取り組むとともに、社会全体では就業率の向上を図っている。

保育サービス、育児休業中の所得保障、家族手当等を含む家族関係社会支出の対GDP比をみると、2007年に、スウェーデンでは3.35％に及んでいる（OECD, Social Expenditure Database）。これに対して育児休業中の所得保障や保育サービスなどの公的支出がスウェーデンに比べて少ないオランダでは、1.99％にとどまる。なお、この年の日本の値は0.79％である。

もっともオランダでも最近は、パートタイム労働者の長期的キャリア形成や、パートタイム労働者にはやはり女性が多いという男女間格差の問題などが議論されている。2010年3月には、それまで2年間にわたって、パートタイム労働者、特に女性労働者の労働時間の増加の必要性と方法を検討し、パイロット・プロジェクトの成果もまとめた「タスクフォース・パートタイムプラス（De Taskforce DeeltijdPlus）」の最終報告書が提出された。

5．テレワーク

(1) テレワークの普及状況

新しい働き方（Het Nieuwe Werken）として、最近のオランダで力を入れているのがテレワーク、すなわちICT（情報通信技術）を活用した、場所や時間にとらわれない柔軟な働き方である。図表9-11は、主要国におけるテレワーク、特に在宅勤務の普及状況に関する2つの調査結果を示している。SIBIS調査（2002／2003年）によれば、オランダでは在宅勤務者比率が

図表9-11　主要国におけるテレワーカー比率（％）

	SIBIS 2002/03					EFILWC2010 (2005年調査)	
	在宅勤務者比率（雇用者）		モバイル勤務者比率（雇用者）	自営業におけるテレワーカー比率	テレワーカー比率合計	在宅勤務者比率（雇用者）	
	在宅勤務者合計	週に1日以上				25％以上の時間	ほぼすべての時間
オランダ	20.6	9.0	4.1	5.0	26.4	12.0	1.9
ドイツ	7.9	1.6	5.7	5.2	16.6	6.7	1.2
フランス	4.4	2.2	2.1	0.8	6.3	5.7	1.6
スウェーデン	14.9	5.3	4.9	2.0	18.7	9.4	0.4
イギリス	10.9	2.4	4.7	4.5	17.3	8.1	2.5
アメリカ	17.3	5.1	5.9	6.3	24.6	—	—

（注）　SIBIS 2002/03のテレワーカー比率合計は、在宅勤務、モバイル勤務、自営業のテレワークの重複を除いたもの。
（出所）　Statistical Indicators Benchmarking the Information Society (SIBIS) *Pocket Book* 2002/03, (http://www.sibis-eu.org/). および European Foundation for the Improvement of Living and Working Conditions (EFILWC) (2010) "Telework in the European Union."

20.6％、テレワーカー全体の比率では26.4％と、表の6カ国中、最も高くなっている。またオランダは、EFILWC（2005年調査）でも、25％の時間を在宅勤務している雇用者が12.0％と、他国と比べて高い。なお、これらの調査では日本は対象となっていないが、日本については、国土交通省「テレワーク人口実態調査」が、「在宅型テレワーカー」について調査をしており、これが図表9-11のSIBIS調査による在宅勤務者合計にほぼ相当するとみられる。日本の就業者に占める「在宅型テレワーカー」の割合は2010年に4.9％であった[18]。

　オランダ統計局（CBS（2011））によれば、2009年にオランダ企業の56％がテレワーカーを雇用している。2003年には28％だったので、わずか6年間に倍増したことになる。ここで、テレワーカーとは、「自分の所属する部署のある場所以外で、会社のICT（情報通信技術）システムにアクセスして規則的に働く雇用者」である。就業場所は自宅に限らないためより広義になっている一方、会社のICTシステムにアクセスできることを条件にしているため、単に会社の書類を自宅のパソコンで作成する場合は含まず、企業が制度としてテレワークを導入しているかどうかをみる指標となる。

このテレワーク導入率は、企業規模が大きいほど高く、従業員10～19人では44％であるが、250～499人で88％、500人以上で93％である。産業別の導入率では、「情報、通信」、「金融保険」、「学術研究、専門技術サービス」、「医療、福祉」での導入率が高い。一方で、対人サービスやその場での作業が必要になる「宿泊、飲食店」、「建設」では低い。また、「製造」は中程度である（図表9-12）。

(2) **テレワークに関する政策**

このように、国際的にみるとオランダは、テレワークの普及度がかなり高い、しかしながら、テレワークに関する規制は法律では行っておらず、労使の自主的取り組みに任せている。これまでの重要な取り組みとして、2003年の労働財団による「テレワーク勧告（Aanbeveling Inzake Telewerk）」がある[19]。これは、前年のヨーロッパの労使の代表による「テレワークに関する枠組み合意」を受けたものであり、同合意を翻訳しその内容を紹介するとともに、テレ

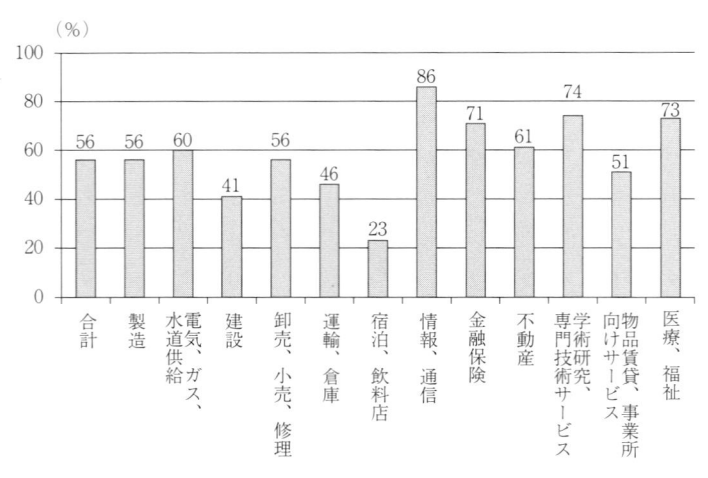

図表9-12　オランダにおける産業別テレワーク導入率（2009年）

産業	導入率(%)
合計	56
製造	56
電気、ガス、水道供給	60
建設	41
卸売、小売、修理	56
運輸、倉庫	46
宿泊、飲食店	23
情報、通信	86
金融保険	71
不動産	61
専門技術サービス 学術研究、	74
物品賃貸、事業所向けサービス	51
医療、福祉	73

（注）　自分の所属する部署のある場所以外で、会社のICT（情報通信技術）システムにアクセスして規則的に働く雇用者がいる企業の割合。従業員10人以上の企業に対する調査。
（出所）　CBS（2011）*ICT, Kennis en Economie*, Den Haag.

ワークを労使レベルで普及させていく方向を明示し、労働協約のなかにどのようにテレワークを導入するかの例を提示した。

そこでは、テレワークのメリットとして、次のことをあげている。雇用者にとっては、①就業場所と働く時間帯の選択の自由度が高まることで、個人の事情に合わせて働きやすくなるため、仕事の満足度が高まること、②ワーク・ライフ・バランスが取りやすくなること、③仕事を以前よりも効率的に計画し、集中して行うことができるので、生産性が向上すること、④職場までの通勤を減らすことができ、交通混雑の緩和に役立つことをあげている。使用者にとっては、①以前よりも効率的で柔軟性が高まること、②管理コストを節約できること、③病気欠勤を減らすことができること、④病気の労働者や障害者を社会に再統合するために役立つことをあげている。また、社会全体として、交通混雑の緩和、環境問題に配慮できることを強調している。

一方で、テレワークのリスクとしては、①労働時間が長くなってしまい、過労や仕事と個人の生活の区別ができなくなってしまう危険性があること、②社会的コンタクトが少なくなり、孤独に陥る危険性があること、③テレワークの導入によって職場の組織や文化を変える可能性があること、特に、テレワークが高レベルの仕事のみの特権にならないように留意することを指摘した。

さらに2009年には、労働財団は「移動可能性とテレワーク勧告（Aanbeveling Mobiliteit en Telewerken）」をまとめた。これは、数年来、オランダにおいて問題となっている交通混雑について、労使が協力して取り組むことに合意したものである。交通混雑の緩和によって、人々の移動可能性を高め、労働市場におけるチャンスを高めることを目標にしている。そのために、労使は労働協約のなかで、フレックスタイムやテレワークなどの柔軟な働き方ができるようにすること、これによって、人々のワーク・ライフ・バランスの実現を容易にし、労働市場への参加を促し、スムーズに移動もできるようになることを意図している[20]。

6．おわりに

グローバル化という圧力がかかったとき、一国の社会経済はどのように反応

するのか、もしくは反応すべきなのか。それを知る1つの手がかりとして、本章では、1970年代に今の日本と同程度のグローバル段階にあり、その後グローバル化の中で、人々の働き方を大きく変えていったオランダの人材活用のあり方を考察してきた。

社会が一定量の労働力を活用しようとするとき、限られた人に長時間働いてもらう「分業型」と、多くの人にさほど長くない時間働いてもらう「参加型」という、大きく2つのアプローチがある。「参加型社会」では、「分業型社会」に比べて、仕事と仕事以外の活動を同時にこなす人が多く、ワーク・ライフ・バランスの実現度も高いと考えられる。労働時間や就業率をみると、オランダでは、1人当たりの労働時間が短く、男女ともに就業率が高い「参加型社会」となっている。

こうした「参加型社会」としてのオランダを支えるうえで重要なのが、パートタイム労働である。オランダでは、パートタイム労働者の割合が先進国の中でも突出して高く、パートタイム労働者とフルタイム労働者の均等待遇が法的に整備されているだけでなく実際にも確保されており、パートタイム労働はさまざまな職種や業種に広がっている。そして、時間当たり賃金を維持したままでフルタイムからパートタイムへ、あるいはパートタイムからフルタイムへと転換することもでき、労働時間を選択する自由度がきわめて高い。

人々は、子育て期に労働時間を短縮したり、子どもの成長に合わせて労働時間を延長したりすることができる。さらに、労働時間の変更には、その理由を問われず、利用目的の制限はないため、単身者や子育てを終えた男女も活用している。このように、オランダでは、一時点でみた場合、長時間労働者が少なく、仕事と出産・育児の両立が可能だということに加え、ライフ・ステージに応じた働き方を調整しやすく、生涯においてワーク・ライフ・バランスがとりやすい社会を形成している。

また、最近のオランダでは、労働時間の柔軟性に加え、就業場所の柔軟性も高めることで、これまで以上に柔軟な働き方を実現し、より多くの人が長期間労働市場に参加できることを目指している。テレワークの導入を推進し、これが普及してきている背景には、交通混雑が深刻化していること、オフィス費用が高いといった要因があるが、加えて、オランダがパートタイム社会であるこ

第9章　グローバル化に対応した人材活用　281

ともまた重要な要因でもある。

　パートタイム社会とテレワークには、少なくとも次の2つの関連が指摘できる。第1に、オランダでも少子高齢化が進展しているが、労働者のパートタイム労働志向が強いため、労働供給を増やすことは容易ではない。そうしたなか、テレワークを組み合わせることで、テレワークという選択肢がなければごく短い時間しか働くことができない者も、より長い時間働くことが可能になる。第2に、パートタイム労働者が増加する過程において、すでに労働時間の柔軟化・個別化が進んだ。このため、企業はそこで人事労務管理に関するノウハウを蓄積し、人々の意識の変化も起こっている。このことが、テレワーク普及にもプラスに働いている。

注
1) KOFグローバル化指数は、経済、社会、政治の3側面23指標による複合指標である（詳細はDreher (2006)、Dreher, Gaston and Martens (2008) 参照）。経済のグローバル化については、①貿易と直接投資の大きさ（4指標）、②貿易に関する規制（4指標）により経済が外に開かれている程度が測られる。社会のグローバル化については、①外国人居住者の割合や外国人との手紙のやり取り等の個人的なコンタクト（5指標）、②インターネットの利用等の情報の流れ（3指標）、③1人当たりのマクドナルド店の数等の文化交流（3指標）により、外国の情報や知識がどの程度普及しているかが測定される。政治のグローバル化については、国際機関や国際条約の数など（4指標）により、外国との協力度が測られる。調査年次2009年に経済のグローバル化、社会のグローバル化、政治のグローバル化のそれぞれについて、オランダでは91.91（6位）、87.87（8位）、93.99（14位）であるのに対して、日本では45.84（120位）、64.57（51位）、88.91（33位）となっている。本章で扱う他の国々の2009年のKOFグローバル化指数は次の通りである。スウェーデン88.23（6位）、イギリス85.54（14位）、フランス84.12（18位）、ドイツ81.53（22位）、アメリカ74.88（35位）、韓国62.39（60位）である。
2) 女性の就業率が男性の就業率の何％に相当するかを計算すると、25〜54歳では日本は75％で、韓国の69％に次いで低い。また、55〜64歳では日本は66％で、これも韓国の63％に次いで低い。
3) 1970年代以降、オランダでは、他のヨーロッパ大陸諸国と同様、若者の失業問題に対応して、早期退職制度〔VUT〕、一般老齢年金制度〔AOW〕の特別給付、障害給付制度〔WAO〕等により、高齢労働者の早期退職を政策的に促進した。これらにより、年金支給開始年齢前の労働市場からの引退が普及し、平均引退年齢は60歳未満にまで低下した。しかしながら、高齢者の早期引退を促しても、若者の雇用増に直接効果があるわけではなく、こうした制度の費用負担が高まったことから、90

年代半ばには、高齢者雇用促進へと政策転換が行われた。最近では、2010年春の労使による「年金協定（Pensioenakkoord）」において、従来65歳であった一般老齢年金制度〔AOW〕の支給開始年齢（＝公式引退年齢）を67歳へと引き上げることとなった。これに合わせて、オランダでは、いっそうの高齢者雇用の促進に取り組んでいる（Euwals, R., De Mooij, R., D. van Vuuren（2009）、Stichting van de Arbeid（2011））。

4） 図表9-7のOECDデータでは、パートタイム労働者の定義を、労働時間が週30時間未満である者としている。したがって、このOECD基準に則れば、日本で「パート」と呼ばれる者でも、労働時間が週30時間以上であれば、パートタイム労働者に区分されない。その一方、週30時間未満の正規労働者（短時間正社員）は、OECD基準の下ではパートタイム労働者に含まれる。パートタイム労働者の国際比較についての詳細は、権丈（2006a、2010a）参照。

5） 大沢・ハウスマン（2003）、権丈他（2003）、権丈（2006a）参照。

6） 詳細は、Visser and Hemerijck（1997）、Hartog（1998）、Visser（2000）、権丈他（2003）、権丈（2010b）参照。

7） 経済産業研究所（RIETI）および内閣府経済社会総合研究所（ESRI）が実施した「仕事と生活の調和（ワーク・ライフ・バランス）に関する国際比較調査」。ここでは、RIETI ESRI調査と呼ぶ。日本ではホワイトカラー職正社員のうちパートタイムで働く者が少ないため、ここではフルタイムで働く者の調査結果のみを示した。なお、同調査の詳細は、武石（2012）参照。

8） オランダ「労働力調査」および「RIETI ESRI調査」では、「労働時間が減ると所得が減る」ことを明示した質問なのに対して、「勤労者短観」では、そうした条件はないため、労働時間を減らしたいと答える者が多い可能性がある。

9） 日本に関する、希望する労働時間と実際の労働時間とのミスマッチに関する研究として、労働政策研究・研修機構の2005年の「日本人の働き方調査」にもとづく原・佐藤（2008）、慶應義塾大学の2000年の「アジアとの比較による家族・人口全国調査」を分析した山口（2009）などがある。また、浅野・権丈（2012）では、イギリス、ドイツ、日本における労働時間と満足度の比較研究を行っている。オランダに関する労働時間の調整についてはBoelens（1997）を参照。

10） オランダにおける女性就業と家族政策については、Pott-Buter（1993）、Gustafsson（1994）、Sainsbury（1994, 1996）、Wetzels（2001）、Kenjoh（2004, 2005）参照。

11） 育児休業制度以外のオランダの（法定の）家族関連休暇制度には、産前産後休暇（16週間、従前所得の100％を保障）、父親休暇（2日間、従前所得の100％を保障）、養子休暇（4週間、従前所得の100％を保障）、短期介護休暇（2週間、従前所得の70％を保障）、長期介護休暇（12カ月に最大で週労働時間を半分にして12週間、無給）、緊急休暇（事情に応じて2、3日まで、従前所得の100％を保障）がある（詳細は権丈（2012）参照）。興味深いことに、オランダでの休暇中の所得保障は、短期休暇については従前所得の100％が多いが、育児休業や長期介護休暇といった長期休

第9章　グローバル化に対応した人材活用　283

暇については、無給であることが多い。また、休暇の多くはパートタイムで働きながら、パートタイムで取得することが標準となっている。

12) 2006年1月にはライフコース貯蓄制度が施行された。これは、育児のほか、早期退職、介護、学業、リフレッシュ等、さまざまな目的で無給休暇を取得する場合に、休暇中の所得を賄うために準備された制度である。この制度は、課税前所得の一部を貯蓄し、後に無給休暇を取る際に引き出すことができるというもので、税制上優遇される。なお、法定の育児休業や長期介護休暇以外の無給休暇の取得にあたっては、使用者の許可が必要となる。ライフコース貯蓄制度では、年間の課税前所得の最高12％まで貯蓄でき、合計で年間所得の210％まで貯蓄できる。この場合、70％の所得を3年間利用できることになる（Ministerie van Sociale Zaken en Werkgelegenheid）。

13) 週労働時間が12時間以上の雇用者について、育児休業利用者が、8歳までの子どもを持つ育児休業利用資格者に占める割合（Centraal Bureau voor de Statistiek, Statline（Enquête beroepsbevolking）による）。

14) 厚生労働省「平成22年度雇用均等基本調査」（事業所調査）。

15) 休暇・休業制度の取得状況と個人の必要性についての判断に関する調査はVan Luijn and Keuzenkamp（2004）。

16) 詳細は、Gustafsson（1994）、Kenjoh（2004）参照。また、最近のスウェーデンにおけるワーク・ライフ・バランスの取り組みについては、高橋（2012）参照。

17) 日本の男女共同参加に関して、『平成23年版男女共同参画白書』は次のように指摘している。日本では、国連開発計画（UNDP（2010））による、各国の人間開発の程度を表す人間開発指標（HDI: Human Development Index）は、測定可能な169カ国中11位である。また、2010年に新たに作成・公表されたジェンダー不平等指数（GII: Gender Inequality Index）——国家の人間開発の達成が男女の不平等によってどの程度妨げられているかを明らかにするもの——は、測定可能な138カ国中12位である。しかし、（GIIよりも多方面の指標を用いて）各国内の男女間の格差を数値化しランク付けした世界経済フォーラムのジェンダー・ギャップ指数（GGI: Gender Gap Index）は、測定可能な134カ国中94位となっている。この結果より、「GGIの順位はHDIやGIIの順位に比して著しく低く、わが国は、人間開発の達成度では実績を上げているが、女性が政治・経済活動に参画し、意思決定に参加する機会が不十分である」と解釈している。オランダの状況をみると、2010年にHDIが7位、GIIが1位、GGIが17位である。GGIは他の2つの指標に比べて順位がやや低いものの日本に比べると遥かに高く、女性の政治経済への参画の程度が国際的にみて低いとは言えない。なお、本章で取り上げた国々における2010年のHDI、GII、GGIはそれぞれ次の通りである。スウェーデン9位、3位、4位、ドイツ10位、7位、13位、イギリス26位、32位、15位、アメリカ4位、37位、19位、フランス14位、11位、46位、韓国12位、20位、104位である（GGI降順）。

18) 「在宅型テレワーカー」は、「自宅（自宅兼事務所を除く）でテレワークを少しでも行っている（週1分以上）狭義テレワーカー」と定義される。また、「狭義テレワ

ーカー」は、「ふだん収入を伴う仕事を行っている人の中で、仕事で IT を利用している人かつ、自分の所属する部署のある場所以外で、IT を利用できる環境において仕事を行う時間が1週間当たり8時間以上である人」と定義される。国土交通省「テレワーク人口実態調査」によれば、「狭義テレワーカー」は、2010年に雇用者の15.9％、自営業者の20.2％、就業者全体の16.5％であった。なお、パク（2009）は、日本における在宅勤務の企業導入率は4.6％（社会経済生産性本部2006年調査）と低いように大多数の企業が在宅勤務を制度として導入しておらず、「テレワーク人口実態調査」によるテレワーカーには、多くの持ち帰りやサービス残業者が含まれていると指摘している。

19) 労働財団は、労使の代表が今後の政策を協議する場で、ここでの勧告は労使の代表の合意に基づくものである。労働財団に関する説明は、Stichting van de Arbeid (2003) 参照。
20) オランダにおける交通混雑の問題は、例えば、OECD（2010）でも1つの章が割かれている。同書によれば、オランダの通勤時間は1日平均50分で EU 諸国の中で最も長いという。

参考文献
浅野博勝・権丈英子（2012）「労働時間と満足度―日英独の比較研究」武石恵美子編『国際比較の視点から日本のワーク・ライフ・バランスを考える―働き方改革の実現と政策提言』ミネルヴァ書房、pp.111-145。
大沢真知子、スーザン・ハウスマン編（2003）『働き方の未来―非典型労働の日米欧比較』日本労働研究機構。
権丈英子（2006a）「EU 諸国におけるパートタイム労働」和気洋子・伊藤規子編『EU の公共政策』慶應義塾大学出版会、pp.107-130。
―――（2006b）「パートタイム社会オランダ―賃金格差と既婚男女の就業選択」『社会政策学会誌』第16号、pp.104-118。
―――（2010a）「パートタイム労働（1）―ヨーロッパと日本におけるパートタイム労働」原田順子編『多様化時代の労働』放送大学教育振興会、pp.145-160。
―――（2010b）「パートタイム労働（2）―オランダにおけるパートタイム労働」原田順子編『多様化時代の労働』放送大学教育振興会、pp.161-173。
―――（2012）「オランダにおけるワーク・ライフ・バランス―労働時間と就業場所の選択の自由」武石恵美子編著『国際比較の視点から日本のワーク・ライフ・バランスを考える―働き方改革の実現と政策提言』ミネルヴァ書房、pp.253-294。
―――、シブ・グスタフソン、セシール・ウェッツェルス（2003）「オランダ、スウェーデン、イギリス、ドイツにおける典型労働と非典型労働」大沢真知子、スーザン・ハウスマン編『働き方の未来―非典型労働の日米欧比較』日本労働研究機構、pp.222-262。
高橋美恵子（2012）「スウェーデンにおけるワーク・ライフ・バランス――柔軟性と自律性のある働き方の実践」武石恵美子編『国際比較の視点から日本のワーク・ライ

フ・バランスを考える――働き方改革の実現と政策提言』ミネルヴァ書房、pp. 295-329。

武石恵美子編（2012）『国際比較の視点から日本のワーク・ライフ・バランスを考える――働き方改革の実現と政策提言』ミネルヴァ書房。

内閣府（2011）『平成23年版男女共同参画白書』。

パク・ジョアン・スックチャ（2009）「在宅勤務の現状、導入のポイントと効果測定」連合総合生活開発研究所編『広がるワーク・ライフ・バランス――働きがいのある職場を実現するために』pp. 119-139。

原ひろみ・佐藤博樹（2008）「労働時間の現実と希望のギャップからみたワーク・ライフ・コンフリクト――ワーク・ライフ・バランスを実現するために」『季刊家計経済研究』夏号、pp. 72-79。

山口一男（2009）『ワークライフバランス――実証と政策提言』日本経済新聞出版社。

Boelens, A. M. S. (1997) "Meer en Minder Willen Werken," *Sociaal Economisch Maandstatistiek*, 4(5), 26-28.

Centraal Bureau voor de Statistiek (CBS) (2011) *ICT, Kennis en Economie*, Den Haag.

Dreher, A. (2006) "Does Globalization Affect Growth? Empirical Evidence from A New Index," *Applied Economics* 388(10), 1091-1110.

―――, N. Gaston and P. Martens (2008) *Measuring Globalization: Gauging Its Consequence*, New York: Springer.

European Foundation for the Improvement of Living and Working Conditions (EFILWC) (2010) "Telework in the European Union," Dublin.

Euwals, R., R. De Mooij and D. van Vuuren (2009) Rethinking Retirement: From Participation towards Allocation, CPB Special Publication No. 80, Den Haag.

Fagan, C., et al. (2007) "Parental Leave in European Companies," European Foundation for the Improvement of Living and Working Conditions, Dublin.

Freeman, R. B. (1998) "War of the Models: Which Labour Market Institutions for the 21st Century?" *Labour Economics*, 5, 1-24.

Gustafsson, S. (1994) "Childcare and Types of Welfare States," in D. Sainsbury (ed.), *Gendering Welfare States*, London: Sage Publications, pp. 45-62.

Hartog, J. (1998) "So, What's So Special about the Dutch Model?" *Report for the International Labour Organization*, Geneva.

Hausmann, R., L. D. Tyson and S. Zahidi (2010) *The Global Gender Gap Report 2010*, Cologny / Geneva: World Economic Forum..

Jongen, E. L. W. (2010) "Child Care Subsidies Revisited," *CPB Document*, No. 200.

Kenjoh, E. (2004) *Balancing Work and Family Life in Japan and Four European Countries*, Amsterdam: Thela Thesis.

――― (2005) "New Mothers' Employment and Public Policy in the UK, Germany, the Netherlands, Sweden, and Japan," *LABOUR*, vol. 19 (s1), pp. 5-45.

Ministerie van Sociale Zaken en Werkgelegenheid (http://home.szw.nl/index.cfm).

OECD (2010) *Economic Surveys Netherlands*, Paris.
Plantenga, J. and C. Remery (2009) "Parental Leave in the Netherlands," *CESifo DICE Report*, 2 / 2009, pp. 47-51.
Pott-Buter, H. A. (1993) *Facts and Fairy Tales about Female Labour, Family and Fertility: A Seven-Country comparison, 1850-1990*, Amsterdam: Amsterdam University Press.
Sainsbury, D., ed. (1994) *Gendering Welfare States*, London: Sage Publications.
─────── (1996) *Gender, Equality and Welfare States*, Cambridge: Cambridge University Press.
Sociaal en Cultureel Planbureau (2008, 2011) *Emancipatiemonitor*, Den Haag.
Stichting van de Arbeid (2003) "The Labour Foundation," http://www.stvda.nl/
─────── (2011) "Beleidsagenda 2020: Investeren in Participatie en Inzetbaarheid," Den Haag.
United Nations Development Programme (UNDP) (2010) *Human Development Report*, http://hdr.undp.org/en/reports/global/hdr2010/
Van Luijn, H. and S. Keuzenkamp (2004) *Werkt Verlof?* Sociaal en Cultureel Planbureau, Den Haag.
Visser, J. (2000) "The First Part-time Economy in the World: Does It Work?" *AIAS*, WP00-01.
─────── and A. Hemerijck (1997) *A Dutch Miracle: Job Growth, Welfare Reform and Corporatism in the Netherlands*, Amsterdam: Amsterdam University Press.
Wetzels, C. (2001) *Squeezing Birth into Working Life: Household Panel Data Analyses Comparing Germany, Great Britain, Sweden and The Netherlands*, Aldershot: Ashgate Publishing Ltd.

索　引

[数字・欧文]

5.31教育改革方案　108-109, 114, 117, 120, 123
EQF　227
FTZ　181
further education college　242, 246
GED 資格取得　203
Georgia Work Ready　201
IPO（International Procurement Office）185
JIT 生産　185
JQF　226
KOF グローバル化指数　261
Quick Start Program　202
SBDC　199
VET　218
Work Keys　201

[ア行]

秋入学　257-258
新たな日本型フレクシキュリティ・モデル　215
育児休業　275-276
育児休業制度　274-275
移行過程　242-243
移行過程の多様化　243
移行過程の長期化　242-243
委託加工　183
英語体験プログラム　118-119
英才教育　112, 114-115, 124
エクステンションサービス　199
欧州資格枠組み　227
オープンイノベーション　199

[カ行]

キーパーソン　194
技術移転　180
キャリア段位制度　217
教育資格　244-245
高等教育　69
高度熟練技能者　197
合弁形態　180
国際調達拠点　185
コペンハーゲン・プロセス　218
コミュニティカレッジ　200
コンソーシアム　199

[サ行]

サイエンス・ベース・インダストリー　188
参加型社会　262, 264, 266, 280
資格　226
資格枠組み　226
実践的な職業能力評価・認定制度　217
柔軟性　183
自由貿易地域　181
受益者負担　254
生涯学習訓練戦略・生涯就業戦略　220
情報化　108-110, 114, 117, 123
職業教育訓練　218
職業訓練　244, 246, 252
職業資格　244
職業別組合　182
ジョブデマケーション　190
シングル・ユニオン　182
スキル評価基準　205
生産移管　182
生産技術革新　187
生産技術者　194
漸進的なイノベーション　187
相補的関係性　190

[タ行]

大学院教育　248, 250-251, 255, 257-258
大学改革　71
知識基盤社会　113
直接管理　185

通貨危機　107, 109, 112, 118
テクニカルカレッジ　200
デュアル教育訓練　223
テレワーク　262, 264, 276, 278-279, 281
特恵関税　181

[ナ行]

日本型フレクシキュリティ・モデル　213
日本版資格枠組み　226

[ハ行]

パートタイムコース　202
パートタイム労働　262, 264, 267, 269, 270, 276, 280-281
パートタイム労働者　268
パートタイム労働指令　269

フレキシビリティ　183
フレクシキュリティ　212
プロダクトイノベーション　188
分業型社会　266, 280
保育サービス　273-276
ボローニャ・プロセス　219

[ラ行]

リカレント　242, 252
リカレント職業教育　120, 122
労働時間選択の自由　267
労働時間選択の自由度　272
労働時間調整法　269, 270

[ワ行]

ワーク・ライフ・バランス　276, 280

グローバル化に対応した人材の育成・活用に関する研究会
― 諸外国の事例及び我が国への示唆 ―
研究会メンバー等

(役職名は2012年4月現在)

座長
　樋口美雄　慶應義塾大学商学部教授／財務省財務総合政策研究所特別研究官

メンバー（50音順）
　有田　伸　東京大学社会科学研究所教授
　岩田克彦　独立行政法人高齢・障害・求職者雇用支援機構職業能力開発総合大学校専門基礎学科教授／国立社会保障・人口問題研究所特別研究官
　苅谷剛彦　オックスフォード大学社会学科教授／同大学ニッサン日本問題研究所教授
　権丈英子　亜細亜大学経済学部教授
　小杉礼子　独立行政法人労働政策研究・研修機構統括研究員
　寺田盛紀　名古屋大学大学院教育発達科学研究科教授
　松塚ゆかり　一橋大学大学教育研究開発センター教授
　八幡成美　法政大学キャリアデザイン学部教授

特別講演者
　吉川良三　前サムスン電子株式会社常務／現東京大学大学院経済学研究科ものづくり経営研究センター特任研究員

財務省財務総合政策研究所
　貝塚啓明　財務省財務総合政策研究所顧問
　稲垣光隆　財務省財務総合政策研究所長
　田中　修　財務省財務総合政策研究所次長
　岩瀬忠篤　財務省財務総合政策研究所次長
　成田康郎　財務省財務総合政策研究所研究部長
　上田淳二　財務省財務総合政策研究所研究部財政経済計量分析室長
　加藤千鶴　財務省財務総合政策研究所主任研究官
　梅﨑知恵　財務省財務総合政策研究所研究員
　塚本朋久　財務省財務総合政策研究所研究員
　蜂須賀圭史　財務省財務総合政策研究所研究員
　吉川浩史　財務省財務総合政策研究所研究員

グローバル化に対応した人材の育成・活用に関する研究会
―諸外国の事例及び我が国への示唆―
開催実績

(役職は開催当時)

第1回　2011年10月6日（木）13:10-15:30　於：財務省4階　西456「第1会議室」

研究会概要説明
　　加藤千鶴　財務省財務総合政策研究所主任研究官

発表「グローバル人材の育成―製造業を中心とした基盤整備について―」
　　八幡成美　法政大学キャリアデザイン学部教授

発表「グローバル化に対応した人材育成の取り組みとその社会的背景―韓国」
　　有田　伸　東京大学社会科学研究所准教授

第2回　2011年11月11日（金）16:00-18:15　於：財務省4階　西456「第1会議室」

発表「EU人的資本計画の動向―基準共有と高度人材育成・獲得のメカニズム―」
　　松塚ゆかり　一橋大学大学教育研究開発センター教授

発表「職業教育・専門教育の国際比較の視点からみた日本の人材育成の現状と課題」
　　寺田盛紀　名古屋大学大学院教育発達科学研究科教授

第3回　2011年12月22日（木）14:00-16:15　於：財務省4階　西456「第1会議室」

発表「イギリスから見た日本の人材育成の課題」
　　苅谷剛彦　オックスフォード大学社会学科教授／同大学ニッサン日本問題研究所教授

発表「オランダにおける人材活用」
　　権丈英子　亜細亜大学経済学部教授

特別講演「サムスンのグローバル時代に適応したものづくりと人づくりについて」
　　吉川良三　前サムスン電子株式会社常務／現東京大学大学院経済学研究科ものづくり経営研究センター特任研究員

第4回　2012年1月12日（木）14:00-16:15　於：財務省4階　西456「第1会議室」

発表「グローバリゼーションと広範な中間層人材の育成・活用」
　　岩田克彦　前独立行政法人雇用・能力開発機構職業能力開発総合大学校教授／現国立社会保障・人口問題研究所特任研究官

発表「グローバル化の下での我が国の人材育成の課題―非グローバル人材に着目して―」
　　小杉礼子　独立行政法人労働政策研究・研修機構統括研究員

総括としての自由討議

執筆者一覧

(執筆順。役職名は2012年4月現在)

樋口美雄　慶應義塾大学商学部教授／財務省財務総合政策研究所特別研究官

加藤千鶴　財務省財務総合政策研究所主任研究官

松塚ゆかり　一橋大学大学教育研究開発センター教授

梅崎知恵　財務省財務総合政策研究所研究員

塚本朋久　財務省財務総合政策研究所研究員

蜂須賀圭史　財務省財務総合政策研究所研究員

吉川浩史　財務省財務総合政策研究所研究員

有田　伸　東京大学社会科学研究所教授

寺田盛紀　名古屋大学大学院教育発達科学研究科教授

小杉礼子　独立行政法人労働政策研究・研修機構統括研究員

八幡成美　法政大学キャリアデザイン学部教授

岩田克彦　独立行政法人高齢・障害・求職者雇用支援機構職業能力開発総合大学校専門基礎学科教授／国立社会保障・人口問題研究所特別研究官

苅谷剛彦　オックスフォード大学社会学科教授／同大学ニッサン日本問題研究所教授

権丈英子　亜細亜大学経済学部教授

国際比較から見た日本の人材育成
――グローバル化に対応した高等教育・職業訓練とは

| 2012年10月29日　第1刷発行 | 定価（本体4500円＋税） |

編著者　　　樋口　美雄
　　　　　財務省財務総合政策研究所

発行者　　　栗原　哲也

発行所　株式会社　日本経済評論社
〒101-0051　東京都千代田区神田神保町3-2
電話　03-3230-1661　FAX　03-3265-2993
URL：http://www.nikkeihyo.co.jp/
装幀＊渡辺美知子　カバー写真提供：林健造／アフロ
印刷＊藤原印刷・製本＊誠製本

乱丁落丁本はお取替えいたします。　　　　　Printed in Japan
© HIGUCHI Yoshio and Ministry of Finance, Policy Research Institute 2012
ISBN978-4-8188-2237-5

・本書の複製権・翻訳権・上映権・譲渡権・公衆送信権（送信可能化権を含む）は、㈱日本経済評論社が保有します。
・JCOPY〈㈳出版者著作権管理機構　委託出版物〉
本書の無断複写は著作権法上での例外を除き禁じられています。複写される場合は、そのつど事前に、㈳出版者著作権管理機構（電話 03-3513-6969、FAX 03-3513-6979、e-mail: info@jcopy.or.jp）の許諾を得てください。

グローバリゼーションと東アジア資本主義
　　　郭洋春・關智一・立教大学経済学部編　本体5400円

余剰の政治経済学
　　　　　　　　　　　　沖公祐著　本体3600円

新生活運動と日本の戦後
　——敗戦から1970年代——
　　　　　　　　　　　大門正克編著　本体4200円

現代国際通貨体制
　　　　　　　　　　　奥田宏司著　本体5400円

EUの規制力
　　　　　　　　遠藤乾・鈴木一人編　本体3600円

越境するケア労働
　——日本・アジア・アフリカ——
　　　　　　　　　　　佐藤誠編　本体4400円

グローバル資本主義論
　——日本経済の発展と衰退——
　　　　　　　　　　　飯田和人著　本体3800円

危機における市場経済
　　　　　　　　　　飯田和人編著　本体4700円

新自由主義と戦後資本主義
　——欧米における歴史的経験——
　　　　　　　　　　権上康男編著　本体5700円

グローバル資本主義と巨大企業合併
　　　　　　　　　　　奥村皓一著　本体3800円

日本経済評論社